本书得到教育部人文社会科学研究

"学术汉语中介语语体适切性体裁短语学研究"项目（批准号：19YJA740037）、

西南交通大学研究生专著经费建设项目专项（编号：SWJTU-ZZ2022-038）

以及2022年西南交通大学学位与研究生教育教学改革

"外语研究生学术素养与能力提升路径研究与实践"项目

（编号：YJG5-2022-Y026）资助

体裁短语学视域下

汉语二语学习者学术语篇综合对比分析

吕长竑 ◎ 著

四川大学出版社
SICHUAN UNIVERSITY PRESS

图书在版编目（CIP）数据

体裁短语学视域下汉语二语学习者学术语篇综合对比
分析 / 吕长竑著 . — 成都：四川大学出版社，2023.10
（语言与应用文库）
ISBN 978-7-5690-6308-0

Ⅰ . ①体… Ⅱ . ①吕… Ⅲ . ①汉语－对外汉语教学－
教学研究 Ⅳ . ① H195.3

中国国家版本馆 CIP 数据核字 (2023) 第 157806 号

书　　名：体裁短语学视域下汉语二语学习者学术语篇综合对比分析
　　　　　Ticai Duanyuxue Shiyu xia Hanyu Eryu Xuexizhe Xueshu Yupian Zonghe Duibi Fenxi
著　　者：吕长竑
丛 书 名：语言与应用文库

--------------------　------------------------------------
丛书策划：张宏辉　黄蕴婷
选题策划：张　晶　于　俊
责任编辑：于　俊
责任校对：余　芳
装帧设计：墨创文化
责任印制：王　炜

出版发行：四川大学出版社有限责任公司
　　　　　地址：成都市一环路南一段 24 号（610065）
　　　　　电话：（028）85408311（发行部）、85400276（总编室）
　　　　　电子邮箱：scupress@vip.163.com
　　　　　网址：https://press.scu.edu.cn
印前制作：成都完美科技有限责任公司
印刷装订：四川煤田地质制图印务有限责任公司

成品尺寸：170mm×240mm
印　　张：19
插　　页：2
字　　数：312 千字

版　　次：2023 年 10 月 第 1 版
印　　次：2023 年 10 月 第 1 次印刷
定　　价：89.00 元

扫码获取数字资源

四川大学出版社
微信公众号

序　言

　　本书融合了体裁分析对语篇宏观结构的分析优势和短语学研究对文本微观特征的分析特色，采用"综合对比分析模式"（ICM），在英语/汉语一语者学术语篇对比分析(CA)的基础上，重点对汉语一语(L1)和二语(L2)学位论文摘要的宏观结构和微观特征予以对比分析(CIA)。

　　从体裁短语学角度，综合对比分析是本书在研究方法方面的主要特色。语料库方法长于揭示总体趋势，但弱点是主要关注句子层面上的词汇-语法模式，因而与语境脱节。将语步分析与语料库方法融合则可扬长避短，既能揭示考察对象在句子层面上的语言实现手段，又可反映其在修辞语步/语阶层面上的交际功能，以为意欲表达同类语步/语阶功能者提供词汇-语法特征使用方面的参考。综合对比分析模式是将对比分析和中介语对比分析整合在一起的模型。该模型基于 CA 对两种不同语言的对比，来预测学习者中介语可能出现的问题，并针对 CIA 所诊断出的实际问题，核查 CA 的预测，为 CIA 分析所呈现出的问题提供解释，因此既有预测力也有诊断力。

　　除文献综述与方法论，全书开展的综合对比探索包括以下内容：（1）汉语 L1 与 L2 学位论文摘要语步结构对比分析(CIA)；（2）英汉及汉语 L1 与 L2 学位论文摘要认识立场词块使用对比研究(ICM)；（3）英汉及汉语 L1 与 L2 学位论文摘要介入资源使用对比研究(ICM)；（4）汉语 L1 与 L2 学位论文摘要正式体和典雅体特征对比研究(CIA)；（5）汉语 L1 与 L2 学位论文摘要作者身份构建对比研究（CIA）。

本书的研究成果可为有针对性地开展汉语二语教学、规避负迁移、提高汉语二语学习者学术写作能力、编写学术汉语教材、制定学术汉语教学大纲提供参考。

全书由吕长竑负责设计、统稿、阅改并定稿。程晨(第八章和第九章)、胡思颖(第六章)、钟珍(第十一章)完成了上述章节的撰写，其余各章均由吕长竑执笔完成。王小芳参与了第七章的数据整理工作。在此向以上同学表示感谢。

吕长竑

2023 年 6 月

目　录

第 1 章　绪论

1.1　研究背景

随着"一带一路"倡议和《留学中国计划》的推进，来华留学生人数呈持续增长之态。据教育部最近统计数据，2018 年来华接受学历教育的外国留学生总计为 258 122 人，比 2017 年同比增加 6.86%，其中尤以研究生人数的同比增长速度最快[①]。对于学历留学生尤其是研究生来说，用汉语撰写学位论文是其学历教育中的重要一环。可以预计，随着留学研究生人数的持续增加，如何保障其汉语二语学位论文撰写质量是相关部门不得不面临的一个重大问题。在此形势下，对来华留学生硕士学位论文撰写质量的探讨具有重要的意义。由于摘要是学位论文的重要组成部分，是整篇文章的精华，可提前揭示文本内容和结构（Swales 1990：179），推销作者和其文章（Hyland 2004a：63），故本书拟以来华留学生学位论文摘要为具体考察对象。

尽管在对外汉语教学和研究中，通常将来华留学生称为汉语二语学习者，但对于绝大多数母语非英语的来华留学生来说，英语通常都是他们的第二语言，汉语是其第三语言。在他们学习和使用汉语的过程中，英语亦可能产生一定的影响。故尽管本研究的重点是对比分析来华留学生与汉语母语者的学术语篇，但亦同时对英、汉语母语者的学术语篇进行了分析，以揭示英语对来华留学生汉语学

---

① 参见教育部"2018 年来华留学统计"（http://www.moe.gov.cn/jyb_xwfb/gzdt_gzdt/s5987/201904/t20190412_377692.html）

术语篇构建可能造成的影响。不过，为与学界的惯用语保持一致，本书仍采用汉语二语学习者来指称来华留学生。相应地，用汉语二语学位论文指称来华留学生所撰写的中文学位论文。

在本书中，我们自建了英语、汉语一语学位论文摘要语料库，汉语二语学位论文摘要语料库，以体裁短语学为视角，综合对比分析模式（integrated contrastive model，简称为ICM）为手段来展开研究。体裁短语学综合了体裁分析和短语学研究的优势，以语步为出发点，考察与特定语步相关的词块，在重点关注词块的同时亦融合了对篇章结构的考察。综合对比分析模式将跨语言对比（contrastive analysis，简称CA）和中介语对比分析（contrastive interlanguage analysis，简称CIA）相结合。CA和CIA相辅相成，CA分析结果可预测负迁移的可能原因，并针对CIA诊断出的问题，寻求解决方案或提供解释，因此既有预测力也有诊断力。

具体来讲，本研究从以下几方面展开了探索：

（1）从宏观角度描绘汉语母语者与汉语二语者学位论文摘要的典型语步，刻画其典型的语篇结构特征；

（2）从微观角度对比英语/汉语一语者、汉语一语/汉语二语者学位论文摘要的语体特征；

（3）分析影响汉语二语者学术语篇中介语语体能力的潜在因素，为学术语体适切性的培养提供参考。

1.2 研究意义

1.2.1 学术价值

（1）本体挖掘

跨语言对比（CA）层面的对比，可弥补英、汉语学术话语在本体研究方面的不足，为中介语对比分析（CIA）奠定基础。

（2）研究拓展

在学术英语中介语对比分析占主导地位的研究现状下，探讨英语/汉语、汉语一语/汉语二语学术话语对比分析，可拓宽对比分析的研究领域，扩展其观察范围。

（3）视角探新

体裁短语学方法以特定语步或特定功能表达为出发点，考察与该特定语步或功能相关的词块，在重点关注词块的同时亦融合了对篇章结构的考察。该方法比单纯短语学研究更进了一步，不仅能反映词块在文本中的作用，还能揭示其与语篇内部结构相关的语篇功能，避免了单纯短语学研究仅关注高频词块导致一些词块可能是无明确语用意义之词语序列的弊端。

（4）学科推进

学术汉语及其中介语语料库建设在国内外均未见报道，本研究是对汉语专门用途语料库类型的补充和完善。

（5）跨科贡献

学术话语语体特征的 CA 和 CIA 两层面对比研究有助于揭示英/汉学术话语以及学术话语中介语的本质特征，可为英语/汉语语言学、对比语言学、翻译理论与实践、学术英语/汉语教学研究提供有益的补充。

1.2.2 应用价值

（1）时代需求

学术话语语体特征的 CA 和 CIA 两层面对比分析结果，既可助力中国英语学习者英语学术写作能力的提升，亦可服务"一带一路"倡议以及数量激增的来华留学生对学术汉语的学习和使用需求。

（2）实践参考

本研究可为学术语篇英语/汉语（自）译者准确传达原文意义提供指导，改善翻译质量；亦可为英汉双语词典的编纂、学术英语/汉语教材的编写提供参考，提高词典和教材的编纂质量，增强其实用性。

（3）教学指导

本研究可为学术英/汉二语教学提供参考，以优化教学方案，开展有针对性的教学指导，培养学生的学术语体意识，提高其学术表达能力，提高教学效度。

（4）科研助力

本研究可为学术话语相关研究提供语料支撑，助力学术英语/汉语教材编写、教学大纲制定以及学术语体适切性培养路径的探寻。

1.3　章节结构

全书共 12 章。除绪论外，第 2 章和第 3 章是研究的基础。第 2 章为相关研究综述，为本研究问题的提出和解决奠定了基础。第 3 章概述了全书的主要研究方法，与此不同的具体研究方法将在相关章节予以描述。

第 4 章至第 11 章是全书的主体章节。第 4 章"汉语 L1 与 L2 学位论文摘要语步结构对比分析（CIA）"属于中介语对比分析（CIA），将其置于其他研究之前的原因是，汉语学位论文摘要的语步结构分析是后续章节研究的基础，故需要前置。

第 5 章至第 7 章探讨的是学术语篇研究中的一个重要话题——立场表达。第 5 章是第 6 章和第 7 章的基础和铺垫。因立场相关研究内容丰富，若将第 5 章作为第 6 章或第 7 章中的一节均不妥当，故将其单列出来成为一章。第 6 章和第 7 章构成一个完整的综合对比分析（ICM），即第 6 章的英汉对比（CA）结果可一定程度上预测或解释第 7 章中介语对比分析（CIA）的结果。

与第 6 章和第 7 章的关系类似，第 8 章的 CA 分析亦服务于第 9 章的 ICM 分析。

第 10 章和第 11 章属于单纯的中介语对比分析（CIA），二者分别对比汉语一语和汉语二语学术语篇中的正式体和典雅体特征以及自我指称和作者身份构建问题，以进一步拓展汉语二语学术语篇的研究范围。

第 12 章是全书内容的总结。

第 2 章　文献综述

2.1　体裁分析

2.1.1　体裁

关于体裁，尽管不同学者的定义有所不同，但是它们所涉及的核心点相似，即均强调其与交际事件的关系，如 Hymes(1974)、Saville-Troike(1982)、Swales(1990)和 Bhatia(1993)等，其中以 Swales(1990)和 Bhatia(1993)的定义更为详尽。Swales(1990：58)认为："体裁由一类具有共同交际目的的交际事件组成。其交际目的可被语篇社团中的专家成员所识别，因此构成该体裁的依据。此依据形成该语篇的图式结构，并影响和限制其内容和风格的选择。"然而 Bhatia(1993：16)认为尽管 Swales 在其定义中"将体裁的语言和社会因素很好地融合了在一起"，但是该定义未涉及体裁的心理因素。他认为 Swales 的定义"降低了心理因素的重要性，因此削弱了体裁建构的学术重要性，这一点对作为动态的而非静态的社会过程的体裁概念来说具有重要的作用"(Bhatia 1993：16)。为此，Bhatia(1993：13)将体裁定义为"一种可识别的交际事件，该事件具有一组可辨别的交际目的且可被相关专业或学术社团的成员共同理解。通常，它是高度结构化和规则化的，并对其在意图、立场(positioning)、形式和功能方面可容许的作用予以了限制"。

从上文的叙述可见，尽管 Bhatia 的定义在 Swales 的基础上引入了体裁建构的心理(如认知)层面，但是二者均认为体裁是一种交际事件，均强调体裁的如下基本特征：交际目的的重要性和语篇社团的作用。与上述定义的侧重点不同，

Hyland(2008c)在关注交际事件的同时，亦强调与之对应的典型语言形式。他指出：体裁是聚类文本的一个术语，用于描述针对类似的情形（即交际事件）作者所使用的典型语言。当作者使用学术团体其他成员所熟知的体裁惯例写作时，其文本才可能是成功的好文本。体裁既是一个交际概念亦是一个认知概念，可帮助我们对文本范畴及其语境（常识性）标签予以理论化。其基本理念是，学术共同体的成员能够很容易地识别出其常使用的文本中的相似性，能够依靠其有关此类文本的经验相对容易地阅读、理解和写作（Hyland 2008c：543-544）。

本研究认为 Hyland(2008c)的定义在观照交际事件的同时，强调了与之对应的语言形式，对体裁予以了更全面的描述，是对体裁概念的进一步发展，故基于 Hyland(2008c)的定义，同时结合 Dudley-Evans(1994)的分析，本书将体裁定义为：体裁是因学术社团（即在某一学科或某一特定兴趣领域内的一群人）成员频繁使用某类文本而形成的关于此类文本的共性特征。

2.1.2　体裁分析概念的发展

体裁分析是 19 世纪 70、80 年代在语篇分析的基础上发展起来的，其基本目的是研究语篇和语言使用策略的交际目的。体裁分析是语篇分析的更为具体的形式，即体裁分析关注的是由目标语篇成员使用的特定的语篇形式。Bhatia(1993)指出，语篇分析的历史和发展经历了四个阶段：语域分析(register analysis)、语法-修辞分析、交互分析(interactional analysis)和体裁分析。事实上，在语篇分析和体裁分析之间存在本质的区别，即语篇分析被认为是一种语言研究，而体裁分析被认为是一种教学法研究。具体来说，语篇分析描绘文本的语义模式和逻辑发展特征，而体裁分析不仅试图描绘而且还试图分析和解释某一特定文本的修辞功能和语言特征(Alamri 2017：23-24)。

受 Hyon(1996)的文章"Genre in three traditions"影响，从三个传统学派来分析非文学性体裁研究已成为学者们的传统(Flowerdew 2002：91；Tardy & Swales 2014)。这三种学派包括新修辞方法[New Rhetoric(NR)approach]、系统功能语言学方法[Systemic Functional Linguistics (SFL) approach]、专门用途英语方法

［English for Specific Purposes（ESP）approach］（Pho 2013）。基于 Alamri（2017：24−25）的归纳，结合 Pho（2013：10−13）、Hyon（1996：701）和 Flowerdew（2002：92）的分析，我们将上述三种方法的主要特征概括如下（表 2-1）。

表 2-1　体裁分析的三大传统学派的主要特征

方法	新修辞学派	系统功能语言学学派	专门用途英语学派
目标	通过建构、解释和行动的方式对社会进行研究以洞悉体裁与情景和社会动机的动态关系	理解语言在某一特定语境和文化中实现其社会目的的组织和结构	了解语言学习者在学习和工作中的语言需求以为其提供恰当的语言资源和技能
核心概念	类型化	语言实现	语篇社团和交际目的
早期研究者	Miller（1984），Bazerman（1988），Berkenkotter & Huckin（1995）	Hasan（1985），Martin（1984, 1985a, 1985b），Ventola（1987）	Swales（1981, 1986, 1990, 2004），Bhatia（1993）
目的	教学法的；其关注点是使学生和专业人士意识到其所使用体裁的社会功能和情景特征	教学法的；其关注点是教会学生体裁相关的形式和组织特征，以便学生在阅读和写作时能识别和使用这些特征	
体裁理论	体裁作为具有社会目的的"社会行为"（Miller 1984）	体裁作为"阶段性的、目标导向的社会过程"（Martin 1984）	体裁是"交际事件，具有特定的交际目的"，"其结构、风格、内容和目标听众"具有不同的模式（Swales 1990：58）
文本分析	基于人种志方法的文本分析	在韩礼德语言分析框架下的语言特征分析	语步的结构分析以描写整体组织模式

新修辞学派的体裁分析源于 Miller（1984）的研究。Miller（1984：163）认为，体裁是"语篇的传统范畴，是典型化的修辞行为；作为一种行为，它从情景和该情景所在的社会语境中获得意义"。Miller（1984）关于体裁作为社会行为的观点被 Bazerman（1988）接受并用于其针对实验科学文章的研究中。随后，Berkenkotter & Huckin（1995）将 Bazerman（1988）的研究扩展到针对多学科研究论文的研究中从而得到进一步的发展（Pho 2013）。这一学派的特点是将体裁视为从修辞体裁研究

（Rhetorical Genre Studies）中发展起来的一种社会行为（Alamri 2017：26），其主要关注点是修辞和写作情景而非语言学理论和语言语体（John 2011）。该方法提供了一种通过人种学方法快速描写学术和专业语境的途径（Hyon 1996）。从教学法角度来说，新修辞方法帮助学生和职业新手理解语篇的社会功能和体裁框架的语境，但缺乏显性的教学价值（Wongwiwat 2016：16）。

系统功能语言学学派亦称为澳大利亚体裁理论，是 Hasan 和 Martin 在韩礼德（Michael Halliday）的系统功能语法（SFL），尤其是 SFL 从语场（field，意为正在进行的活动）、语旨（tenor，意为参与者之间的关系）和语式（mode，意为交际的渠道）角度对社会语境进行分析的基础上发展起来的（Pho 2013：11；Alamri 2017：26）。在 Hasan（1985）中，她提出"体裁结构潜势"（generic structure potential）这一术语，用于指文本中一组必要和可选成分，由此引入了体裁概念。同年，Martin（1985a）也提出了"图式结构"（schematic structure）这一术语，用于指文本的不同部分（Pho 2013：11）。需要注意的是，在系统功能语言学学派，体裁是与语域（register）完全不同的两个概念。二者的区别在于：语域处理的是语言学的词汇和句法层面，而体裁是在语篇结构层面上操作的（Couture 1986）。按照 Martin（1992：502）的定义，语域是一种"由文本变量如语场、语旨和语式组成的符号系统"，而体裁被界定为"有组织的、目标导向的社会过程"（Martin 1984：25，2000：13），是"人作为其文化的一员有意从事的有组织的、目标导向的活动"（Miller 1984：25）。也就是说，语域在情景语境层面运作，而体裁在文化语境层面运作（Alamri 2017：26-27）。

在体裁分析中被广泛采用的方法是专门用途英语方法。该方法得名于 Swales 提出此方法的初衷，即服务于为非本族英语说话人开设的科学研究报告写作课程（Swales 1986）。专门用途英语方法于 1981 年由 Swales（1981）首次提出并在 Swales（1990）那部被广泛引用的著作《体裁分析》（*Genre Analysis*）以及 Bhatia（1993）的《分析体裁》（*Analyzing Genre*）中发展成熟。该方法的主要目的是考察用于反映作者交际目的的文本结构模式，即 Swales 的语步结构或 Bhatia 的认知结构。Swales（1990：10）认为，"交际目的"是"识别体裁的典型标准"，或者说，是区分体裁的界定标准(Pho 2013：12)。在 ESP 框架中，体裁指一种交际事件，如大学讲座、学术文章、研究论文和商业报告，而文本的语篇结构则由实施特定修辞功能(即语步)的不同部分组成(Wongwiwat 2016：16-17)。在此思想指导下，ESP 体裁研究中心就从纯语言分析转向为从话语单位角度分析体裁。正如 Swales (1990)所述，专门用途英语方法的焦点是体裁的形式特征、结构的语步分析和句子层面的语法特征(Hyon 1996)，Swales 提出的一种新的分析方法——语步分析 (move analysis)或语步结构分析即是这一思想的体现(Wongwiwat 2016：16-17)。在专门用途英语方法中，语篇社团是一个重要概念，用于指一个学科内具有共同目标、借助于他们所掌握的一种或多种体裁相互交流的人员网。因此，作者将根据其交际目的和其所属语篇社团调整其写作风格(Pho 2013：12)。Swales 的著作在特殊目的英语教学尤其是 ESL 学术写作领域有着极大的影响(Paltridge 2014)，其研究结果被广泛地用于课堂、课程设置和 ESP 教学资料编撰中。

然而，Flowerdew(2002)并不完全认同 Hyon(1996)对体裁分析三大学派的划分，他认为将其分成两个不同的阵营比三个独立的学派更恰当，即语言学方法阵营和非语言学方法阵营。Flowerdew(2002：91)认为："ESP 和澳大利亚学派采用的是语言学方法，他们运用功能语法和语篇理论，关注于交际目的的词汇-语法和修辞实现，而新修辞阵营更关注情景语境——体裁的目的和功能，和使用该体裁的语篇社团成员的态度、信仰、价值和行为，而不太关注词汇-语法和修辞结构。"他认为："ESP 和澳大利亚学派所采用的语言学方法本质上来讲是功能语法的方法，但是它们比传统的功能语法更为关注的是社会语境，并对语篇层面的组织模式尤其关注，而新修辞方法更倾向于人种志方法而非语言学。"Flowerdew (2002：91)同时指出，上述两个阵营的划分"并不意味着语言学方法不考虑语境、不使用人种志方法，也不意味着新修辞不关注语言实现"，而是"前者的分析结果可能是词汇-语法和修辞的，后者是情景的"。"换句话说，语言学方法借助情景语境来解释语言和语篇结构，而新修辞则借助文本来解释情景语境"(Flowerdew 2002：91-92)。Flowerdew 以图 2-1 来揭示这两个阵营的不同研究路向：

图 2-1 Flowerdew(2002:92)对体裁分析两大阵营的图示

我们认为,Flowerdew 的阐释清晰地揭示了这两个阵营在研究路向上的联系和区别,可帮助深入理解这三大流派,但从教学角度来看,我们认为专门用途英语(ESP)方法更有价值。

ESP 体裁分析的主要目的是为学术和研究英语教学提供一种方法(Swales 1990:1)。正如 Swales 在《体裁分析》的开篇所言:"该书的主要目的是为学术和研究英语教学提供一种方法",该方法对写作教学有巨大的影响,尤其在学术——特别是研究相关的领域,甚至对广义的语言教学方法亦有影响。在将体裁概念作为项目设计和课堂教学方法的基础上,Swales 将语步引入写作教学,使其成为有别于其他盛行的写作教学方法(如过程写作、组织、修改、衔接和连贯、语法、词汇和错误分析)的一个新领域(Flowerdew 2015:102)。不同于新修辞的体裁分析,ESP 体裁分析关注语篇的结构模式和凸显特征(Hyland 2008c:545),因而具有独特的教学价值。体裁分析可提供理解写作的工具、分析文本的方法,帮助学生理解语言如何在写作中塑造意义,反思语言运作机制(Hyland 2008c)。如 Swales 在《体裁分析》中提出的学术文章引言修辞结构——建立研究空间模式(Create a Research Space,简称为 CARS 模式)及其分析方法——语步分析,不仅为学术和研究英语教学提供了可操作的具体方法,而且为语篇分析提供了一种新的思路。基于体裁的写作教学具有众多优势,Hyland(2004,2008c:547)将其归纳如下:

- 明晰性:使提高写作技能必须学习的内容明确化
- 系统性:提供了一个连贯的框架以同时关注语言和语境
- 基于需求:能确保课程目标和内容是源自于学生的需求
- 支持性:赋予教师在保障学生学习和创造性过程中的中心地位

- 赋能性：提供了了解文本模式的途径
- 批判性：赋予学生以理解和质疑语篇的资源
- 意识提升：增强了教师的文本意识，能够自信地给予学生写作建议

2.1.3　语步分析

前文已述，语步分析是 Swales(1981)提出的一种语篇分析方法，在此基础上 Swales(1990)对其予以了修正，提出了"建立研究空间"(Create a Research Space，CARS)模式以描述研究论文的引言结构。在语步分析中，语步指实现某一交际功能的语篇或修辞单位(Swales 2004：228-229)，由包含此特定修辞功能的语篇片段组成(Swales & Feak 2009)，通常具有可予以客观分析的语言边界(Biber *et al*. 2007a：24)。其语言实现可以短到一个小句(从句)亦可长至一个段落，甚至有时可以循环重复(Moreno & Swales 2018：41)。语步的功能由一个或多个具有特定功能的语篇单位——称之为语阶来实现(Swales 1990：141)。语步和语阶的主要区别在于在语阶层面上对文本片段的解释通常比语步层面上的解释更具体(Moreno & Swales 2018：40)。

Swales(1990：141)针对研究论文(research article，简称 RA)引言部分提出的"建立研究空间"模式包括以下三个语步以及众多语阶：

语步1：建立研究领域(Establishing a territory)

　　语阶 1：声言中心性(Claiming centrality)

　　和/或

　　语阶 2：作出话题概括[Making topic generalization(s)]

　　和/或

　　语阶 3：回顾前人研究项目(Reviewing items of precious research)

语步 2：建立研究地位(Establishing a niche)

　　语阶 1A：反声言(Counter-claiming)

　　或

　　语阶 1B：指出空白(Indicating a gap)

或

语阶 1C：提出问题（Question-raising）

或

语阶 1D：延续传统（Continuing a tradition）

语步 3：占据研究地位（Occupying the niche）

语阶 1A：概括目的（outlining purposes）

或

语阶 1B：宣告本研究（Announcing present research）

语阶 2：宣告主要发现（Announcing principal findings）

语阶 3：说明 RA 结构（Indicating RA structure）

Swales（1990：142）指出，这三个语步的目的是满足引言的三个需求：在语篇社团内重树该研究领域的重要性、根据其重要性建立该研究的地位、表明如何在更大的相关领域内占据和捍卫该研究地位。建立研究空间所需要的修辞工作量取决于该领域的竞争情况、拟建立的研究地位的大小和重要性以及其他因素如作者的名望等。

Swales（1990：142-143）以 spherical aberration 相关研究为例，示例了"建立研究空间"模式中的各语步和语阶，摘引几例以说明之：

语步 1：建立研究领域/语阶 1：声言中心性（该语阶的目的是吸引语篇社团成员接受此研究是有活力、重要或公认的研究领域）：The increasing interest in... has heightened the need for.... Of particular interest and complexity are....（Swales 1990：144）

语步 2：建立研究地位/语阶 1A：反声言：However, the use of... results in such a degree of spherical aberration that radical design changes have become necessary.

语步 2：建立研究地位/语阶 1B：指出空白：However, the use of... results in a significant amount of spherical aberrations...

语步 2：建立研究地位/语阶 1C：提出问题：However, it is not clear whether the use of...can be modified to reduce spherical aberration to acceptable levels

语步 2：建立研究地位/语阶 1D：延续传统：The remaining issue is to find a way of better controlling spherical aberration.

研究证明，上述三语步按相应的顺序在 RA 引言部分高频出现，如 Swales 和 Najjar（1987）发现在 110 份引言中仅有 10 份是以语步 3 开头的（Swales 1990：145）。Swales（1990：145）认为，在语篇和文本研究中，10% 以下的反例是完全可以接受的，因为语篇构建是一种倾向性现象，对语篇的概括容许一定的例外，并不会因有限的反例就认为是被证伪了。此外，偶尔出现的次要的反例结构本身就是一种有趣的现象，对于揭示主要的倾向性结构背后的基本原理是有益的。

Swales 提出语步分析方法的初衷是帮助英语二语学生提高其英语学术论文的读写能力。许多研究者将这一分析方法用于揭示研究论文以及其他学术、专业和一般语体的潜在体裁结构（generic structure）（Moreno & Swales 2018：40-41）。这些语步分析家们的主要目的是识别研究论文各修辞语步的典型语言特征（Cortes 2013；Cotos *et al.* 2015；Le & Harrington 2015；Swales 1981），以服务教学（Moreno & Swales 2018：41）。

其次，语步分析一直被用于调查 RA 不同部分体裁结构的跨学科（Basturkmen 2012；Cotos *et al.* 2015，2017）和跨文化变化（Amnuai & Wannaruk 2013；ElMalik & Nesi 2008）。如 Basturkmen（2012：143）对应用语言学和牙科学 RA 讨论部分的比较研究"在语阶和次语阶层面（而非语步层面）"发现了有趣的跨学科差异。Amnuai 和 Wannaruk（2013）对发表在国际英语期刊和泰国期刊上的应用语言学 RA 的研究发现二者在"评价结果"这一复杂语步的使用上没有差异，然而在该语步内相关语阶数据显示存在某种程度的跨文化变化。ElMalik 和 Nesi（2008）的研究发现，尽管母语为英语的英国作者和英语为二语的苏丹作者所写的医学研究文章在语步上相同，但是在语步内的语阶分布和实现方面，两组之间存在差异。

2.2 短语学

2.2.1 短语学概念的形成与发展

在语言学理论中，短语现象曾被长期边缘化，正如 Sinclair(2008：407)所描述的那样："短语在语言学理论中从未获得过应有的地位，因此，在描写方面是欠缺的。其原因是现有理论从一开始即将语法和词汇分离开来，在描写时亦不相互参照。……将语法和词汇分开描写的策略是基于如下假设：(a)词是主要的意义单位，(b)词是独立于环境、从聚合关系中选择出来的。假如这些假设成立，那么语法和词汇即能分开描写而不存在被歪曲的风险。"

短语学本身也加剧了其边缘化，因其将习语特征和意象作为短语质量的主要标准，这在语料库时代之前肯定是没有意义的。异常现象(即偏离常态)比常见的词语组合更容易识别，后者常因太常见而被忽略，如 kick the bucket。语言学理论将类似这样的短语视为处于语言(langue)边缘的不相关现象，充其量不过是新奇的民间俗语(Steyer 2015：279-280)。

直到 20 世纪 60 年代，短语学在语言使用中的中心地位才得以逐步建立起来，而这要得益于 Firth 在搭配分析上的开拓性工作(Steyer 2015：279-280)。Firth 强调意义与语境(包括情景语境和文化语境)是不可分的，词不是独立的。他说："词的完整意义总是语境的，脱离语境意义的研究都不值得认真对待。"(Firth 1957：7)Firth 提出的搭配概念以及它与意义的关系为短语学的发展作出了开拓性的贡献(Moon 2008：244)。Firth(1957：196)认为："搭配意义是在语段(syntagmatic)水平上的一种抽象，它与词义的概念或观念没有直接的关系。night 的意义之一是它与 dark 的可搭配性，当然，dark 也与 night 搭配。""完全有理由说，cows 的部分意义可由搭配如 They are milking the cows，Cows give milk 来显示。"(Firth 1968：180；Moon 2008：244)

Firth 的搭配分析为短语学的奠基人——Sinclair 的研究奠定了基础，但是短语学的真正发展得益于 Sinclair 提出的以下观念，即意义的多词单位可以通过观察在大量文本集合中反复出现的模式来揭示。这一观念亦是技术发展给语言学研究带来的革命性认识，技术使得对语言使用中的模式的观察成为可能，而这些在以往是无法看到的。尽管对文本的研究已有几千年的历史，但 Sinclair 是少数几位发现了人们未曾注意到的许多现象的语言学家之一，因为这些现象只有借助于 Sinclair 帮助发展起来的语料库技术才能观察到（Stubbs 2009：116）。正如 Sinclair（1991：100）所说：　"当你一次观察语言中的更多内容时，语言看起来完全不同。"

Sinclair 发表在纪念 Firth 文集中的关于词汇的首篇论文可视为是他开始其词汇研究的标志。在此文中，Sinclair 将模式研究放在首位，从搭配角度来研究词汇，指出大规模计算机研究的必要性以及词汇项（lexical items）不能等同于正字法的词（orthographic words）的观念（Moon 2008：244-245）。他说"当我们研究语言形式时，我们的关注点在考察模式反复出现的方式上"（Sinclair 1966：410），"词与语法并行不悖，它描述的是词相互之间的搭配倾向"（Sinclair 1966：411）。

Sinclair 后期继续讨论核心搭配概念和不同类型的搭配关系，以及意义的关键问题及其与短语学的关系（Moon 2008：245）。他说"（当提到 Firth 和 night/dark 时）自此我们可以进一步说词项 A 的形式意义（formal meaning）是它具有强倾向出现在词项 B，C，D 的附近，不那么强的倾向出现在 E，F 的附近，较少出现在 G，H，I 附近，完全不与其他词项共现"（Sinclair 1966：417）。"我们感兴趣的是由词项的搭配所呈现出的该词项的词汇意义。"（Sinclair 1966：428）

1987 年在韩礼德纪念文集中，Sinclair 发表了一篇关于搭配的文章，在这篇文章中，他提出了两个重要原则：公开选择原则（the open choice principle）和习语原则（the idiom principle）。第一条原则大致对应于传统的基于词和基于结构的语言模型。在该模型中，结构的每一个槽点上的词的选择均是自由的，仅受限于"语法"（Moon 2008：245）。公开选择原则描述的是当没有常规的短语可以用时，说话人可以借助的资源（Stubbs 2009：126）；第二条原则建立在词汇选择是受限的方式上，不仅仅通过话题和体裁限制，更为重要的是通过搭配限制（Moon 2008：245；Stubbs 2009：126）。如 Sinclair（1991：110）所述"习语原则是语言使用者拥有大量的半预制的词组（semi-preconstructed phrases）可供选择，这些词组被看作一个整体，即使它们似乎可以被分解为不同的片段"。根据 Sinclair（1987：320）的习语原则，说话人和作者在交际时不是一次选一个相互独立的词，而是共选出其要说或写的词以生成意义单位（Cheng et al. 2008：239）。

在相对早期的文章中，Sinclair（1991：110-115）对习语原则和公开选择原则这两条原则予以了区分。后期 Sinclair（1996）认为这种区分太尖锐（sharp），因而采用了两种倾向的说法：短语学倾向和术语倾向（Stubbs 2009：126）。他说："倾向于公开选择是我们称之为术语的倾向（terminological tendency），即要求词具有指称世界的固定意义的倾向……倾向于习语是短语学的倾向（phraseological tendency），即词倾向于共同出现，并通过其组合产生意义。这就是搭配和习语性的其他特征。"（Sinclair 2004a：29）

短语学倾向的提出将短语学提到了所有语言使用的核心地位上，成为可用于描写说话人和作者共选词语以达成意义传递目的的一种倾向（Cheng et al. 2008：236；Moon 2008：245-246），特别是随着语料库语言学的崛起以及以量化方法研究语言数据成为可能（这在以前是不可能的），使得短语学的研究视角得到了极大的扩展，短语的范围亦随之扩大。多词单位在理解语言使用方面的重要性变得越来越明显。对大量真实语言数据（例如借助大型语料库）的分析显示，语言使用基本由多词单位组成（Steyer 2015：279-280）。这些多词单位既包括固定的多词项（fixed multi-word items）（如 of course），亦包括范围和形式不确定的、更为松散的短语倾向（phraseological preferences），如通常与时间标志共现的 set eyes on，以及常与不愉快事物共现的 it is not in-'s nature to…or happen（Sinclair 1991：111-112）。与此相关的是，一些非常常见的词却几乎没有独立的意义倾向，而是通过短语组合来获得意义，如 take 和 make（Sinclair 1991：112-113），故 Sinclair（1991：113ff）认为"大多数正常的文本"在很大程度上都是通过习语原则构建的，因此都是去词汇化的（delexicalized）（Moon 2008：245-246）。

类似的探索将词的基本分析单位由正字法的词（orthographic word）概念转到了不同种类的单位（Moon 2008：246）。Sinclair 说"……意义的单位在很大程度上应是词组的"（Sinclair 2004a：30），"我建议，词不是意义描写的最佳起点，因为意义来自特定组合中的词"(Sinclair 2004a：148)。

Sinclair 关于词组是意义的单位的论述为短语学的兴起奠定了基础。"短语学"这一术语被用于描述词和一组词在某一环境中出现频率高于其他环境的倾向(Hunston 2011：5)。Hunston(2011)根据 Sinclair 的研究将短语的特征概括为两点：(a)以"固定词组"形式出现的语言比我们想象的更多；(b)"固定词组"的变化性比我们想象的更多。这些观察为短语学研究指明了方向：一是对多词单位(即由 2~4 词或更多的词组成的语言片段，其在某一语料库中频繁出现并在某一语体中具有特定作用)的识别，二是对 Sinclair 所称之"意义单位"(即在形式方面表现出某种一致性但在意义方面一致性更强的灵活的词语序列)的识别(Hunston 2011：5)。

2.2.2　短语学的意义研究路径

Sinclair 对短语学的一大贡献是提出了扩展的词汇单位模型(model of extended lexical units，ELUs)。在一系列文章中，Sinclair(1996，1998)将他对共选的观察汇集起来，提出一种以前未曾描述过的语义单位。他认为意义的典型携带者应是词组，过往的短语学理论之所以缺乏说服力，其原因就在于这一错误的认识，即词是意义的主要单位，以及将词与语法分离开来的错误做法(Stubbs 2009：123-124)，故 Sinclair(1996，1998)提出了扩展的词汇单位模型或"意义扩展单位"，这是 Sinclair 对语言学理论的主要贡献之一。该模型将词汇、句法、语义学和语用学融合在一起，具体包括五类共选范畴："核心"(the core)、语义韵、语义倾向、搭配和类联接(Stubbs 2009：124)。扩展的词汇单位模型或"意义扩展单位"被用于"实现意义的成分(an element of meaning)，即该词汇项在其共文(cotext)和语境中的功能"，是"典型的短语的，尽管亦可通过单一的词来实现"(Sinclair 2004b：121-122；Cheng *et al.* 2008：239)。

在这五类范畴中，核心和语义韵是必须的，而搭配、类联接和语义倾向是可选的范畴。对于扩展词汇项来说，核心是不可改变的，它构成了该项目作为整体出现的证据(Stubbs 2009：124)。Stubbs(2009：125)根据 Sinclair(2004b：141-

142)将其余四个范畴描述如下：

①搭配是一个（必需的）核心词或词组（节点）和单个搭配词之间的共现关系：在文本中可直接观察到的可计数的词-形符。

②类联接是节点和抽象的语法范畴（如过去分词或量词）之间的共现关系。传统的范畴如"否定"可以通过语法实现（would not budge）或语义（would hardly budge，refused to budge）实现。

③语义倾向是"将有规律的共现限制到具有共同语义特征的词项上"（the restriction of regular co-occurrence to items which share a semantic feature）。Stubbs（2009：125）将其定义为短语单位和典型词汇场中词之间的共现关系。反复出现的搭配词为环境文本的典型话题提供了可观察的证据（如动词的典型主语或宾语）［SEMANTC PREFERENCE is the relation of co-occurrence between the phrasal unit and words from characteristic lexical fields. Recurrent collocates provide observable evidence of the characteristic topic of the surrounding text（e.g. typical subjects or objects of a verb）.］。

④语义韵是整个扩展单位的功能。它是该单位交际目的的概括，即选择它的理由（因此是与言外之力概念相关的）。

Stubbs 认为，在上述关系中，①和②处理语言符号如何在横组合层面相互关联；③处理语言符号如何在语义上与文本的话题相关联；④处理语言符号如何在语用上与其使用者相关联（Stubbs 2009：125）。总之，Stubbs（2009：125）认为，该模型包含这些成分：

搭配	形符	共现的词-形式
类连接	类别	共现的语法类别
语义倾向	话题	文本的连贯
语义韵	动机	交际目的

Sinclair（1998）以动词 budge 为例对扩展的词汇单位模型或"意义扩展单位"进行了阐释，以此说明"意义不由单个的词来传达"这一观点（Stubbs 2009：124）。

were stuck fast. We couldn't	budge them.
the handle didn't	budge. She tried again and again
the rope would not	budge. A tug-o'-war ensued
neither bribe nor threat will	budge him from the truth
Mrs Thatcher refused to	budge in her hostility to the EC

上例呈现出如下规律性，即动词 budge 的左侧为语法否定或隐含否定的结构（didn't budge，refused to budge）。更多的例子还揭示出这样的规律：那些通常不能 budge 的事物包括 doors，lids of jars，obstinate people，这些事物的共性就是该动词与文本话题有关的一种语义倾向。整个句子所反映的共性特征是：说话人反复尝试做某事，但未成功，现在有点懊恼，此即 budge 的语义韵。这种总体评价性 "语义韵" 是整个（扩展）单位的交际功能（Stubbs 2009：124）。

Stubbs（2009：126）指出，在理解该模型（特别是语义倾向和语义韵概念）时需要注意以下几点：（1）该模型在很大程度上是通过独立的案例研究来示例的，是否所有的词组或仅某些词组具有语义韵尚不得而知。（2）在早期的示例中，语义韵这一术语常被视为一个词的态度含义的模糊标志，如好/期望的，或不好/不期望的东西等，但是 Sinclair 后期的分析提出了更为具体的交际功能，如 budge 例子所示（"失败的企图和挫折"）。（3）在语义倾向和语义韵之间存在混淆。但是对于第 3 点，若按照 Sinclair 的定义：语义韵表达的是说话人/作者的交际目的，因此二者之间实际上是存在实质性的不同的：语义倾向和语义韵分别表达语义关系（与周围文本话题的关系）和（整个词组单位的）语用功能，即二者区分的是单个词的态度含义和意义的扩展单位的语篇功能（Stubbs 2009：126）。

尽管对于短语学（或短语学主义 phraseologism）的关注目标究竟是什么，学界尚缺乏一致的或明晰的认识（Hunston 2011：7），但 Gries（2008a：4）提出的以下六个特征可作为有用的标准，括号中的内容为 Hunston（2011：7）的补充说明：

①短语学研究所涉及成分的性质（研究可以分成那些将其局限在词形或词素上的和那些范围更广，其成分可以是词或语法形式或更宽泛定义的意义成分）；

②短语学研究所涉及的成分的数量（搭配研究通常局限于两个不一定相邻的

成分，而 Sinclair 的意义单位则不限制它们所包含的词的数量）；

③某一表达要被观察到多少次才能被作为短语对待（Gries 的标准规定，要成为一个短语，这个表达的出现频率必须高于预期）；

④短语学研究中所涉成分之间的容许距离［对相邻搭配的研究不需要有距离，而许多研究考察的是不连续的成分，如 Renouf & Sinclair（1991）即是后一种情况。Gries 或许应该加上"在成分的顺序方面是否具有灵活性"这一条］；

⑤所涉成分的词汇和句法灵活性程度（有证据表明大多数词组容许极大程度的变化，确实相当多的语言创造均来自灵活对待看似固定的词组）；

⑥语义的一致性和语义的（共同）组构性（con-compositionality）/非预测性在定义中所起的作用［习语在语义上是统一的（即一个习语有一个意义）和非组构性（即它们的意义不能从单个词的意义预测出来）；然而，大多数短语学研究应用了第 1 条但没有遵循第 2 条限制］。

同时，Hunston（2011：7）指出，所谓的标准不是指所有的短语学研究都要以此为参照，而是指这些研究可以根据它们对待这些标准的态度予以合理的比较。

2.2.3　词块的定义

对词块的研究是短语学研究中的一大重点。Biber（2010：170）将词块定义为频繁出现并广泛分布于不同文本中的多词序列。这些高频序列在很大程度上横跨词汇和句法边界，起着"语篇的基本建构材料"（Biber *et al.* 2004：371）的作用。不同的学者采用不同的术语来指称这些固定表达（fixed expressions），通过梳理三十多年的文献，我们发现有十余种相关概念被不同研究者使用，归纳如表 2-2 所示。

表 2-2　词块相关术语汇总

术语	相关研究	界定
短 语 表 达（phrasal expression）	Sinclair 等（2004：xxiv）	意义的单位（unit of meaning）
词块（chunk）	Sinclair（1991）；Lewis（1997）	固定程度和习语性程度可变的、规约化的两个以上的词语序列
搭 配 框 架（collocational frameworks）	Renouf & Sinclair（1991）	不连续的两词序列（a discontinuous sequence of two words）
词 汇 短 语（lexical phrase）	Nattinger & DeCarrico（1992）；Hyland（2008a）	频繁出现的多词组合（frequent multi-word combinations），形式 - 功能对的连续体（a "form/function" continuum）
短语结构（phraseology）	Renouf（1992）；Hunston（2002）	反复出现的字符串（recurrent strings）；固定或变化的词语组合（word combinations both fixed and variable）
词族（cluster）	Scott（1996）；Hyland（2008a）	频繁出现的词语组合（the frequently occurring word combinations）；反复出现的连续的词串（recurrent strings of uninterrupted word forms）
反复出现的词的组合（recurrent word-combinations）	Altenberg（1998：101）	以相同的形式出现一次以上的连续的词串（continuous string of words occurring more than once in identical form）
短 语 词 位（phrasal lexeme）、短 语 单 位（phraseological unit）或多词 词 汇 项（multi-word lexical item）	Moon（1998：2）	两个以上词的整体单位（holistic units of two or more words）
词束（lexical bundle）	Altenberg（1993，1998）；Biber 等（1999/2000）	由频率界定的反复出现的词语组合（frequency-defined recurrent word combinations）；反复出现的表达，无论其习语性和结构状态如何，即在自然语篇中通常一起出现的词形序列（recurrent expressions, regardless of their idiomaticity, and regardless of their structural status. That is, lexical bundles are simply sequences of word forms that commonly go together in natural discourse）

术语	相关研究	界定
程式化序列（formulaic sequence）	Wray（2000）	词语或其他意义成分的连续或不连续序列，是或似乎是预制的，即在使用时能够作为一个整体储存或提取而无需通过语法生成或分析（a sequence, continuous or discontinuous, of words or other meaning elements, which is, or appears to be, prefabricated: that is, stored and retrieved whole from memory at the time of use, rather than being subject to generation or analysis by the language grammar）
模式（patterns）	Hunston & Francis（2000）	短语结构（a phraseology）
短语（phrase）	Sinclair（2008）	意义的典型载体（the normal carrier of meaning）
短语构式（phrasal constructions）	Stubbs（2009）	由一个（部分）固定的词汇核心以及其他变化项目组成的词汇和语法的组合［（combinations of lexis and grammar）which typically consist of a（partly）fixed lexical core plus other variable items］
多词表达（multi word expression）	Steyer（2015）	广义上的（通常为）固定的词块［a（mostly）fixed chunk of words in the broadest sense］

从上表可见，在对词块相关概念的定义中"多词组合""词语序列""词串"和"反复出现""频繁出现"是多数学者的核心概念。也就是说，多数学者将词块视为"反复/频繁出现的""多词组合/词语序列/词串"，亦是可"连续"/"不连续的"且不考虑其"习语性程度的""意义的单位"，具有"形式-功能"的对应关系。

关于词块（常称为 n 元组）的长度，既往研究没有给出统一的数量标准，从2-元组到6-元组不同长度的词块均有调查，但4-元序列被认为是使用最频繁的，因为它们被认为能够产出足够多样的结构和功能以供分析（Biber 2009；Hyland 2008c）。正如 Hyland（2012a）所述，3 词词块极其常见，似乎不那么有趣，而5-元和6-元组相对少见，且常包含更短的词块。根据 Biber（2009），任何长度的词块皆可分析，但是在更详尽的分析中常只考虑 4 词序列。事实上，Biber 等（1999：992）曾指出，4 词及以上的词块更具短语性质（phrasal in nature），相应地不那么常见（Alamri 2017：55-56）。

但是在学术语篇的构建中，对语篇构建起重要作用、具有特定意义或功能的语言形式并不仅仅限于词块（Cheng *et al.* 2008：240），正如 Sinclair（2004b：122）所述其"词汇项"是"典型的短语的"，但"亦可通过单一的词来实现"。如 Biber 和 Hyland 的立场标记语中，不乏单一的词的情况；Wang（2019）在对文本导向型程式化表达的研究中亦发现，除了具有文本导向功能的多词表达外，单个词（如，similarly，nevertheless）也具有文本导向功能，应将其纳入文本导向型词块类别中，故 Wang（2019）采用文本导向型程式化表达这一术语。

本研究认为，若将研究对象局限于 2-元及以上的词组，无疑会错失众多单一的词在语篇构建中的作用。考虑到本研究实际：研究对象涉及大量由单个词来表达特定功能的情况，故与 Wang（2019）一样，本研究的词块定义亦是宽泛的，用于指出现频率高于偶然的、意义或功能与形式之间的匹配对，且匹配对的形式是不受限的，可以是单一的词，亦可是 2-元及以上的词组。

2.2.4 词块的分类

词块研究的先驱是 Altenberg（1993，1998），他建立了用于识别反复出现的词组的方法，并将语法分析和功能分析结合起来对词块予以分类。自此以后，Biber 等（2000，2004），Biber（2006a），Biber 和 Barbieri（2007），Cortes（2004），Hyland（2008c）也提出了各自的分类法，识别了基于频率的反复出现的词语序列，并根据语法结构和语篇功能对其予以了分析（Alamri 2017：54）。

从语法结构角度对词块予以分类的著作有 Biber 等（1999/2000，2004）。Biber 等（1999/2000）研究了美国和英国英语会话和学术文章语料库，认为词块的结构分类如下：名词短语+of，其他名词短语，介词短语+of，其他介词短语，被动态+介词短语片段，先行代词 it+动词/形容词，be+名词/形容词短语等。Biber 等（2004）研究了大学语体包括课堂教学和教材，认为词块的结构分类如下：包含动词短语片段的词块、包含从句片段的词块、包含名词短语和介词短语片段的词块(Wongwiwat 2016：28-29)。

从功能角度对词块予以分类的主要有 Biber 等(1999/2000，2004)、Cortes(2002a，2002b，2004)、Hyland(2008a)等。根据语篇功能，Biber 等(1999/2000)将词块分为三大类：指称词块(referential bundles)、立场词块(stance bundles)和语篇组织者(discourse organizers)词块(Alamri 2017：54-55)。Cortes(2002a)则将词块功能分为处所标志(指物理位置)、时间标志(指时间点或时间段)、文本标志(引导读者至文本的某一部分)、特殊用途词块。Cortes(2002b)的词块功能分类包括更多的范畴和次范畴：指称词块(地点标志、时间标志、文本指示标志)、文本组织词块(对比/比较、推论、焦点和框架)、立场标志(认识立场：确定/不确定/很可能-可能、期望、能力和义务)。Cortes(2004)分析了历史和生物学领域的学术文章语料库中的词块，将生物学学术文章中的词块功能分类修改为指称词块[地点标志、时间标志、描述词块和限定词块(qualifying bundles)]、文本组织词块(对比/比较、推论、焦点和框架)、立场标志[认识立场-客观的(impersonal)/很可能-可能和其他立场词块]、其他词块。Biber 等(2004：384-388)对大学课堂教学和教材口语、笔语语料库予以了分析，认为词块的功能分类如下。(1)立场表达(stance expressions)：认识立场、态度/情态立场(包括愿望、义务/命令、意图/预测)；(2)语篇组织(discourse organizers)：话题引入/焦点、话题阐述/解释；(3)指称表达(referential expressions)：识别/焦点、不准确、属性的说明(数量说明、有形框架属性、无形框架属性)、时间/地点/文本参照(地点参照、时间参照、文本指示、多功能参照)；(4)特殊会话功能(speicial conversational functions)：礼貌、简单询问、报道。Hyland(2008a)调查了生物学、电子工程、应用语言学和商业研究领域的研究论文、博士学位论文和硕士学位论文语料库，将词块的功能分类如下。(1)研究导向型：帮助作者组织真实世界的活动和经历(如 at the beginning of, in the present study)，其次范畴包括处所、过程、量化、描写；(2)文本导向型：与文本的组织和信息传递有关(如 on the other hand, these results suggest that)，其次范畴包括转折标记、结果标记、结构标记、框架标记；（3）参与者导向型（如 may be due to，it is possible that，should be noted that）：聚焦于文本的作者或读者，其次范畴包括立场特征、介入特征（Hyland 2008c：13-14；Wongwiwat 2016：30-32）。

综上所述，目前对词块功能的研究主要集中在语法结构和语篇组织功能方面，对词块所承担的特定语篇建构功能如立场表达、评价等研究却较为欠缺，本研究拟从这些微观功能角度对词块展开研究。

2.3　体裁短语学

2.3.1　词块与体裁分析

2.3.1.1　词块与体裁分析结合的合理性

对研究论文（RA）修辞结构中词汇-语法特征的研究一直是语篇结构研究者感兴趣的一个话题。Hyland（2008b：8）认为，词块被视为是"重要的语篇连贯构件，是特定场景中语言使用的典型特征"。与之类似，修辞语步也被认为是构件。Biber 等（2007a：53）解释说，语步可被视为体裁的"主要构件"。Dudley-Evans（1995）将修辞语步视为体裁的内在部分，可用于教授新手作者如何写出某一特定体裁的好文章（Cortes 2013：35-36）。也就是说，词块和语步似乎表现出相似的特征：词块被视为与连接文本的基本功能相关的词汇-语法构件，而修辞语步被视为"可提供文本构件的语篇的片段"（Biber *et al*. 2007a：9）。

词块与体裁分析之间的联系亦可从 Weinert（1995）提出的短语学研究主题与 Swales 对研究论文（RA）体裁分析的概念化中得以推之。Weinert 于 1995 年提出短语学的两大研究主题——界定和识别固定多词单位、分析多词单位的语篇功能——至今仍是短语学的两大研究焦点。尽管多数语料库语言学短语研究均以识别词汇短语入手，但是其最终目标通常是某体裁的短语特征或者描绘不同类型词汇短语的语篇功能（Gray & Biber 2015：125，129）。这与 Swales（1990）的体裁分析有异曲同工之处。在 Swales（1981）关于 RA 引言部分语步的开拓性研究中，他提出了帮助作者在文本中组织交际功能的 4 语步：建立领域、总结前人研究、准备当前研究和介绍当前研究；同时，Swales（1981）已识别了一些词汇项作为语步的关键标志。例如，他认为，当陈述中心性时（这是引言第 1 语步常表达的一个功能），为了反映拟讨论话题的价值，作者采用能够标志"兴趣"或"重要性"的词语（Swales 1981：26；Cortes 2013：35）。也就是说，Swales 的体裁分析以反映修辞行为的体裁概念为出发点，关注实现修辞功能的结构和语言手段，或者说，短语是实现修辞行为的语言手段（Flowerdew 2015：105，108）。由此可见，二者的起点和终点恰好相对，以一种类似于相向运动的方式对语言修辞功能及其语言形式进行考察。事实上，尽管 Swales（1990）主要关注的是宏观结构，但是他多次论及短语学的重要性，认为短语学在语言理解中起着关键的作用，是 EAP 教学中"几乎不能回避的内容"（Swales 1990：4）。概言之，过去几十年的语料库研究表明，词汇短语具有重要的语篇功能，在文本之间呈系统分布，可作为口语和书面语语篇内部结构的重要标记（signals）（Gray & Biber 2015：135）。

2.3.1.2 词块与体裁分析结合的意义

词块有助于揭示特定研究体裁的语言特征。如 Biber 和 Barbieri（2007）指出，每一类语体的词块均与交际目的和体裁相关，因而各不相同。Hyland（2008c）对由电子工程、微生物学、商业研究和应用语言学四个学科的研究文章、博士学位论文、硕士学位论文组成的语料库中最频繁的四字词块的调查表明，不同领域的作者用各种不同的学科特定的词块来"展开论证、建立信度、劝说读者"（Hyland 2008c：19）。研究表明，对特定语体的词块和语步之间关系的分析可为全面描述不同言语社团的语篇构建倾向——结构模式和词汇-语法模式——提供更多的证据（Cortes 2013：36）。如 Cortes（2013：36）借用 Swales（1990，2004）框架进行语步分析以识别词块所在的语步和语阶。其研究发现，长词块如 5 词以上词块和语步/语阶存在一对一关系，而许多 4 词以下词块出现在不同的语步和语阶中；长词块和语步/语阶之间的一对一联系更强的原因之一是，长词块包含更多的信息（Li *et al.* 2020：87）。

无数研究已证明掌握词块具有以下重要性：

第一，词块占据了语篇的大部分内容（Altenberg 1998；Cai 2016：58），如 Conklin & Schmitt（2012：46）在文献调研后指出，程式语（formulaic language）"占了语篇的三分之一到一半"的内容（亦参见 Biber *et al.* 1999/2000；Kremmel *et al.* 2017：850）。Martinez 和 Schmitt（2012：299）亦指出"研究已证明在 L1 和 L2 的使用、加工和习得中，（词块）起着基础性作用"，有助于形成意义，增加文本的连贯性（Hyland 2008b）。不仅如此，Kremmel 等（2017：848）的研究表明，在预测阅读理解能力时短语学知识优于传统的句法和词汇知识。其研究证实，短语学知识在外语阅读中起着关键的作用。

第二，作为学术文本典型特征的重要构件，缺乏这些词块可能表明一个新手作者没有掌握某一特定学科共同体的特征（Coxhead & Byrd 2007；Cai 2016：58）。根据 Hyland（2008b），词块不仅可以区分体裁，还可以区分成熟作者和新手作者或社团新人，故在学术语篇中很重要。换句话说，词块的恰当使用是训练有素的学习者的标志。

第三，"组块过程"（chunking process）（Lewis 1997）可以帮助第二语言学习者使用预制的词组而非单个的词以助力写作（Coxhead & Byrd 2007；Cai 2016：58）。因此，要具有学术话语能力，作者不仅应该具有语法能力，而且还应能够熟练使用词块。

2.3.2　特定语步相关词块

关于词块和其教学价值的实证研究通常是在 SLA 或词汇学习框架下进行的，但是另一组词块，被 Flowerdew（2008）称之为"语步的典型词汇语法实现"对学生来说至少是同等重要的（Cai 2016：59）。许多基于体裁教学法的研究（Flowerdew 2000；Henry & Roseberry 1998；Swales & Feak 2004）均提到这些语境化词组的教学成为学习某一特定体裁的"语言焦点"。相应地，对用于标志修辞语步开始的词汇项和词汇语法模式的识别成为众多语篇结构研究者们的关注点。如 Kanoksilapatham（2003）通过分析生物化学 RA 语料库，利用多维分析，发现一系列语言特征与语步存在直接联系。例如，研究论文的引言部分开头的一个重要语步是"建立研究领域"（Swales 1990）。在这个语步中，标志性短语"there has been a growing interest in…"经常出现（Cai 2016：59）。Henry & Roseberry（2001：155）解释说，为了有效地教授体裁，整体的体裁知识需"辅之以与语步相关的特定语言知识"，因此在 RA 的某一特定语步中频繁出现的语言特征成为有力工具，可引入写作课教学大纲以帮助学生熟悉该体裁的写作（Cortes 2013：33-34）。

为了与普通词块相区别，上述词组被重新定义为特定语步词块（move-specific lexical phrases，MLP）。Cai（2016）认为应将 MLP 和普通词块作为独立的不同概念来对待，并将普通词块（不包含特定语步的词块）重命名为通用词块（general lexical phrases，GLP），以服务于不同的教学目的。MLP 具有更多的变化和灵活性，而 GLP 可帮助提升学生有关常用多词序列的使用意识，在阅读和写作学术文本时减少其心理加工负担（如 Conklin & Schmitt 2008 的研究）。为说明这一点，以"揭示不足"（indicating a gap）语步为例。与该语步相关的 MLPs 有十余个，包括"Little research has been done""Few studies have investigated…"，但是它们中的每一个若按照统计标准根据语料库频率分析结果可能都不是高频词组。另一方面，高频的 GLP$_s$如"in the case of"或"it should be noted that"通常不与某一特定的语步相关联。Cai（2016）研究中的 MLPs 包含范围更广的词组，可以是联系紧密或疏松的词组（联系疏松的词组如 The correlation between…and…was tested using…），其长度从二词（如 Smith noted…）到多达八词及以上的词组（如 An objective of this study was to investigate…）不等。总之，通过为语步的开始提供更多的选择，MLPs 弥补了高频 GLPs 的局限性，因此 Cai（2016）的词汇词组（lexical phrase）是两类词组的总称，包括具有通用语篇功能的词块和仅与某一语步相关的词组或词块（Cai 2016：59-60）。

Cai（2016）对 GLPs 和 MLPs 的区分进一步丰富了体裁短语学理论，为学术语篇教学开拓了思路，提供了有益的教学素材。特定语步词块与 Hüttner（2005）提出的"扩展的"体裁分析研究方法——"体裁功能程式序列"有不谋而合之处。Hüttner 的"体裁功能程式序列"将体裁分析和程式语研究的元素结合在一起。Hüttner 认为，通过将体裁分析的现有参数扩展到以程式语为焦点的特定用法，扩展的体裁分析希望为了解这些使用模式作出贡献(Alamri 2017：58-59)。

总之，这些语步-语言特征联系有助于体裁短语学理论的发展，因为一旦识别出来，这些语言特征将有助于更好地描述每一个语步的交际功能。同时，由于学习者需要了解哪一种词汇组合常用于某一特定体裁的特定语步/语阶中，故调查词块及其相应的语步/语阶具有教学参考价值，对于体裁分析研究和学术写作教学均能提供有用信息(Le & Harrington 2015：47)。然而，尽管对 RA 的修辞语步研究有所发展，但是将特定语言特征、词、搭配或更长的词组与语步或语阶结合起来的研究尚有限，因此对 RA 修辞语步相关词块的进一步研究，以实证方式揭示哪一种表达常用于某一修辞语步具有重要的意义。语步与功能词块的关联性正是本书的研究重点。

2.3.3　体裁短语学的研究路径及研究方法

2.3.3.1　体裁短语学的研究层面

根据 Swales(2004)对研究论文(RA)体裁分析的概念化，Cai(2016)认为在研究论文体裁下有三层分析：部分-体裁(part-genres)、语步/语阶、语言特征分析，如图 2-2 所示。在 RA 体裁中的部分被称之为部分-体裁(part-genres)，它构成一篇 RA 的宏观结构。最常规和原型的宏观结构是 I-M-R-D，即引言、方法、结果和讨论。在部分-体裁下，传递交际功能的最小的语篇单位被称之为语步/语阶。在引言部分最著名的语步/语阶分析是"建立研究空间"(CARS)模式，在文献中被广泛引用，用于众多不同学科特定体裁的描述和解释。在语步/语阶分析层面，交际目的的语言表达或语言实现以"语言特征"的形式来描写(Cai 2016：60)。

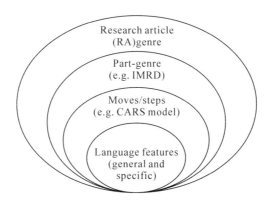

图 2-2　Cai(2016：61)的研究论文分析层面示意图

上述分析层面是从体裁分析角度予以的划分。若从体裁短语学视角来看，其分析层面亦可分为三层，与 Cai(2016)的划分略有不同：

第一个层面是不同/特定 RA 体裁与短语学的结合，如 Hyland(2008c)针对 4 个学科——电子工程、微生物学、商业研究和应用语言学——的研究文章、博士学位论文、硕士学位论文的调查就属于这一层面上的研究。其研究结果表明，不同领域的作者使用各种不同的学科特定的词块来"展开论证、建立信度、劝说读者"(Hyland 2008c：19)。

第二个层面是 RA 构成部分(对应于 Cai 的部分-体裁)与短语学的结合，如 Ngadiman(2013)对学生论文摘要中"背景""目的""方法""结果""结论"和"建议"部分词汇短语的结构和功能研究。

第三个层面是语步/语阶与短语学的结合，如 Swales(1981，1990)将学术文章的引言划分成三语步——CARS(Creating A Research Space)，并识别出相关词汇项作为各语步的关键标志。

上述三层面研究目标各不相同，第一个层面的研究旨在揭示不同/特定 RA 体裁的一般/特有的语言特征，如那些在普通学术写作教材或手册中频繁提到的特征，包括模糊限制语(Hyland 1996a，1996b)、祈使句(Swales *et al*. 1998)、命令(Hyland 2002a)、元话语(Hyland & Tse 2004)等。在此层面上所识别出的词块属于通用词块(GLP)，适用于多数学术写作。第二个层面的研究通常聚焦于特定研究体裁(如学位论文、课题申请书、研究论文)RA 的某一特定部分,如 Thompson 和 Ye(1991)对文献综述转述动词的研究,旨在揭示特定体裁的某一特定部分的典型语言特征。第三个层面关注 RA 体裁中特定语步相关的特征,即语步-特定的词汇词组,属于特定功能相关的具体词块,即特定语步词块(MLP)(Cai 2016:60)。

2.3.3.2　体裁分析研究方法

在体裁分析研究中,最关键的步骤是语步的识别,而所谓的语步识别指对语步边界的识别,即对标识语步开始或从一个语步到另一个语步的转换的语篇单位的识别。目前学界采用的语步识别方法有自上而下和自下而上两种方法。

自上而下从对交际功能的考察开始分析。该方法聚焦于交际目的以揭示语步结构,并调查特定语步中的语言特征。自下而上从对语言特征的考察开始分析,通过某些语言信号来区分语步(Biber *et al.* 2007a;Pho 2008a;Wongwiwat 2016:17;Li *et al.* 2020:86)。然而,实际上,研究者倾向于"同时从各种相互关联的层面来展开分析:识别交际功能、图式结构、语法特征、词汇特征等等"(Flowerdew 2002:95),即通过自下而上对词汇或句法标志的识别和自上而下的文本细读以识别话题中断或内容转换的结合来提高语步识别的准确性(Li *et al.* 2020:86)。

Tognini-Bonelli(2001)提出了另一种区分方法,他采用基于语料库的和语料库驱动的这两个术语。基于语料库的方法从研究者关于学科对象、图式结构和语言特征的先在知识出发,采用人工手段去识别语篇的边界。语料库被用于验证事先界定好的分析框架。这种研究方法历史较长,很多语步分析研究均采用此方法。语料库驱动的语步分析方法是相对后期的发展,该方法引入先进的计算技术,首先从文本中自动提取出语言项目,然后再基于这些项目进行功能单位的识别。其中一个例子是 Biber 等(2007b)基于词汇的语篇单位分析。基于语料库的语步研究受限于"高劳动强度"(Biber *et al.* 2007a:15)的人工分析,因此所分析的文本范围和数量相对较小。语料库驱动方法借助于计算机技术使得对大量文本数据的考察成为可能,如 Li 等(2020)的分析语料为 3697 篇博士论文摘要。宽范围和大数量的文本可更好地揭示体裁特征（Biber *et al.* 2007b）。此外，使用计算机亦减少了研究者的先在知识对语步识别的影响（Li *et al.* 2020：86）。

但是，鉴于语步分析对 RA 内容的强依赖性，基于语料库的方法仍是目前语步分析中采用得较多的一种方法，尽管它仍涉及人工分析，但是与完全依赖人工进行的传统语步分析方法存在本质的不同。Biber 等（2007a：36）对基于语料库的语步分析方法特征的概括有助于揭示其与传统的语步分析之间的不同：

（1）分析对象是来自某一特定体裁的典型文本，且文本数量相对较大；

（2）所有的文本均做了标注以便于利用不同的程序和软件进行计算机统计和计算；

（3）一旦语步类型的标注规范建立之后，将对语料库中的所有文本进行标注以识别语步，标注语步类型；

（4）可以很容易地对具体语步类型的语言特征进行分析，以为不同交际目的的语言实现方式提供细节；

（5）除了进行传统的语步分析外，定量统计使得对普遍趋势、特定语步类型的相对频率、语步类型使用的典型和可选模式的讨论成为可能。

可见，相较于传统的语步分析，基于语料库的语步分析具有如下优势：传统的语步分析只能借助人工手段挑选出部分语言特征予以分析，而借助于计算机则可以进行更加全面的语言分析。传统的语步分析只考虑单个/部分语言特征很难揭示出与语步相关的语言特征的共现情况和特征之间是如何交互以实现特定交际目的的。基于语料库的语步分析能同时研究许多特征的分布和共现情况，能够提供更多更有用的信息，故要描绘语步类型的典型语言特征只能借助于基于语料库的方法（Biber *et al.* 2007a：38）。本研究拟采用基于语料库的语步分析方法。根据前人研究及我们的实践，基于语料库的语步分析需要注意三点。

（1）尽管部分学者倡导自上而下（基于语料库的方法）和自下而上（语料库驱动的方法）相结合的语步分析法，如 Moreno 和 Swales（2018：41）所述，将两种证据相结合是解释学方法（hermeneutic method）的关键要素，"是在部分构成总体和总体激发部分之间的一种辩证的方法，以同时将部分和总体纳入视野"。因此，在过去的十年多里，许多学者在此方面做了很多有益的尝试，如 Cortes（2013）、Le 和 Harrington（2015）等在基于语料库的研究中试图通过一些间接方法（如考察频繁出现的词串或词族的功能，或采用多维分析等）来探索二者的结合。但是，有学者对这种混合方法提出了质疑，如 Pho（2008a）指出，基于自下而上的语言信号和自上而下的内容分析的语步识别导致了某种程度上的循环论证。Moreno 和 Swales（2018：42）亦分析了这类研究中存在的一些问题。第一，它们不能区分最凸显的语言项目或模式（以帮助读者解释某一给定的语阶）和那些仅在该功能中共现的语言项目或模式。例如，Cortes（2013）在其对研究论文引言的研究中，分析了由四词或四词以上的词串所表达的功能。然而，不能认为其所识别的所有的四词或四词以上的词串都是能激活那些功能的实际标志。如，尽管其研究证明二者存在相关性，但是并不能由此就简单地在词串"by the presence of the"和功能"回顾前人文献"之间得出推断性联系。同理，也不能在词串"at the same time"和功能"总结方法"之间得出推断性联系。第二，当关注四词或四词以上的词串时有可能忽略了更小的词语组合，而这些组合在某些语阶的识别中有可能是凸显的。例如，在 RA 的讨论部分标识"指出负面特征"或"指出当前研究的局限性"的一种方法是将排除式代词（exclusive pronoun）we（即不包含读者或听话人）与单一的词项 lack 结合，如 We also lacked information on potentially useful clinical variables，因此，若将研究局限于长词组合可能识别不出这一模式，因为其仅包含两个词汇项目。Moreno 和 Swales（2018）的上述分析，对拟开展类似研究的学者具有借鉴参考价值。

（2）关于语步分析我们不得不接受的一个共识是：由于交际功能的阐释是一种难以操作化的认知任务，因此必须人工进行（Biber *et al.* 2007a：33）。也就是说，无论采用何种语步分析方法：传统的、基于语料库的、语料库驱动的还是混合法，人工分析都是必不可少的，区别仅在于人工分析的量和使用的阶段不同而已。只要涉及人工分析，就存在如何消除人工识别的误差，减少人为因素影响的问题。通常采用如下方法来解决此问题：第一，采用间隔一定时间两次识别的方法，并对两次识别的信度予以检验；第二，采用第三方验证的方法，如请相关专业领域的专家来对语步识别结果予以核实，因这些专家对其专业领域的话题有更深入的了解，对该领域的"好"研究论文的典型修辞结构和语言有更强的直觉判断。根据 Crookes(1986)，另一种第三方验证方法是：在已做必要的培训的前提下，让另一位分析者(或评价者)来核验主要调查者的结果(Moreno & Swales 2018：41)。

（3）研究表明，在体裁分析中语阶似乎是比语步更恰当的分析层面(Amnuai & Wannaruk 2013；Cotos *et al.* 2017；Yang & Allison 2003：381-383)。此外，若研究目标是某一体裁中的修辞语阶和最凸显的标志，需要拥有人工标注语料库。然而，由于缺乏具有语阶标注信度、大规模研究论文语料，加之，对于语步和语阶标注的最小形式问题以及功能阐释应采用从上至下，还是从下至上等问题尚无统一的认识。如 Connor 和 Mauranen(1999)以命题为语步单位，Cotos 等(2015，2017)以句子为语步单位、以短语或小句为语阶单位，以及 Crookes(1986)以句子或段落为语步单位，故该领域还有漫长的道路要走(Moreno & Swales 2018：41-42)。然而，针对此问题，我们认为，"语步和语阶标注的最小形式问题"从问题的出发点来看本身就存在问题。原因在于：语步/语阶是功能层面的概念，就不应该从形式的层面来加以描述，故不存在应该以"命题""句子""短语或小句"还是"段落"作为语步单位之争，语步和语阶只能在功能层面予以分析与形式无关。这一点亦是本研究在语步分析时所遵循的立场。

2.3.3.3 短语学研究方法

早期的短语学研究主要是依靠直觉，研究者根据直觉列举出他们认为在语言中频繁出现的固定表达，如 Pawley 和 Syder(1983：206)在其关于程式语对英语非本族语说话人重要性的研究论文中所解释的那样"几分钟的沉思得出来下列作者们熟悉的例句，这些小句是澳大利亚和新西兰英语中的惯用口语序列"，如 Need any help? Would you like some more? You shouldn't have said that, You've hurt his feeling(Cortes 2013：34)。但是随着计算机技术的发展和其在语料库分析中的使用，短语学研究方法亦发生了极大的转变，主要的研究方法有二：传统方法(亦称为短语的)和分布方法(Granger & Paquot 2008)。前者使用语义和句法的标准来决定具体的短语项目，后者采用语料库驱动方法通过被提取项目的频率来大范围的识别词语组合（Le & Harrington 2015：46），故亦被称为频率驱动方法。Biber（2015：202-203）将这种方法称为"极端的语料库驱动方法"，"从简单的词形开始"，"频率优先"。Li 等（2017）将此方法进一步具体化并以"词块驱动方法"命名之。Cortes（2015：205）认为，在此方法中，研究者"放弃了其直觉或感知"因而是一种实证的研究方法。在这种自动词块提取方法中，语言范畴是从语料库证据中浮现出来的（Ädel & Erman 2012；Li *et al.* 2020：86）。

大量研究采用分布方法来调查短语，如 Biber 等（1999/2000）提出了词块（lexical bundles）这一术语来指语言或语体中"最频繁出现的词语序列"（包括不完整的语法单位）（Biber 2006a：134；Cortes 2013：34）。词块的提取标准是：是否满足特定的出现频率和离散阈值（cut-off points）。例如，Biber 等（1999/2000）提出当截止频率是每一百万词出现 10 次时，一个 4 词表达才能被视为是一个词块。此外，这些表达必须出现在 5 篇以上文本中以避免使用者的独特风格影响。后期的研究更为保守，将截止频率提高到每一百万词出现 20 或 40 次，以确保这些表达确实在某一特定语体中频繁出现（Cortes 2004，2013：34）。据 Alamri（2017：55-56）的统计，临界频率从每百万词 10（Biber 2006a；Biber *et al.* 1999/2000；Simpson-Vlach & Ellis 2010）到 20（Cortes 2004，2013；Hyland 2008a，2008c）再到 40 次（Biber *et al.* 2003）不等。研究表明，针对口语数据，将截止值定得高一点更有用，因为口语数据通常更广泛地依赖于词块（Biber *et al.* 2004；Biber *et al.* 1999/2000）。Ädel 和 Erman（2012：82）认为，书面语料库数据研究采用每百万字 25 次（如 Chen & Baker 2010）和每百万字 20 次的截止值（如 Cortes 2004）为宜。

除截止频率外，另一个识别特性是，多词序列必须在语料库中一定数量的文件中出现（通常被称之为离散度）才能被称之为词块（Alamri 2017：56）。在短语学研究中，离散标准也常是任意的，导致相关文献的做法各不相同。如对于 4 词词块来说，通常采用 3～5 篇文本的标准（如 Biber & Barbieri 2007；Biber *et al.* 2004；Chen & Baker 2010；Cortes 2004），但是有时也采用百分比如 10% 的文本

（Hyland 2008a，2008b），以排除个别说话人或作者对某一表达的特异使用（Alamri 2017：56）。为了避免过于语境依赖的表达，包含专有名词的"内容块"有时亦被排除掉（如 Chen & Baker 2010；Ädel & Erman 2012：82）。总而言之，不同的研究采用了不同的频率和离散标准，甚至语料库和次语料库的大小亦存在很大的不同，从 4 万词到 500 多万词不等（Chen & Baker 2010；Alamri 2017：56）。

Lores（2004）对词块特征的归纳对短语学研究有一定的参考价值。Lores（2004）指出：①要成为某一语体的词块，必须在一百万词中出现 20 次以上；②词块在意义上不是习语的，其意义可从词块中的单个词获得；③由于计算机程序的频率分析，词块是固定的；④词块通常是不完整的结构单位、片段式的短语或带嵌入片段的短语；⑤词块具有强语法相关性，能够被分组为基本的结构类型（Wongwiwat 2016：20）。

由于本研究采用的是基于语料库的方法而非语料库驱动的分布方法，故不存在词块的出席频率和离散标准的选取问题。

2.3.3.4 体裁短语学的研究方法

早期的体裁短语学研究实际上是语步分析的一部分，即对实施特定交际功能（语步/语阶）的语言特征的分析，当然亦是采用人工方法来进行的。如 Swales（1990）提出引言的三语步修辞结构：Establishing a territory，Establishing a niche，Occupying a niche。他采用人工方法分析文本以识别特定语步和语阶中的语言特征。例如，语步 1(Establishing a territory)通过对该领域重要性的评价性陈述语言（it is well-known that）、对前人研究的时间参照（recently）和报道动词（show，establish，claim)等语言表达形式来实现（Le & Harrington 2015：47）。

随着语料库语言学的发展，利用语料库工具自动提取词块成为可能，短语学研究中的"词块驱动方法"亦被借鉴到体裁短语学研究中，这种自动提取词块的方法使研究者可以对大规模文本进行分析，以揭示语言特征和这些词语序列所承载的语篇功能如修辞语步之间可能存在的联系。Granger（2018：192）将此法视为是挖出元语篇标志中的"金子"的有前景的方法（Li et al. 2020：86）。如

Cortes（2013）和 Li 等（2020）均利用词块驱动方法来探索词块与修辞语步的关系。不同的是 Cortes（2013）直接对文本进行语步分析，而 Li 等（2020）则是首先生成词块，然后通过对词块的分类来识别博士学位论文摘要的语步，其目的是探究修辞语步是否与句子开头的词块之间存在一致关系，以此检验根据语言特征来标志特定语步的可能性（Li *et al.* 2020：87）。Li 等（2020：85）的研究发现，词块驱动方法所生成的词块几乎全部都可识别为语步标志。所标示的语步大多数均与前人对研究论文摘要分析中所提出的语步一致。

　　除此之外，短语学的语料库研究方法亦极大地丰富了体裁分析的观察范围。如 Swales（1990：136）对研究论文的早期研究观察到：语言学和修辞特征在研究论文的四个标准部分（即 IMRD 结构：引言—方法—结果—讨论）之间存在差异性分布。因此，在文本被切分为语步后，即可对每一语步的语言特征予以分析以确定不同语步类型的典型语言学特征。但是 Biber 等（2007a：39-40）认为，这类分析在传统语步分析中通常未涉及，故对各语步类型的典型词汇-语法特征描绘的缺乏是非基于语料库研究的一个很大的缺陷。而将短语学的语料库研究方法引入体裁分析后，基于语料库的语步分析可为各语步类型的典型分布和结构特征描写提供便利。如一旦对语步进行赋码，即可对其进行各类描述性统计分析，如各语步在语料中的总出现频率、平均词长等。类似的统计数值可以帮助我们判断某一语步类型是不是必有语步（在语料库全部文本中出现频率大于或等于 85% 的语步）、预期语步（expected）（在语料库全部文本中的出现频率在 50%~85% 之间的语步）或仅仅是可选语步（optional）（在语料库全部文本中的出现频率小于 50% 的语步）。计算机不仅可以用来统计在每一个文本中每一个语步类型的出现情况，而且可以用于追踪其相对位置、常与其共现的其他语步类型、嵌入另一语步的频率、出现在文本正文而非其他部分（如附言）的频率（Biber *et al.* 2007a：39-40，58-60）。基于语步频率和长度数据以及对语步位置和语步之间关系的描述，可以开展基于语料库的语步分析的一个最大特色分析：建立体裁原型（genre prototypes）。原型在教育和培训中具有极大的应用价值，可以帮助学术新手理解一种新体裁并撰写其相关文本。此外，体裁原型对更好地理解不同学科之间的体裁变化亦有很大的帮助(Biber *et al.* 2007a：40)。

然而，除少数研究采用词块来探索凸显的语篇特征如文本之间共享的元语篇(Granger 2017；Li *et al.* 2017)外，大量的研究均采用前人提出的功能范畴框架来对所提取出的词块予以分类，特别是 Biber 等(2003，2004)提出的指称词块、语篇组织和立场词块，以及 Hyland(2008a，2008b)的框架，如研究导向型、文本导向型和参与者导向型词块等框架，在体裁短语学研究中利用词块驱动方法来开展的研究仍为少数(Li *et al.* 2020：86-87)。

上述事实说明，体裁短语学研究仍然不能抛弃人工方法。其原因在于：词块驱动方法必须依赖截止频率等技术指标，在此过程中，有可能遗漏一些重要的特定语步词块。如 Cai(2016：59-60)曾指出，与"揭示不足"(indicating a gap)语步相关的词块有十余个，包括"Little research has been done"，"Few studies have investigated…"，但是它们中的每一个若按照统计标准根据语料库频率分析结果可能都不是高频词组，在单纯的词块驱动方法中有可能被筛选掉而未被识别出来。因此，体裁短语学研究应结合人工方法和语料库语言学研究方法，甚至在某种程度上应以人工方法为主，辅之以语料库语言学研究方法。

如前文已述，本研究不采用自下而上的"词块驱动方法"，其原因是本研究的目的不是对词块的语法结构和语篇组织功能予以全局式考察，而是从微观的角度，如立场、介入资源、语体特征、作者身份构建等特定功能角度开展研究，"词块驱动方法"不利于揭示这些微观特征。

2.4　CA 分析、CIA 分析与 ICM 分析

2.4.1　CA 分析

对比分析(contrastive analysis，CA)由 Fries(1945)首次提出，并由 Lado(1957)进一步扩展而明晰化的一种跨语言分析方法。Lado(1957：2)认为，"个体在产出(说外语)和接受(掌握或理解)外语时倾向于将其本族语和文化的形式和意义及其分布迁移到外语和外语文化"中，学习者犯的很多错误均是由本族语

和目标语之间的差异导致的(Spolsky 1979：251)，本族语与目标语结构之间的差异越大，外语学习就越困难(Keshavarz 2012：22)。Lado 的迁移概念成为对比分析的一个基本假设。基于该假设，语言学家开始着手系统地比较和对比学习者的本族语和目标语，以期识别出可能成为二语学习者难点的地方(Keshavarz 2012：8)。根据 Lado 的迁移观，当某种旧习惯(即学习者的本族语习惯)促进新习惯(即目标语中的某种新成分)的形成时，产生正迁移；当旧习惯妨碍新习惯时，则产生负迁移，学习变得困难(Keshavarz 2012：8)。对比分析的倡导者们认为，一旦对比分析揭示出在学习中潜在的困难之处，即可为外语教师识别结构教学目标(即那些负迁移可能发生的地方)提供参考信息，以更有效地设计语言课程，亦有助于解释学习者为什么会犯错(Keshavarz 2012：7；Ellis & Barkhuizen 2005：52)。

在相当长的一段时间里(1945 至 1965 年)，对比分析在第二语言教学理论领域一直处于主导地位(Spolsky 1979：251)。然而，随着二语习得和中介语理论的发展，越来越多的实证研究证明仅有很小一部分学习者错误来自一语的干扰(Keshavarz 2012：21)，很多错误都不能归因到学习者的母语，母语干扰不是二语学习的唯一或主要的原因(Buteau 1970；Nemser 1971)。对比分析的反对者们指出，许多对比分析预测的难点在学习者的实际产出中并没有出现。相反，很多出现了的错误对比分析却没有预测出来。因此，他们认为对比分析忽略了学习和交际策略、过度概括、训练迁移等因素，这些因素都可能影响学习者的目标语产出(Nickel 1971；Whitman & Jackson 1972)。

2.4.2　CIA 分析

针对 CA 的弊端，学者们提出一种新型 CA，其目标是比较本族语和与之平行的中介语数据(Selinker 1989：285)，Granger(1996)将此类对比称为中介语对比分析(Contrastive Interlanguage Analysis，CIA)，并将其分为两类对比：一是学习者语言与本族语者语言之间的比较，二是不同样本的学习者语言，尤其是不同母语背景的学习者语言之间的比较。Granger 将其图示如下(图 2-3)：

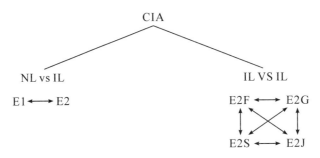

图 2-3　中介语对比分析图示(Granger 1996；2015：8)

　　Granger 以英语为例图示了中介语对比分析。图中 NL 和 IL 分别表示本族语者语言(native language)和学习者语言(interlanguage)。E1 表示本族语者英语，E2 表示英语作为外语(English as a foreign language)。图中右侧的"IL vs IL"表示中介语与中介语之间的对比，其中 E2F 表示母语为法语的英语学习者英语(English of French learners)，E2G 表示母语为德语的英语学习者英语(English of German learners)，E2S 表示母语为瑞典语的英语学习者英语(English of Swedish learners)，E2J 表示母语为日语的英语学习者英语(English of Japanese learners)。在 Granger 的后期著作中，她换用 NS 和 NNS 分别表示本族语者(native speaker)和非本族语者(non-native speaker)(Granger 2012：18)，L1 和 L2 分别代表第一语言/本族语(first/native language)和外语/第二语言(foreign/second language)。"NL vs IL"和"IL vs IL"两类对比被认为完美地满足了学习者语料库研究(LCR)的理论和应用目标，即更好地了解外语或二语习得机制、设计更有效的语言教学工具和方法(Granger 2015：8-9)。

　　学习者语言与本族语者语言之间的比较可以有效地评估迁移的发生(Odlin 1989：28)，是"英语中介语对比类型学定量研究"的基础。而中介语对比分析可以有效地揭示出学习者语言中所表现出来的"外国腔"(foreign-soundingness)(Granger 1996：43)，识别其中的非标准形式，以及"过度使用"和"使用不足"或者 Granger(2015：19)称之为"过度表征"(overrepresentation)和"表征不足"(underrepresentation)等情况。需要注意的是，这些术语并非是对中介语所做的评价而是单纯描述性的，表示某种语言现象（如词、结构、功能等）在学习者语料库中的使用显著多于或少于（借助于统计显著性手段）某一可比的本族语语料库。对过度使用或使用不足的研究表明，学习者（特别是在高水平阶段学习者）语言中的外国腔，既可归因于纯粹的错误，亦可（甚至可更多地）归因于使用频率上的差异。中介语对比分析的第二类比较涉及不同学习者变体的比较，尤其是不同一语背景的学习者产出的变体的比较。该类比较可以帮助诊断潜在的母语迁移痕迹：若某一特征仅在某一特定的一语人群（如意大利法语学习者）中出现，则表明这是跨语言影响的结果，即来自一语（意大利语）对二语（法语）的干扰（Gilquin 2020：291）。

中介语对比分析方法在学习者语料库研究中得到了广泛应用，如学习者语料库协会网站上所列的 1000 多项学习者语料库研究中，大部分采用的是中介语对比分析（Granger 2015：9），国内的学习者语料库研究情况与之类似。然而，这类研究亦招致了一些批评。问题主要集中在一语/本族语与二语/中介语之间的比较上，即图中的左侧的对比上（L1 vs L2/NL vs IL）。Granger（2015）在文中将这些批评意见概括为两大问题：一是比较谬误（comparative fallacy），二是标准问题（the issue of norm）。

比较谬误是 Bley-Vroman（1983）提出的一个概念，他认为，对目标语言的关注有可能极大地妨碍或干扰（sidetrack）对学习者语言的语言学描写（Bley-Vroman 1983：2）。Selinker（2014：230）亦强调必须从中介语角度出发来描写中介语的原则，而 Larsen-Freeman（2014：217）则指出，若将二语学习的成功定义为理想化的本族语者语言，那么在学习者的中介语中，除了缺点外很难看到其他任何东西。Hunston（2002：211）也提出了类似的批评：中介语对比分析的假设前提是学习者将本族语者的标准作为目标（Granger 2015：13）。

但 Granger（2015：13）对上述批评予以了反驳。她引用 Sung Park（2004：3）关于任何第二语言习得研究均隐含有以目标语为背景的、内在的中介语概念的观点：所有比较不同水平学习者的研究事实上都是以潜在的 L1 标准为基础的。关于比较谬误，Granger（2015：14）认为，第二语言习得界对此并未取得共识。如

Ellis 和 Barkhuizen(2005：360)指出"学习者通常以本族语者的标准为目标，因此在学习第二语言的过程中其自身亦在实施认知比较"，故"基于外部标准的分析从心理语言学角度可被视为是有效的"。显然，Ellis 和 Barkhuizen 这一论述对比较谬误的有效性提出了质疑。

因此，Granger(2015：14)认为，指责中介语对比分析的观点没有一条足以让学习者语料库研究者放弃对 L1 和 L2 的比较。尽管如此，Granger(2015：14)亦指出，围绕比较谬误的争论是一种有益的提醒：中介语能够并且确实应该从自身的角度来展开研究。长期以来的一种研究倾向是将 L2 与 L1 对比而不是独立于 L1 来开展研究。事实上，中介语对比分析图中左右两支研究取向(即"L1 vs L2"和"L2 vs L2")可以结合，即 L1-L2 比较可以为学习者语言特征提供解释，而学习者语言特征揭示出来后，即可从严格的 L2 角度来分析。此外，学习者语料库研究(LCR)(中介语对比分析即属于 LCR)不仅仅追求理论目标，而且还有很强的 L2 教学取向。从教学法的角度来看，第一语言和第二语言比较的益处甚至更为明显，因为这种比较可为语言教学提供有用的信息，揭示在特定技能或任务中学习者哪些地方做对了、哪些地方做错了或部分错了，这些信息可被广泛地用于教学中(Granger 2015：14)。

关于标准问题，Granger(2015：15)指出，在中介语对比分析研究中以本族语者语言为参照被视为承认在 L2 研究中存在单一的标准。她认为，在目前的语言研究环境下，尤其是以英语为主要对象的情形下，本族语已成为一个极具争议性的概念。如 Tan(2005：127)认为学习者语料库研究"很少考虑与学习者所处局部环境有关的社会和文化习惯是如何影响其英语使用的问题"。在 Tan(2005：128)看来，与本族语用法的比较，特别是过度使用、过少使用和误用等标签反映了"对英语帝国主义地位的假设"。Granger(2015：15)认为，这种批评是不公平的。她指出，学习者语料库研究一直都强调中介语对比分析中存在几种可能的标准，如 Granger(1998：13)所述："NL/IL 比较需要一个英语本族语语料库作为控制语料库，且不乏这样的语料库，如国际英语语料库(International Corpus of English，ICE)甚至提供了标准的选择，包括英国、美国、澳大利亚、加拿大等英语"。目前 ICE 有 13 种变体可供选择：加拿大、东非、大不列颠、中国香港、印度、爱尔兰、牙买加、新西兰、尼日利亚、菲律宾、新加坡、斯里兰卡、美国。所有这些英语变体均可用作中介语对比分析的参照语料库。

Granger（2015：15）认为，英语作为通用语（English as a Lingua Franca，简称 ELF）的兴起是多数批评意见的来源。ELF 指具有不同一语背景的英语非本族语者之间的交流。如 Seidlhofer（2001）认为，ELF 应视为语言使用本身而不应将其视为存在缺陷的语言变体。与之类似，Cogo & Dewey（2012：37）也声称，"本族/非本族的划分对于探索 ELF 交际既不恰当也没有用处"。Aston（2011：11）亦批评学习者语料库研究聚焦于负面特征的倾向，他倡导成功 L2 使用者这一概念，认为"将他们的表现与成功 ELF 使用者相比较更为恰当，而非跟本族语说话人相比较"。对此，Granger（2015：16）认为，ELF 所涉水平参差不齐，因而无法确定其水平范围"以更为准确地定义 ELF 专家使用者的语言或提供一种区分可接受和不可接受的 ELF 特征的手段"。其次，ELF 与中介语对比分析并非不可兼容。Cogo 和 Dewey（2012：39）即明确将与英语本族语（ENL）的比较作为 ELF 研究者用于"识别那些有规律地出现在 ELF 中但却不常在 ENL 中出现的词汇项和语法结构"的方法。Granger（2015：16）认为该方法与中介语对比分析相似，唯一的区别是对待所揭示特征的态度。正如 Seidlhofer（2001）所指出的那样，同样的现象在英语作为外语（English as a Foreign Language，简称 EFL）视角下可被视为偏离本族语说话人的标准，而在 ELF 看来却是成功交际的表现。

综合上述分析，尽管英语作为通用语（ELF）不能对中介语对比分析（CIA）造成威胁，但是上述批评意见背后所体现的语言观促使 Granger 重新思考本族语和非本族语的二元划分。为此，Granger（2015）提出了改进型 CIA，她将其称之为 CIA^2，如图 2-4 所示。CIA^2 提倡"变体"（varieties）概念：包括参照语言变体和中介语变体。参照语言变体（Reference Language Varieties，简称 RLV）明确表明：可将学习者数据与一系列不同参照点予以对比。CIA^2 在不放弃本族语和非本族语的划分、将本族语变体作为参照的前提下，亦将其他变体，如专家变体（expert variety）（不一定是本族语专家，可包含非本族语专家）、高水平 L2 使用者数据整合进模型中。其"参照"（Reference）一词其实即已表明，相关语料库并非一定代表一种标准（norm）。除了方言变量（dialectal variables），该模型还引入了跨类型变量（diatypic variables），以确保文本类型的可比性（Granger 2015：16-17）。

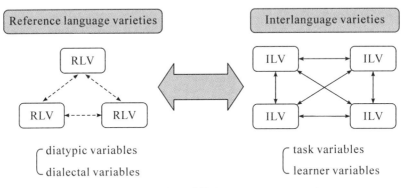

图 2-4　Granger 的 CIA^{2}模式（Granger 2015：17）

　　此外，CIA^{2}还引入了"中介语变体"（Interlanguage Varieties，简称ILV）这一术语来指学习者语言，以凸显中介语的高度变化性特征，并以此提醒研究者在进行学习者语料库研究时应更加关注学习者语言的变化性。此外，CIA^{2}中明确列出任务变量（task variables）和学习者变量（learner variables），其目的是提醒研究者注意：这些变量的作用亦应予以调查（Granger 2015：18）。

　　我们认为，CIA^{2}仅仅是在 CIA 原有基础上的一些添加，并非是对 CIA 的革命性改造，这些添加、修改使 CIA 在原有基础上可以兼容更多的参照语言变体和考察变量。但是我们认为，尽管 Granger 在 CIA^{2}中引入了多种参照语言变体，但是其中最重要的仍然是本族语变体。理由是中介语对比研究的目的是找出中介语可能存在的发展性问题，以便服务于教学。因此，许多研究者仍使用本族语变体作为参照（Granger 2015：17），相对于本族语变体来考察学习者语言仍是中介语对比分析的主流做法。从这个意义上来说，CIA^{2}的添加其实是没有太大的实际意义的。其次，CIA^2（包括 CIA）的另一个弊端是，它不能预测负迁移的可能原因，不能为学习者的语言问题提供解释。针对上述问题，Granger（1998：14）指出"若要就与迁移相关的现象做出定论，就必须将 CA 和 CIA 结合起来”，此即综合对比模型(Integrated Contrastive Model，ICM)。

2.4.3　ICM 分析

综合对比模型是将 CIA 和 CA 整合在一起的模型(Granger 1996：46–47)。该模型的目标是，基于 CA 对两种不同语言的对比来预测学习者中介语可能出现的问题(当 CA 表明目标语和母语在某方面存在不同时)，并针对 CIA 所诊断出的实际问题，核查 CA 的预测，为学习者语料库(CIA)所呈现出的问题如错用、过度使用和不足使用提供解释(通过核查这些问题是否来自目标语和母语之间的差异)，因此既有预测力也有诊断力(Granger 1996；Gilquin 2020)，如图 2-5 所示。

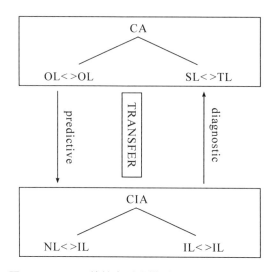

图 2-5　Granger 的综合对比模型(Granger 1996：47)

通过对学习者、本族语和双语语料库的细致分析，该模型可以避免仅凭直觉即将某些现象简单地归因为迁移的结果(Gilquin 2020：291–292)。Gilquin(2020：292)援引了 Liu 和 Shaw(2001)的一项研究来证明此模型的必要性。Liu 和 Shaw(2001：179)将中国英语学习者常使用致使构式“make sb/sth feel”“make sb/sth become”这一现象“归因于一语干扰”，因为这些结构与“汉语存在逐字对应”

的关系。但 Gilquin（2020：292）认为只有在对英语和汉语做了深入的对比分析后才能确定英、汉结构之间是否存在这种对等性。然而，Gilquin（2012）针对不同一语背景的英语学习者致使构式使用情况的研究表明，其他几种一语学习者也表现出过度使用"make sb/sth feel""make sb/sth become"的现象，故 Gilquin（2020：292）认为，Liu 和 Shaw（2001）所观察到的现象并不能（或至少不仅仅）指向迁移这一原因，而是一种更为普遍的倾向。

2.5　国内外相关研究综述

2.5.1　学术语篇的体裁分析

近年来，对学术话语体系的研究受到了学界，尤其是特殊目的语言研究领域的学者和专家们的普遍关注。前人研究已对应用语言学（Pho 2008a；Yoon & Casal 2020）、法律（Tessuto 2015）、社会学（Brett 1994）、医学（Nwogu 1997；Basturkmen 2012）、工程（Kanoksilapatham 2005）、化学（Stoller & Robinson 2013）、计算机科学（Chang & Kuo 2011）、情报类（吴宪忠，朱锋颖 2010）、航空航天（何宇茵，曹臻珍 2010）、土木工程（皇甫卫华等 2012）、材料科学（操林英 2012）、生物学（陈菁等 2019）、体育科学（李娟等 2017）、光学（冯恩玉，吴蕾 2016）领域的研究论文以及博士论文（Kwan 2006；Swales 2004；李晓红 2017）、学生实验报告（Parkinson 2017）、大学教材（Parodi 2013）、三分钟论文（Three Minute Thesis）口头报告（Hu & Liu 2018）、书籍短评（廖福妹 2010）等特殊体裁进行了调查。

众多研究亦对研究论文的不同部分展开了分析，如摘要（Bhatia 1993；Pho 2008a；肖忠华，曹雁 2014；胡新，黄燕 2021）、引言（Bhatia 1993；Swales 1990）、实证部分（徐昉 2015a）、结果（Brett 1994）、讨论（Dudley-Evans 1994；Moreno & Swales 2018）、文献综述（Kwan 2006）、方法（Cotos *et al.* 2017）、学位论文致谢部分（姜亚军，赵明炜 2008）等。还有一些研究调查了引言—方法—结果—讨论（IMRD）中各个部分（Kanoksilapatham 2005；Nwogu 1997）。

语步分析被用来调查 RA 不同部分在体裁结构（generic structure）方面所存在的跨学科（Basturkmen 2012；Cotos *et al.* 2015，2017）和跨文化变化（Amnuai & Wannaruk 2013；ElMalik & Nesi 2008）。如 Basturkmen（2012：143）对应用语言学和牙科学 RA 讨论部分的比较研究"在语阶和次语阶层面（而非语步层面）"发现了有趣的跨学科差异。Amnuai 和 Wannaruk（2013）对发表在国际英语期刊和泰国期刊上的应用语言学 RA 的研究发现二者在"评价结果"这一复杂语步的使用上没有差异，然而在该语步内相关语阶数据显示存在某种程度的跨文化变化。ElMalik 和 Nesi（2008）的研究发现，尽管 L1 英语（英国）作者和 L2 英语（苏丹）作者所写的医学研究文章在语步上相同，但是语步内的语阶分布和实现在两组之间存在变化。

上述研究多针对 RA 的某一特定部分展开，而 Ruiying 和 Allison（2004）针对 RA 的总体宏观结构展开了研究。他们以应用语言学 RA 为分析对象的研究表明，实验研究 RAs 既依赖于传统框架（即 Introduction-Methods-Results-Discussion，简称 IMRD 框架），又与其不同。其宏观结构包括以下形式：引言—理论基础（theoretical basis）—文献综述—研究问题—方法—结果—讨论—结论—教学启示。对于理论研究 RAs 来说，其宏观结构框架包括引言—理论基础—论证—教学启示/应用—结论。Pho（2008b）调查了应用语言学和教育技术领域的 RAs 的完整修辞结构：摘要—引言—方法—结果—讨论—结论，其研究结果揭示不同部分以及两个学科之间在原型功能和典型策略之间存在不同。

所有这些研究发现表明，语步分析是揭示 RA 篇章结构的有效工具，通过语步分析可以获得很多具有启示意义的结果。

2.5.2　学术语篇的短语学研究

在过去 30 多年里，大量的研究采用语料库来探索口语和笔语语体的语言特征。在这些研究中，词块得到了广泛的研究（Biber 2009；Cortes 2004，2013；Hyland 2008c）。大多数研究均采用 Altenberg（1998）和 Biber 等（1999/2000）在其重要研究中所建立的框架。Altenberg（1998）和 Biber 等（1999/2000）的研究识别基于频率的反复出现的词序，并根据语法结构和语篇功能对其予以分析。其后，无数的研究采用词块来描述不同语体的典型特征（如 Ädel & Erman 2012；Cortes 2004 等），聚焦于不同语体之间的变化（Biber & Barbieri 2007；Hyland 2008c，2012），描述不同类型词块的语篇功能（Biber & Barbieri 2007；Chen & Baker 2010；Cortes 2013）。短语学相关研究众多，从研究语料角度来看，这些研究可以分为以下四个方面。

（1）以本族语者的学术语料为分析对象的研究，其中 Altenberg（1998）对词组的研究被认为是首次采用基于实证的方法，利用 London-Lund Corpus 中的口语文本来进行的研究。该研究对语料库语言学研究方法的发展具有重要影响：①创造了用于识别由频率界定的反复出现的词组合的方法；②在分类时结合语法和功能进行分析（Hyland 2008c）。其研究结论"预制表达占据了我们日常语言的大部分"亦推动了后续研究的跟进（Alamri 2017：57）。在语料库语言学领域的另一项开拓性研究，即 Biber 等（1999/2000）分析了 4000 多万词的美国英语和英国英语口笔语语料后，编撰的 *Longman Grammar of Spoken and Written English*（*LGSWE*）*Dictionary*。LGSWE 对实际使用中的语言模式进行了全面描述和实证分析。Biber 等在口语对话语料中发现，短语词块（clausal lexical bundlles）是使用最频繁的词块。另一方面，在学术文章中，60% 的词块也是短语的（phrasal）（Biber *et al.* 1999/2000；Cortes 2004；Alamri 2017：57−58）。Biber 等（2004）、Biber 和 Barbieri（2007）分别采用 Biber 等（1999/2000）的结构分类和功能分类研究了大学课堂教学和教材、大学口笔语语体中的词块的形式、结构和功能，其研究结果显示：大学课堂教学利用了基于 NP/VP 的词块、指称词块、立场词块和语篇词块（Biber *et al.* 2004），立场词块在口语语体中更突出，在笔语语体中，立场词块和指称词块均常见（Biber & Barbieri 2007；Wongwiwat 2016：21−23）。Hyland 和 Tse（2005a）分析了三个学科（科学、工程和社会科学）的学术写作语料，其研究发现显示，不同学科之间的词块功能亦不同；在科学和工程文本中，以研究导向型词块为主，以传达有根基的实验研究原则。与之相对，文本导向型词块主要用于软科学领域，如应用语言学或商业研究，以传达推理和评价性陈述（Wongwiwat

2016：21－23）。杨元媛（2013）对科技英语论文高频词簇特点的分析揭示，带有 of-结构的名词短语、介词短语和被动态动词短语构成的词簇在语料库中应用最广。

（2）以学者和学术新手的学术语料为分析对象的研究，如 Cortes（2004）利用 Biber 等（1999/2000）的结构和功能分类，对比研究了历史学和生物学学术文章和大学生写作中所使用的四词词块的结构和功能。结果显示，期刊论文作者和学生在词块使用的方式和语言特征方面存在差异。Hyland（2008a）探索了四个不同学科（电子工程、生物学、商业研究和应用语言学）的研究论文、博士论文和硕士论文语料库中的四词词块的形式、结构和功能。研究发现，词块可用于区分这些学科的书面文本。Wei 和 Lei（2011）利用 Biber 等（1999/2000）的结构分类和 Hyalnd（2008a）的功能分类，研究了（由高水平学习者撰写的）博士论文和（专业作者撰写的）已发表的期刊论文语料库中四词词块的形式、结构和功能。研究显示，高水平学习者比专业作者使用的词块数量更多、范围更广，高水平学习者使用更多的被动语态以体现其写作的客观性，并使用了更多的先行 it 结构，但二者均使用相同量的研究导向型和文本导向型词块。

（3）以本族语者与非本族语者的学术语料为分析对象的研究，如 Chen 和 Baker（2010）比较了英语本族语专家、本族语学生和非本族语者所产出的学术文本中词块的使用。其研究发现，非本族语者和本族语者学生论文倾向于过度使用基于动词短语的词块和语篇组织语（discourse organizers），二语学生倾向于过度使用某些习语表达和连接词，而对某些学术文章中的典型表达使用不足（如名词或介词词块，如 the extent to which，in the context of）（Chen & Baker 2016：852）。Ädel 和 Erman（2012）的研究亦证实，本族语者在其学术写作中比学习者使用范围更广的不同类型的词块。同类研究在国内甚多，如李梦骁、刘永兵（2016）和潘璠（2016）的研究均发现，中国学者论文并未遵循学术英语以短语类词块为主的特性，而是表现出以小句类词块为主的结构特征。徐昉（2012）的研究揭示，我国学习者使用大量高频词块，但这些词块多数均未在国际学者论文中高频出现。

（4）以不同语言学术语料为分析对象的研究，如 Niu（2014）利用 Biber 等

（1999/2000）和 Cortes（2004）的结构分类，对汉语和国际期刊论文英文摘要中的四词词块的结构和功能予以了分析，其结果显示，中文期刊摘要在形式、功能和意义上变化更小。Shi（2014）比较了发表在农业科学中文期刊和国际期刊上的英语研究论文的修辞结构和语言特征（即词块）。研究结果表明，中国期刊和国际期刊论文具有相似的修辞结构，但在引言和讨论部分存在某些不一致之处。其结果亦揭示国际期刊论文比中国国内期刊论文使用更多的词块。

上述研究表明，不同领域的作者借助不同的资源，通过使用与目标语篇社团相关的不同的语言特征（如词块）来展开学术写作。这些研究尽管从研究对象和研究方法上与本研究不同，但其研究结果对本研究仍有一定的参考和借鉴意义。

2.5.3　学术语篇的体裁短语学研究

体裁短语学研究方法被广泛用于揭示研究论文以及其他学术、专业和一般语体的潜在的体裁结构（generic structure）（Moreno & Swales 2018：40-41），以帮助英语二语学生提高其英语学术论文的读写能力。研究者们的主要目的是识别研究论文各修辞语步的典型语言特征（Cortes 2013；Cotos *et al.* 2017；Le & Harrington 2015；Swales 1981），以服务教学（Moreno & Swales 2018：41）。如 Cortes（2013）利用 Biber 等（1999/2000）的结构分类和 Biber 等（2004）的功能分类，探索了研究论文引言部分四词及以上词块的结构和功能，以分析词块和语步、语阶之间的关系。在该研究中，Cortes 首先将文本切分成不同的语步和语阶，然后分析词串在语步之间的内部分布。其研究发现，某些词块具有与某特定语步和语阶相关的特定功能，尤其是位于句子开头部位的长词块（五词以上）起着语步触发器的作用，标志语步或语阶的开始（如 the purpose of the present study，it has been suggested that）。从对语篇功能的调查角度来看，这类语步词块研究比其他词块研究更进了一步，即它不仅可反映词块在口语和书面语文本中的作用，而且还能揭示其与语篇内部结构相关的语篇功能（Gray & Biber 2015：131）。

Cortes（2013）的研究激发了一系列相关研究，如 Ädel（2014）、Cotos 等（2015）、Yoon 和 Casal（2020）分别探讨了先行 it 词汇语法模式、n 元组和程式化短语框架与语步之间的关系，他们的研究发现"在词汇语法和修辞层面之间存在较强的联系"（Ädel 2014：78），程式化短语框架开头的句子和语步/语阶之间亦存在强联系，功能单一的框架"常出现在句子开头的位置，引出语步/语阶"（Yoon & Casal 2020：294），n-元组能够标志特定语步或语阶（Cotos *et al*. 2015）。Li 等（2020：87）则采用词块驱动方法，聚焦于句子开头、五词以上的长词块，通过对所生成词块的分类来识别语步。其研究发现，利用此方法所标示出的语步大多数均与前人对研究论文摘要分析中所提出的语步一致。Cai（2016）的教学实验证实，特定语步-词块导向下的学术写作教学更利于学习者掌握学术语体的特征。

国内学者近几年来也开展了几项体裁短语学相关研究，如胡新（2015）、胡新和黄燕（2017）对中国作者和本族语作者各语步上使用的词块结构及其语篇功能的对比。李梦骁、刘永兵（2017a，2017b）对比分析了中国学习者与本族语学者在语步词块方面所表现出来的差异。李晓红、邹申（2019）探讨了中外英语语言学博士论文结论部分各语步的短语形式及语篇功能特征。

综上所述，目前国内外研究多分别从体裁分析或短语学角度展开，这两类研究较为集中，但从体裁短语学角度开展的研究不多。在国内，此类研究近几年才刚刚起步，研究尤为不足，且研究内容主要集中在英语本族语和中国英语学习者或学者的学术论文对比分析方面，在英汉对比，尤其是汉语研究论文的研究方面极其不足。

2.5.4　学术语篇摘要相关研究

2.5.4.1　摘要的定义及功能

摘要被定义为长报告的精炼概括（Lores 2004）、事实描述和总结（Bhatia 1993）。美国国家标准协会（American National Standards Institute，ANSI）将摘要定义为"文本内容缩略后的准确表征，最好是由其作者准备以便发表"（ANSI 1979引自 Huckin 2001：94；Wongwiwat 2016：32）。

摘要具有不同的功能。根据 Huckin（2001），摘要具有以下功能：①作为独立的微文本，为读者提供有关研究的话题、方法和主要发现方面的简短总结。②作为筛选手段，帮助读者确定是否阅读相应的文本。③提供预览功能，为读者的全文阅读提供路线图。④为专业人士提供摘要写作和编辑方面的索引帮助。Swales & Feak(2009：2)在此基础之上又添加了一项功能：有助于论文评审人快速了解论文。简而言之，摘要以简洁的方式为读者提供研究信息，展示作者的学科能力，其词汇选择代表了作者的学科身份，可帮助其获得相关舞台或研究领域的认可(Wongwiwat 2016：33)。

鉴于摘要在研究论文中的重要地位，本节拟选取摘要作为本研究的具体分析对象。

2.5.4.2　摘要的修辞结构

关于摘要的修辞结构，已有众多学者展开了研究，提出了不同的修辞语步模式。按照摘要的类型，可将这些研究归为以下三大类：研究论文摘要、会议论文摘要和学位论文摘要，且相关研究主要集中在第一类，后两类研究很少。其中对会议论文摘要的研究有 Bhatia(1993)、Yakhontova(2002)、Swales 和 Feak(2009)等，但从其研究结果来看，对于会议论文摘要的修辞结构，学者们没有较为一致的统一认识，这可能源于不同会议组织者的不同要求。对学位论文摘要的研究仅有 Al-Ali 和 Sahawneh(2011)、El-Dakhs(2018)、叶云屏和柳君丽(2013)三项。其中 Al-Ali 和 Sahawneh(2011：7)的研究是针对英语和阿拉伯语语言学博士论文摘要修辞和篇章结构来展开的。El-Dakhs(2018)的研究对比了英文博士学位论文摘要和期刊论文摘要。叶云屏、柳君丽(2013)的研究以英文博士论文摘要为分析对象，对比分析不同学科摘要的异同。这三项研究的分析对象均为英文论文摘要，分析比较的内容各不相同，亦缺乏一致性的研究结论。

相比较而言，对研究论文摘要的修辞结构学界存在较为一致的看法，主要的修辞结构模式如下：

(1)Santos(1996)模式：Santos(1996)分析了应用语言学研究论文摘要的修辞模式，提出了如下 5 语步模式，其中"提出研究、描述方法和总结结果"是必要语步。

语步1：研究理据（situating the research）

　　次语步 1A：陈述当前知识

　　和/或

　　次语步 1B：引用前人研究

　　和/或

　　次语步 1C：扩展前人研究

　　和/或

　　次语步 2：陈述问题

语步 2：提出研究

　　次语步 1A：指出主要特征

　　和/或

　　次语步 1B：指出主要目的

　　和/或

　　次语步 2：提出假设

语步 3：描述方法

语步 4：总结结果

语步 5：讨论研究

　　次语步 1：得出结论

　　和/或

　　次语步 2：给出建议

　　（2）Hyland（2004a）模式：Hyland（2004a）基于对物理学、工程学、人文/社会科学、生物学研究论文的分析，认为在传统的研究论文 IMRD 结构基础上增加一个"目的"语步即为研究论文摘要的语步模式（Hyland 2004a：67），包括：

　　语步 1：引言（该语步建立论文的语境，为研究或讨论提供理据）

　　语步 2：目的（该语步表明目的、论题或假设，对论文背后的意图予以概括）

　　语步 3：方法（该语步提供关于设计、过程、假设、方法、数据等信息）

　　语步 4：产品（product）（该语步陈述主要发现或结果、论证或已做了什么）

语步5：结论（该语步阐释或扩展研究结果，得出结论）

从 Santos(1996)和 Hyland(2004a)对研究论文摘要修辞语步的研究可见，尽管其分析的研究论文分属不同的领域，但是他们的结论基本一致，即均为5语步结构，且这5语步的构成亦高度一致，尽管在命名上略有不同，包括研究背景、目的、方法、结果、结论。

上述结论与国内研究一致。目前国内对期刊研究论文摘要的语步结构研究较多，在不同研究中对语步的命名亦各不相同，但是较为普遍的共识是，研究论文摘要应包括以下五个语步：背景、目的、方法、结果、结论（参见康勤，孙萍2012；肖忠华，曹雁2014；胡新2015等）。

2.5.4.3 相关研究回顾

基于前文对摘要修辞结构研究的综述，目前学界对期刊论文摘要的结构有较为一致的认识，所提出的修辞结构模式得到了广泛的应用。对摘要的相关研究多基于这些模式。依照研究采用的修辞模式，摘要相关研究主要包括三类。

（1）基于Santos(1996)模式的研究，如Tseng(2011)采用Santos(1996)分析了90篇应用语言学英文国际期刊论文摘要后发现，应用语言学研究论文摘要更常采用四语步结构。Doró(2013)亦利用Santos(1996)的模式分析了40篇发表在英语研究期刊上的研究论文摘要。其研究结果表明，只有极少数几篇摘要包含Santos(1996)所提出的全部五个语步，最常使用的2个语步是：语步2"提出研究"和语步3"描述方法"。

（2）基于Hyland(2004a)的五语步模式的研究，如 Ren & Li(2011)利用Hyland(2004a)的修辞语步分类，研究了中国硕士研究生英文应用语言学学位论文和已发表的应用语言学研究论文摘要的修辞结构。其研究发现，在研究论文摘要中频繁使用的语步结构是"目的—方法—产品（—结论）""引言—目的—方法—产品（—结论）"和"引言—目的—产品（—结论）"。而多数学位论文摘要倾向于采用五语步结构，即"引言—目的—方法—产品—结论"。Ren 和 Li(2011)进一步指出，研究论文作者或专家作者常选择能够促销其文章的语步，而学生或新手作者倾向于将所有语步包含于摘要中，因此从内容和结构角度来看，其学位论文摘要更具报道性。Suntara 和 Usaha（2013）利用 Hyland（2004a）的模式，研究了语言学和应用语言学研究论文摘要的修辞模式。其研究发现，语言学摘要最喜欢采用的模式是"目的—方法—产品—结论""目的—方法—产品""引言—目的—方法—产品"。在应用语言学摘要中，最常见的模式是"目的—方法—产品—结论""引言—目的—方法—产品—结论""引言—目的—方法—产品"。概而言之，在这两个领域最常使用的模式是"目的—方法—产品—结论"。此外，研究显示，在常规语步和可选语步上这两个领域的结果相似，两个领域的常规语步是"目的、方法和产品"，"引言"是可选语步。

（3）基于 IMRD 和 Swales（1990）CARS 模式的研究。IMRD 和 CARS 并非专门针对研究论文摘要而提出的修辞结构模式。其中 CARS 是 Swales（1990）针对论文引言所归纳出的"建立研究空间"（Create a Research Space，CARS）模式，而 IMRD 是传统的研究论文组织结构，但 Swales（1990）在评价 Graetz（1985）提出的研究论文摘要结构时，基于 Graetz（1985）的语料指出：大多数摘要似乎反映了 RA 本身的 IMRD 模式，在摘要中为每一个部分分配一两句话，尽管这还需要进一步的研究（Swales 1990：181），故一些研究将 IMRD 和 CARS 用于论文摘要研究。如 Lores（2004）利用 IMRD 模式和 Swales（1981，1990）的 CARS 模式，调查了 36 篇选自 4 本语言学期刊（*Journal of Linguistics*，*Applied Linguistics*，*Linguistics*，*Journal of Pragmatics*）论文摘要的修辞结构和主题结构，其研究揭示有 3 类摘要：报道性、描写性和综合性摘要。出现最频繁的是报道性摘要（61.1%），其次是描述性摘要（30.5%）和综合性摘要（8.4%）。Hai-lin 和 Huan（2010）亦利用 IMRD 模式和 Swales（1990）模式，分析了由本族语和非本族语者撰写的研究论文摘要。研究发现：本族语和非本族语者的摘要均偏离 IMRD 框架，由非本族语者撰写的摘要的宏观结构更简单，在这些摘要中，必要语步是引言，可选语步是方法、结果和讨论。由本族语者撰写的摘要的结构更复杂，引言和结果语步是必要语步，方法和讨论语步是可选语步。

另有一些研究则采用其他修辞模式来展开研究，如 Farvadin 等（2012）利用系统功能语法的"体裁结构潜力"模式，调查了 *Advances in Asian Social Science* 期刊研究论文摘要的修辞模式后发现,摘要有 3 个必要修辞成分和 2 个可选修辞成分。这 3 个必要修辞成分是目标、方法和结果,2 个可选语步是提供背景信息和说明框架。

从研究所涉微观特征角度来看,已有研究从以下几方面对摘要的语体特征展开了探讨:

(1)研究论文摘要中的自我引用和自我参照,如 Hyland(2003)对不同学科(机械工程、电子工程、市场、哲学、社会学、应用语言学、物理和微生物学)研究论文摘要的自我引用和自我参照的研究。该研究通过对专家受试的访谈,归纳概括出了摘要中自我提及的四大目的,包括陈述目的或概述文章结构、解释程序、提出结果或作出声言、阐释论证。云红(2009)则以医学和语言学国际期刊论文英文摘要为对象,对作者身份的显与隐方式予以了探讨。

(2)期刊论文摘要时态、语态、人称代词等词汇-语法特征的研究。如 Hyland 和 Tse(2005a)对不同学科(应用语言学、生物学、商业研究、计算机科学、电子工程和公共管理)研究论文和硕博论文摘要中的评价词 that 的使用研究表明,评价词 that 被广泛用于目标摘要中以提供作者的评价和评论,帮助其组织摘要。在大多数(80%)摘要中,that 被用于指称作者自己的发现(Hyland & Tse 2005a)。Van Bonn 和 Swales(2007)考察了不同语言期刊(法语和英语期刊)论文摘要对语态的选择、人称代词和转折词的使用情况。该研究发现,由于在语篇社团大小和某些语言特征如语态选择方面的差异,这两种语言的摘要也存在差异。国内学者亦开展了很多类似研究,如刘海萍、徐玉臣(2015)对 SSCI 及 A&HCI 学术论文摘要的长度、时态、语态和结构的分析,钱尔凡、王先寅(2010)对科技论文中英文摘要的人称与语态问题的探讨。

(3)跨学科研究论文摘要的特定语步语言特征研究。如 Pho(2013)对应用语言学和教育技术领域研究论文的引言和摘要部分中语步的语言实现研究。其结果表明,语言特征与语步之间存在很大程度上的关联性,应用语言学和教育技术领域研究论文在语言特征方面的差异在更大程度上是由语步引起而非学科。语言特征如动词时态、语态、情态动词、立场词、自我参照词和报道词可以区分语步

（Pho 2013）。

（4）"软"或"硬"学科研究论文摘要的语言特征，如 Baklouti（2011）以教育科学、语言学和社会学以及材料科学、物理化学研究论文摘要为对象，分析其语言使用倾向，其研究发现，这些摘要对语言结构的使用存在学科差异。硬学科的作者倾向于在摘要中使用简单小句，而软学科作者倾向于使用复杂小句。但无论是什么学科，复杂小句中的主从结构比意合连接使用得更多以满足摘要体裁的交际目的。国内周岐军（2014）则以语言学期刊 *Text and Talk* 和科技学术杂志 *Nature* 为研究对象，对比了二者的元话语使用情况。

（5）摘要中语言特征的跨语言对比研究，如 Ahmadi 等（2013）利用 Biber 等（1999/2000）的功能分类和 Bhatia（1993）语步模式，对比了伊朗人和英语本族语作者所写的应用语言学研究文章摘要中的四词词块。该研究发现，二语使用者（伊朗作者）在其摘要中比英语本族语作者使用了更多的四词词块，且二者在表达特定语步时所使用的词块类型也不同：二语使用者（伊朗作者）在其摘要中倾向于使用小句成分和从属成分，而英语本族语作者所使用的词块多数是短语性质的。柳淑芬（2011）以国内外语类期刊（《外国语》《现代外语》《外语界》《外语学刊》《外语教学与研究》）和国外语言学期刊（*Applied Linguistics*，*Language in Society*，*TESOL Quarterly*，*Second Language Acquisition*）为分析对象，对比分析英汉论文摘要在作者自称语与身份构建方面的异同。

综上所述，目前对摘要修辞结构的探讨主要集中在期刊论文上，对学位论文摘要的修辞结构研究不足，仅有为数不多的 3 篇探讨学位论文摘要，但是它们或者对比英语和阿拉伯语语言学博士论文摘要的修辞和篇章结构，或者对比学位论文摘要和期刊论文摘要在实现各交际功能时的差异，或以英文博士学位论文为分析对象，对汉语学位论文摘要的修辞结构研究欠缺。其次，在摘要微观特征研究方面，多集中于语言特征表层现象研究，对传达作者立场、介入资源使用、摘要语体特征、作者身份构建等方面的研究不足，本书拟就这些不足展开探索。

第3章　研究方法

3.1　对比原则

3.1.1　可比基础

　　对比分析(contrastive analysis)的目的是对两种语言予以系统研究以查明二者在哪些方面相同，在哪些方面相异。对比分析的兴起得益于 Robert Lado(1957)的重要著作《跨文化语言学》。该书的出版促进了对比分析作为一门独立的语言学分支学科地位的形成，而现代语言学方法和技术的发展则为对比分析带来了新的视野和方向，如语用学、认知语言学、语料库语言学等均为对比分析提供了有益的理论框架和方法，为 21 世纪的对比分析奠定了基础(Kurteš 2009：233)。

　　在对比分析中，确保对比项目的可比性是关键的一步，正如对比分析家 James 所述："确保比较对象类别相同是我们要做的第一件事情。这意味着拟比较的两个(或更多)实体尽管在某些方面是不同的但必须共享某种特征，尤其是对比分析(即找寻差异)时更应如此，因为只有对照相同的背景，差异才有意义。这种相同性(sameness)可视为是常量，差异则为变量。"(James 1980：169)在翻译理论中，相同性因素亦称为对等(quivalence)(即"共享的共同特征")或 tertium comparationis(Chesterman 1998，2005：162)。关于 tertium comparationis 对应的汉译问题有必要予以简要说明。对于 tertium comparationis，目前学界有"第三对比项""中间对照物""语际第三比较体""第三元素""中间参照体"等汉译名(冉诗洋 2010)，但上述译名或是从其字面意义或是从其阐释义角度来翻译的，均未能很好地反映 tertium comparationis 在对比分析中的作用。结合 Connor &

Moreno（2005：154）对 tertium comparationis 的 解 释："common platform of comparison"，本研究认为许余龙（2007）在探讨对比语言学的对比基础时所采用的译法"对比基础"这一译名更贴合 tertium comparationis 在对比分析中的实际作用，故本书拟采用对比基础这一译名。

对比基础应在跨文化可比的概念基础上予以定义，并可在文本的各个层面上予以确立，如从微观语言学层面（如音位、词汇或句法层面）到宏观语言学层面（如语篇）均可。要建立对比基础首先需要界定可比性标准（criterion of comparability）或典型特征（prototypical features），即建立"比较的常量"（the constants of the comparison）（Connor & Moreno 2005：156-157）。下面我们拟围绕对比分析中的两个重要步骤文本类型和对比范畴的选取来讨论可比性标准问题。

3.1.2　可比性标准

3.1.2.1　文本的对等

文本的对等是跨文化语篇对比分析的一个重要基础，包括体裁的对等、学科的对等、专业水平的对等、文体构成部分的对等、文本生成日期的对等。

（1）体裁的对等。

体裁相同的文本具有共同的修辞结构和修辞特点。如学术体裁，因"科学社团对其成员具有统一的要求，无论他们使用的是何种语言"（Connor & Moreno 2005：158），故尽管学术体裁"容许某种程度的个人风格变化"（Widdowson 1979：61），但科技文章都是按相似的语篇模式来组织的，具有修辞共性。

学术体裁的主要类型是期刊论文和学位论文。考虑到本研究的对比对象涉及来华留学生，对于留学生来说，用汉语撰写期刊论文的可能性极低，故拟以学位论文为具体分析体裁。简言之，科技说明文和学位论文这两项典型特征构成本研究的第一个文本选择可比性标准。

（2）学科的对等。

话题因素亦会影响拟比较对象的表达，故对比样本的话题应是平衡的（Connor & Moreno 2005：158）。毫无疑问，话题对等是理想状态下文本对等的限制条件之一，但因话题的面过窄，若要严格按话题对等来收集语料，恐很难收集到足够量的对比语料。考虑到话题与学科有直接的关系，故拟将学科对等作为话题对等的可操作性替代条件。

考虑到本研究涉及来华留学生，而历年来最受留学生欢迎的专业是汉语，故本研究将语言学及应用语言学作为文本的来源学科。由此，"学科＝语言学及应用语言学"构成本研究的第二个文本选择可比性标准。

（3）专业水平的对等。

文本选择应考虑的第三个可比性标准是文本产出者的专业水平（level of expertise）是否对等，即对比语料是否来自具有相同或相似专业水平的作者。结合本研究实际，在跨语言对比时，拟选择 L1 英语、L1 汉语博士的学位论文为具体对比文本；在中介语对比分析时，尽管 L1 汉语博士与 L2 汉语硕士在专业水平上不对等，但是因 L1 汉语语篇在中介语对比中将作为参照标准，此时作为学术新手的硕士研究生显然不及更具研究经验的博士生，故拟选择 L1 汉语博士论文作为本研究的标准参照语料库。

（4）文本构成部分的对等。

由于文本的不同构成部分有不同的文本特征需求，故文本选择应考虑的第四个可比性标准是文本构成部分的对等。是全文对比还是部分对比？若是全文对比，则要考虑文本的构成部分是否相同；若是部分对比，则应选取相同的构成部分。就本研究来说，拟选择学位论文摘要作为拟分析的文本构成部分。

（5）文本生成日期的对等。

研究表明，不同时期的学术文本在语体特征方面有所变化。如 Chang 和 Swales（1999）的研究发现，学术写作似乎有放宽旧限制和传统，朝非正式性方向移动的迹象。Hyland 和 Jiang（2017：48）的历时研究亦揭示：在过去 50 年里，学术期刊论文对非正式特征的使用有微弱的增长（2%），但这种变化主要体现在科学和工程学科上，而社会科学领域对非正式特征的使用呈下降趋势。因此，文本生成日期是文本选择时应考虑的第五个可比性标准。

3.1.2.2 概念范畴的对等

相较于平行语料库，可比语料库的一个最大优势是无须局限于翻译文本。但其最大的问题是不同语言的文本无法从语言角度予以直接和显性的对应。由于无法确定所比较的是不是相同的东西，因此难以在二者之间建立合理、客观的对比基础（Ebeling & Ebeling 2020：103）。对此问题，我们认为 Moreno（1998）在对比英语和西班牙语条件-结果序列（premise-conclusion sequences）时所采用的方法有可取之处。首先，她选取的是可比 L1 文本，即两种对比语言中的理想说话人所产出的文本，以确保所描述的是两种对比语言在可比交际情景下各自真正的典型特征，而翻译文本无法满足此要求。其次，她是从功能的角度出发对用于传达和组织对等命题的资源予以比较的（Moreno & Suárez 2008：753）。正如 Moreno（1998）所指出，命题的语用功能会影响作者对评价资源的选择。例如，尽管对事实的描述通常不需要模糊限制语，但是发出声言时常常需要。所以，Moreno 和 Suárez（2008：749）认为，若只是简单地统计评价资源的数量来比较总体态度和作者的交互语气，其价值并不高。其原因是，如果我们不知道在这些文本中的命题类型和频率，我们就无法得知其中有多少能够或应该采用模糊限制语。故要使对比有意义，就应从命题的语用或语篇功能出发对相似命题予以对比。

Moreno 和 Suárez（2008）上述观点的可取之处是：有价值的对比应建立在命题的语用或语篇功能的对等基础之上。因本研究所涉概念范畴包括立场、评价意义等，这些概念范畴已超出传统对比分析层面：形式/语法层面，是依据语境界定的功能，因此功能对等是更适合本项目研究实际、更具操作性的对比基础。我们赞同 Ebeling（2020：97）关于"对意义和/或功能研究来说，形式或表层结构均不是好的比较基础"，"对比基础应基于功能意义而非形式标准"（Connor & Moreno 2005：154）的观点，拟将功能对等或功能相似（functional equivalence or similarity）作为本研究的概念范畴对比基础。

功能对等也是短语学视域下对比分析的必然选择。按照卫乃兴、陆军等（2014：13）的观点，跨语言短语单位本质上是一种功能对等序列（functionally equivalent sequence）。功能对等使我们将态度意义、交际意图、交际效果等功能性考量视为核心的判别标准，而这种判别标准尤其适用于结构特征差异极大的英汉两种语言的短语对比（卫乃兴，陆军等 2014：13）。

功能对比拟在语步和语阶层面展开。语步和语阶是学术写作各章节所要求的规约性表述结构(Swales 1990),分别具有特定的交际功能和交际目的。语阶是帮助实现所属语步交际功能和交际目的的要素,一个语步可以包含一个或多个语阶(Swales 1990),因此语阶是比语步更小的修辞单位,表达范围更窄的交际功能和目的。

3.1.2.3 分析框架的对等

在跨语言语篇分析中,如何建立客观、恰当的共同理论框架是对比修辞研究中的一个难点。由于不同语言对相似现象的描述可能采用的是不兼容的理论框架,因此研究者的任务是选择或设计专用工具以用于对两种修辞系统的独立分析(Connor & Moreno 2005:160)。如 Moreno(1998)在其对条件-结果关系的研究中,没有采用已有的分类,而是从四个层面确立了相似性限制(similarity constraints)或对比基础,内容涉及因果关系的方向、是否被修饰等。该分类被用于对两个对比语料库中每一例条件-结果标记的归类,以实现将满足相同标准的现象予以对比,并分析其异同的目的(Connor & Moreno 2005:161)。

对于本研究来说,在拟分析的范畴中,多数均具有较为成熟的针对英语语言建立起来的理论框架,但缺少对应的汉语框架。为建立可对比的汉语框架,我们拟采用"汉语为根本,借鉴为辅助,'语料库倒查和核验'为手段"的汉语框架建立思想,以此构建出对应概念范畴的汉语理论框架。具体操作方法如下:

(1)收集整理散见于不同文献中的汉语相关研究成果;

(2)语料库倒查,具体操作方法是:以英语框架为出发点,英汉平行语料库为依托,首先,在英语语料库中检索相关英文标记语的用例;其次,在对应的汉语平行语料库中查询与英文标记语对应的中文表达并加以记录;

(3)综合(1)和(2)的结果,得到初步的汉语分析框架;

(4)语料库核验,具体操作方法是:在大型汉语语料库如"国家语委现代汉语平衡语料库"中对上述框架中所有的表达予以逐一检索,并结合语境核查其是否属于该范畴所表达的功能;确认的原则是:只要在"国家语委现代汉语平衡语料库"中检索到有一例属于该功能即认为该表达是该功能的一个具体标记语;凡在该语料库中没有检索到一例属于该功能的表达即将其剔除掉；在核查的同时对已确认的标记语予以初步的功能归类；

（5）在抽样文本中逐一检索，结合语境对各标记语的功能予以进一步核验、归类和命名，拟按以下两种情况分别予以处理：①若该汉语标记在话语中所表达的功能与对应的英语框架中的任一类/种相同，则直接借用其命名；②若不同，则根据其在话语中的交际功能予以重新命名。新命名的范畴将进入汉语框架集合，作为对其他语篇进行分析时的参照。重复①和②，直到完成全部抽样文本的分析。最后，根据各新命名范畴的交际功能，对其进行归纳概括，提炼出基于汉语的对等理论框架。

3.1.2.4 统计的对等

统计对等是 Moreno（1998）基于 Krzeszowski（1981）关于质性对比分析必须与量化对比分析相结合才能增强其作用以及 Becka（1978）关于风格对比分析（stylistic contrastive analyses）的相关论述提出的一个概念。统计对等要求研究者对对比的两组现象进行统计检验，假如不具有显著性统计差异，则可确定它们属于相同的质性范畴（qualitative category）（Connor & Moreno 2005：160）。

到此，我们讨论了 4 个层面上的对等。需要注意的是，我们所谓的对等是一个相对的概念，即对等并非指同一性（identity），而是指最大相似性（maximum similarity）。至于最大相似性的构成和如何衡量则取决于研究者（Connor & Moreno 2005：156–157）。

3.2 语料库设计

3.2.1 语料库类型

跨语言对比的常用语料库有以下两类：可比语料库（comparable corpora）和平行语料库（parallel corpora）。可比语料库由两种或多种语言的文本，或者由同一语言不同变体的文本集合而成。平行语料库利用计算机的对齐技术，将翻译活动中的原语文本和译语文本在词、短语、句子或段落层级上建立连接，从而集合成的一种特殊双语文本库。前者的优势是具有自然语言使用的原始和真实特征，但其缺点是双语文本之间并未建立起连接，缺乏直接、可观察的形式对应。后者的优势是双语形式的对应直观可见，便于确定被比对象并进行量化信息处理（卫乃兴，陆军等 2014：4-5）。考虑到本研究实际，拟采用英汉可比语料库用于英汉对比分析（CA）和中介语对比分析（CIA），英汉平行语料库用于构建汉语分析框架。

3.2.2 语料收集

3.2.2.1 可比语料库

（1）英语一语和汉语一语可比语料库

英语一语和汉语一语可比语料库的语料选自 PQDT 博硕士论文全文数据库和 CNKI 中国博士论文全文数据库。

由于 PQDT 博硕士论文全文数据库没有语言学及应用语言学学科选项，故我们选择了该数据库中语言学（Linguistics）学科下两个最具代表性的研究领域：语言（Language）和英语作为第二语言（English as a second language）英语博士学位论文作为语料收集对象。在抽样区间（2007-2021 年）里[①]，这两个领域的博士学位论文分别有 1120 和 980 篇，剔除论文发布院校为非英语国家和作者为非英语国家人士（利用网站 https：//www.surnamedb.com/Surname 依次检索作者是否属于英语本族语者）后，Language 下合计有 703 篇论文，English as a second language 下合计 688 篇论文，二者共计 1391 篇。在拟抽样篇数为 50 的前提下，Language 和 English as a second language 的总抽样数分别为：$703/1391 * 50 = 25$ 和 $688/1391 * 50 = 25$。其次，以年度为单位，统计各年度的论文数，并根据其在全部论文中所

---

① 英语 L1 和汉语 L1 学位论文的抽样区间均是根据汉语 L2 硕士学位论文的抽样时间而定的。尽管检索到的最早 1 篇汉语 L2 硕士学位论文是 2002 年（2003—2006 年无相关语料），但按照年度比例抽样后，L2 硕士学位论文的实际抽样区间是从 2007 年开始的，故为与 L2 硕士学位论文的有效抽样年度对应，英语 L1 和汉语 L1 学位论文亦在相应的时间范围内抽样。

占的比例，计算出各年度的具体抽样数（即采用比例抽样法）（见表 3-1 和表 3-2）。最后，利用随机数字表，在相关年度中随机抽取出分析语料——L1 英语博士学位论文摘要，总形符数 20 566。

表 3-1　Language 博士论文摘要年度抽样数

年份	份数	实际抽样数
2007	19	1
2008	16	1
2009	14	0
2010	25	1
2011	22	1
2012	25	1
2013	32	1
2014	38	1
2015	56	2
2016	57	2
2017	51	2
2018	62	2
2019	77	3
2020	89	3
2021	120	4
总计	703	25

表 3-2　English as a Second Language 博士论文摘要年度抽样数

年份	份数	实际抽样数
2007	1	0
2008	2	0
2009	15	1
2010	25	1
2011	39	1
2012	41	2

续表

年份	份数	实际抽样数
2013	23	1
2014	44	2
2015	36	1
2016	26	1
2017	31	1
2018	79	3
2019	123	4
2020	136	5
2021	67	2
合 计	688	25

汉语一语语料的具体抽样方法是：在 CNKI 中国博士论文全文数据库中，以语言学及应用语言学为学科专业检索条件，对 2007-2021 年间的全部博士学位论文进行了穷尽式搜索，剔除其中以汉语为第二语言的我国少数民族学生的论文后，共计 687 篇。然后，以学位年度为单位，统计各年度的论文数，并根据其在全部论文中所占的比例，计算出各年度的具体抽样数（即采用比例抽样法）（见表 3-3）。最后，利用随机数字表，在相关年度中随机抽取出分析语料——L1 汉语博士学位论文摘要，总形符数 55 768。

表 3-3　L1 汉语博士论文年度抽样数

年份	份数	实际抽样数
2007	71	5
2008	33	2
2009	57	4
2010	41	3
2011	54	4
2012	93	7
2013	84	6

续表

年份	份数	实际抽样数
2014	48	3
2015	52	4
2016	32	2
2017	21	2
2018	35	3
2019	31	2
2020	24	2
2021	11	1
总计	687	50

（2）汉语一语与二语可比语料库

汉语一语和二语学位论文摘要分别选自 CNKI 中国博士论文全文数据库以及 CNKI 中国优秀硕士学位论文全文数据库。选择博士学位论文为参照语料是出于以下两点考虑：①二者体裁相同；②相较于硕士论文作者多数均为学术新手的现状，博士论文的作者具有更丰富的研究经验，其论文作为参照对象更为恰当。为缩小研究范围拟集中分析语言学及应用语言学学位论文摘要，但本研究未按具体研究类型对语料做进一步的细分。这样做的原因是 L2 硕士学位论文总数不多，研究类型较为分散，不具备按研究类型随机抽样的前提。

二语学位论文的具体抽样方法是：首先以语言学及应用语言学为学科对象，从 CNKI 中国优秀硕士学位论文全文数据库中对作者姓名带括号［如"Siarhei Shamko（谢尔盖）"］的论文进行穷尽式搜索，再结合作者简介、论文致谢等部分逐一核对，剔除其中以汉语为第二语言的我国少数民族学生的论文后，其余论文即被确定为汉语二语（来华留学生）硕士论文。然后，以学位年度为单位，统计各年度的汉语二语论文数，并根据其在全部论文中所占的比例，计算出各年度的具体抽样数（采用比例抽样法）。最后，利用随机数字表，在相关年度中随机抽取出 50 篇论文作为分析语料。

为与二语硕士学位论文的有效抽样年度对应，参照语料——L1 博士学位论文亦在相应的时间范围内抽样。具体抽样方法在前文"(1)英语一语和汉语一语可比语料库"已有叙述,此处从略。

由于各章对汉语一语与二语可比语料库的抽样时间不尽相同,故相关数据将在各章的研究方法中予以报道。

3.2.2.2　平行语料库

英汉平行语料库拟用于5.3.2节建立汉语立场框架。英汉平行语料库的语料来源是国内10本语言学知名期刊,包括《当代语言学》《外国语》《外语电化教学》《外语教学》《外语教学理论与实践》《外语教学与研究》《外语界》《外语与外语教学》《现代外语》《中国外语》。我们抽取了2016—2020年间的全部论文,剔除非研究论文,余702篇文章,按照年度比例抽样法在2016—2020年各年度中利用随机数字表分别随机抽样出为24、25、27、24和20篇文章,合计120篇。其对应的中、英文摘要的形符数分别约为11 600和17 400,二者构成了本研究的平行语料库。

3.3　研究范畴识别

3.3.1　语步/语阶识别

Biber 等(2007a)在描绘基于语料库的语步分析的具体操作步骤中所提到的如何识别语步/语阶对本研究有极大的借鉴和参考价值,拟采用其方法来对语步/语阶予以识别。Biber 等(2007a:34)的语步分析方法如下:

①确定该体裁的修辞目的;

②确定每一个文本片段在其局部语境中的修辞功能,识别该体裁可能的语步类型;

③按功能和/或语义主题(semantic themes)分类。这些语义主题在代表性文本中的位置或相互临近或相同,反映的是可用于实现更大语步功能的特定语阶;

④进行先导标注以检验对语步目的的定义,并据此对其予以微调;

⑤建立标注方案（coding protocol），该方案应对语步类型和语阶予以清晰的定义并给出例证；

⑥对全部文本进行标注，并对不同标注者之间的标注信度予以检验以确保他们是否正确、清晰地理解了语步定义以及语步/语阶在文本中的实现方式；

⑦增补在对全部文本进行标注过程中发现的额外语阶和/或语步；

⑧修改标注方案以解决标注者间信度检验所揭示出的差异，或由新发现的语步/语阶的增补所造成的差异，并对问题区域进行重新标注；

⑨对语步特征进行语言学分析和/或其他语料库研究方法的分析；

⑩根据典型的和交替可选的语步结构以及语言学特征对语篇语料予以描述。

3.3.2　研究范畴命名

关于新建范畴的定义及命名拟按以下两种情况分别予以处理：若该范畴与已有理论框架中的任一类别对等，则直接借用其命名；若不对等，则根据该范畴在语篇中的交际功能予以命名。新命名的范畴类别将进入范畴集合，作为对其他语料进行分析的参照。重复以上两个步骤直到完成全部抽样文本的分析。

3.3.3　识别信度检验

为保障识别信度，本研究对抽样文本进行了两次识别，并对两次识别的信度予以检验。两次识别的时间间隔为 6 个月以上。

3.4　ICM 分析方法

基于本书 2.4 对 CA、CIA 和 ICM 分析的综述，本书 7.4.5 和 9.4 采用综合对比分析模型（ICM），即在对英汉对比分析（本书第 6 章和第 8 章）（CA）的基础上，探讨来华留学生的学术写作（CIA），并将 CA 研究发现整合进对 CIA 研究结果的诊断和阐释中。

需要说明的是，本研究并非严格意义上的 ICM 研究，原因是被随机抽样到的摘要多数并非出自母语为英语的留学生，因此 CA 分析中的英语并不能代表所有抽样留学生的母语，而是其二语。这一选择是不得已而为之的做法，其原因是：①项目研究者的优势外语是英语；②母语为英语的来华留学生人数有限；③以其他语言(非英语)为母语的留学生人数亦不足以满足随机抽样的要求。然而，如前言所述，由于英语的世界语言地位，多数留学生的第二语言为英语，汉语实际上是其第三语言，二语对三语的学习和使用亦会产生影响。从这个角度来说，CA 分析中的英汉对比，仍可为 CIA 分析(汉语中介语分析)提供参考，并非全无关联、毫无价值。也就是说，在 CA 分析中对比英、汉语是在受限情况下的最佳选择。

第4章 汉语 L1 与 L2 学位论文摘要语步结构对比分析（CIA）[1]

4.1 引言

据最新官方统计数据，2018 年来华留学的学历生总数为 25.81 万人，占来华留学生总数的 52.44%，同比增长 6.86%；研究生人数达 8.5 万人，比 2017 年增长 12.28%[2]，是当年学历留学生中增长比例最大的一个群体。对于学历留学生来说，汉语二语学术写作能力至关重要。学术写作能力的高低对他们能否顺利完成学业有着直接的影响，甚至可能影响到我国留学教育的质量。

然而，尽管目前有关汉语二语写作的研究已有不少（吴继峰 2017；吴继峰等 2019；亢海峰，廖建玲 2019；师文，陈静 2019；吴佩，邢红兵 2020），但是这些研究主要集中在对汉语二语写作中词汇、语法等浅层特征的分析，对汉语二语写作篇章结构的研究极其薄弱。本研究认为，对于二语学术写作这类高阶写作研究来说，聚焦于词汇、语法等浅层特征的分析固然必要，但是对逻辑结构等深层特征的分析更为重要。其次，这些研究所涉及的分析语料均是普通作文而非学术写作。关于学术写作，目前已有的研究不多，仅有汲传波（2016）和蔡明宏（2016）涉及了该问题，但前者的关注点依然是语言的表层结构，后者的分析内容很泛，针对性不强。有鉴于此，以来华留学生的硕士学位论文为分析对象，探讨

---

[1] 该章内容已发表在《第二语言学习研究》第 15 辑（2022 年 12 月），见参考文献吕长竑等（2022）。

[2] 中华人民共和国教育部. 2019-04-12. 2018 年来华留学统计. http://www.moe.gov.cn/jyb _xwfb/gzdt_gzdt/s5987/201904/t20190412_377692. html

汉语二语学术写作的篇章结构问题具有重要意义。由于摘要是学位论文的重要组成部分，是整篇文章的精华，可提前揭示文本内容和结构（Swales 1990：179），推销作者及其文章（Hyland 2004a：63），故拟以学位论文摘要为具体考察对象。

4.2　研究背景

4.2.1　语步分析

在对学术写作篇章结构的分析方法中，语步分析法（move analysis）具有重要的地位。该方法由 Swales1981 年提出并在其 1990 年对研究论文引言结构的研究中得到进一步发展。在 Swales 的语步分析法中，语步指实现某一交际功能的修辞单位（Swales 2004：228-229），由包含此特定修辞功能的语篇片段组成（Swales & Feak 2009），通常具有可予以客观分析的语言边界（Biber *et al.* 2007：24）。其语言实现可以短到一个小句（从句）亦可长至一个段落（Moreno & Swales 2018：41）。语阶指实现语步功能的、更为具体的修辞功能或语义主题（semantic themes）单位（Swales 1990：141；Biber *et al.* 2007：34）。一个语步可包含一个或多个语阶，二者的区别主要在于：在语阶层面上对文本片段的解释通常比语步层面上的解释更具体，如"表明差距"语阶是"建立研究空间"（Create a Research Space，CARS）语步中的一部分（Moreno & Swales 2018：40）。

Swales（1990）针对论文引言所归纳出的"建立研究空间"模式阐释了"语步结构及词汇语法特征与修辞语境的关联"，突破了学术语篇分析"囿于文本的局限"（姜峰 2022：418），是将语步分析应用于学术写作篇章结构分析的经典之作。此后，这一分析方法被众多研究用于揭示研究论文的潜在体裁结构（underlying generic structure）（Moreno & Swales 2018：40-41），识别研究论文修辞语步的典型语言特征（Cortes 2013；Cotos *et al.* 2015；Le & Harrington 2015；Swales 1981）。如利用语步分析方法对研究论文及其不同部分的跨学科（Basturkmen 2012；Cotos *et al.* 2015，2017）和跨文化体裁结构变化的调查（Amnuai & Wannaruk 2013；ElMalik & Nesi 2008）。这些研究发现，研究论文在语步结构方面尤其是在语阶层面上存在跨学科和跨语言差异。

由于 Swales 提出语步分析法的初衷是帮助英语二语学习者了解特定体裁的形式特征及其对应语步的功能特征，提高研究论文写作新手的图式结构意识（Pérez-Llantada 2015；Loi 2010；Cheng 2008），促进以二语学习者为对象的研究论文修辞结构教学（Biber *et al.* 2007：29），故语步分析法在国内外二语教学中得到了广泛的应用。对该方法的关注和应用热度数十年经久不衰，这可从以下事实得以证明：Swales（1981，1990）是国内外学术英语研究中持续 40 年的高被引核心文献（姜峰 2022：418）。

4.2.2　论文摘要语步结构

目前学界对研究论文摘要的语步结构分析主要集中在期刊论文上。对于期刊论文摘要，不同研究者的语步划分和命名各不相同，但是较为普遍的共识是，研究论文摘要应包括以下五个语步：背景、目的、方法、结果、结论（Santos 1996；Hyland 2000；Swales & Feak 2009；Tankó 2017；余莉，梁永刚 2006；康勤，孙萍 2012；肖忠华，曹雁 2014；胡新 2015）。另有少数几项研究（Bhatia 1993；Yakhontova 2002；Swales & Feak 2009）对会议论文摘要的语步结构予以了调查，但与对研究论文语步结构的认识高度一致不同，对于会议论文摘要的修辞结构似乎没有较为一致的认识，不同研究归纳出的语步结构差异较大。

对学位论文摘要的研究有 Al-Ali 和 Sahawneh（2011）、El-Dakhs（2018），其中前者是对英语和阿拉伯语语言学博士论文摘要修辞和篇章结构的对比，后者对比了英语博士学位论文摘要和期刊论文摘要。Al-Ali 和 Sahawneh（2011：7）的研究发现，英语和阿拉伯语语言学博士论文摘要在语步类型和使用频率、语步的语言实现（语言特征）方面均表现出差异性。El-Dakhs（2018）的研究则揭示了英语博士学位论文摘要和英语期刊论文摘要在引言、研究方法、研究结果、研究意义部分的描写以及语言特征方面所存在的差异。对中文学位论文摘要的分析仅有李润洲（2013）就硕士学位论文摘要撰写偏差的案例分析一项，但该研究并非针对汉语二语学习者，且其重点亦非摘要的语步结构。

简而言之，目前对摘要修辞结构的探讨主要集中在期刊论文上，对学位论文摘要的修辞结构研究不足，仅有为数不多的几项研究探讨学位论文摘要，但是它们或为跨语言（英语和阿拉伯语）对比（Al-Ali & Sahawneh 2011），或为跨体裁（学位论文和期刊论文）对比（El-Dakhs 2018），或者是对汉语母语者学位论文摘要语言特征的微观分析（李润洲 2013），缺乏对汉语二语学习者学位论文摘要宏观结构的探讨。而各高校尽管制定有研究生学位论文摘要撰写规范，但是校际并没有统一的标准。据作者对十所"985 高校"（包括清华大学、北京大学、上海交通大学、中国科学技术大学、中国人民大学、北京航空航天大学、南京大学、同济大学、浙江大学、南开大学）研究生学位论文撰写规范的调查，其对摘要的描述共涉及 8 个语步，包括研究问题、研究目的、研究内容、研究意义、研究方法、研究成果、研究结论、创新点，其中有 5 个语步（研究目的、研究方法、研究成果、研究结论、创新点）被半数以上高校纳入研究生学位论文摘要撰写规范①，但是没有一个语步成为绝大多数（超过 85%）高校的共识。与此相关的国标 GB7713-87② 亦不是专门针对学位论文而制定的国家标准和规范，故本研究拟以汉语母语者（后文简称为 L1）学位论文摘要为参照，对比分析来华留学生（后文简称为 L2）学位论文摘要的语步结构，旨在为汉语二语学术写作教学提供借鉴和参考。

4.3　研究设计

4.3.1　研究问题

（1）L1 博士学位论文摘要的典型语步结构是什么？学位论文摘要的体裁原型

---

① 尽管中国人民大学和南京大学的研究生学位论文撰写规范中没有对具体语步做出规定，但是都分别强调了"突出新见解和创造性成果""摘要的重点是成果和结论"，也就是说，这两所高校将"创新点"和"研究成果、结论"视为必有语步，对于其他语步没有做特别的要求。

② GB7713-87 是针对《科学技术报告、学位论文和学术论文的编写格式》的国家标准和规范。本研究认为科学技术报告、学位论文和学术论文是分属不同体裁的文本，不宜采用同一套语步结构模式来概括。

是什么?

（2）相较于 L1 博士学位论文摘要，L2 硕士学位论文摘要的语步结构有何特征?

（3）L1 和 L2 学位论文摘要分别表现为何种类型的摘要?

4.3.2　研究语料

分析语料为 30 篇 L1 博士学位论文摘要和 30 篇 L2 硕士学位论文摘要。按照 3.2.2 中汉语一语与二语可比语料库语料收集方法，有 126 篇论文被确定为 L2 硕士论文，其时间跨度在 2002—2017 年间（2003—2006 年无相关语料），各年度的具体抽样数（即采用比例抽样法）（见表 4-1）。30 篇抽样摘要的总字数为 19 244（不含标题）。

表 4-1　L2 硕士学位论文年度抽样数

年度	论文数	抽样数
2017	26	6
2016	13	3
2015	15	4
2014	13	3
2013	12	3
2012	23	6
2011	5	1
2010	8	2
2009	1	0
2008	3	1
2007	6	1
2002	1	0
总数	126	30

按照本书 3.2.2 所述语料收集方法，参照语料——L1 博士学位论文亦在

2007—2017 时间范围内抽样，共计 613 篇。按照年度比例抽样法，抽取出 30 篇 L1 博士学位论文作为参照语料，总字数为 52012（不含标题）。

4.3.3　语料标注与分析

借鉴 Biber 等（2007：34）和 Cotos 等（2015：54）的语步识别和语步分析方法，对抽取出的学位论文摘要予以细读。在此过程中，根据摘要语句的整体修辞目的对摘要进行切分，并按各部分的交际意图进行归类以识别其语步类型。对语步的定义及命名则按本书 3.3.2 所述的范畴命名方法予以处理：①若该语步类型属于本书 4.2.2 所述期刊研究论文典型语步中的任一种，则直接借用其命名；②若不属于，则根据其在语篇中的交际意图予以命名。新命名的语步将进入语步集合，作为对其他摘要进行分析的参照语步。重复①和②直到完成全部抽样文本的分析。然后，根据各语步内语句或语块的功能和/或语义主题（semantic themes），对其进行归类。具有不同功能类型和/或语义主题的语句或语块即为该语步内的不同语阶。同语步切分，若在此过程中有新发现的额外语阶则将其增补到语阶集合中，作为对其他文本进行分析的参照语阶。重复上述过程直到完成全部抽样文本的语阶识别。

为保障语步/语阶的识别信度，本研究对抽样文本进行了两次识别，并对两次识别的信度予以检验。两次识别的时间间隔为 6 个月以上。经检验 L1 和 L2 语料的两次识别 Pearson 相关系数分别为 0.997（P = 0.001）和 0.976（P = 0.001）[①]，表明两次识别具有较高的信度。针对两次识别存在的个别差异，本研究对问题区域又进行了重新分析以最终确认其语步/语阶。

4.3.4　体裁原型和摘要类型的确定

借鉴 Biber 等（2007：40，58-60）对体裁原型（genre prototypes）的描述，本研究拟采用以下标准作为体裁原型的判断依据：凡是在语料库全部文本中出现频率大于或等于 85% 的语步为该体裁的基本构成成分，它们的集合即是该体裁的原

---

① 经检验两次识别数据均呈正态分布，故采用 Pearson 相关系数对两次识别的信度进行检验。

型。本研究拟以此为依据通过对汉语母语者博士学位论文摘要语料的分析来确定学位论文摘要的体裁原型。

根据国标《文摘编写规则 GB 6447—86》，摘要可分为指示性摘要和报道性摘要两大类。对于指示性摘要，研究目的宜写得详细，其他语步可以写得简单甚至省略；报道性摘要的研究方法、结果和结论语步宜写得详细，研究目的语步可以写得简单甚至省略。从国标的这段描述可见，指示性摘要和报道性摘要的一个主要差别体现在对"研究目的"的描写详略上，前者详，后者略，故可通过对"研究目的"的描写详略来确定摘要类型。

4.4 研究结果与分析

4.4.1 L1 学位论文摘要的语步结构

根据本书 3.3.1 所述的分析方法，本研究对 30 篇抽样 L1 博士学位论文予以逐一细读，确定其为六语步结构，包括"研究背景""研究课题""研究方法""研究结果""研究结论""论文结构"，下属 15 个语阶（各语步的界定和下属语阶构成参见表 4-2）。在这六语步中，论文结构是学位论文摘要特有的一个语步。其余五个语步与期刊研究论文摘要的典型五语步结构大致相同（参见表 4-3），略有区别的是本研究用"研究课题"语步代替了"研究目的"语步。其原因是，多数学位论文摘要在实施描述"研究课题"这一交际意图时，较为清晰地区分了"研究内容"和"研究目的"这两种不同的交际功能，如"本研究以《面向计算机的现代汉语'得'字研究》为题正基于此，我们希望通过对'得'字结构的识别研究，使之成为完整句法树的一个子图（研究内容），从而最终实现计算机的自动识别（研究目的）。"还有一些包含对"研究对象"的描绘，显然这些内容是"研究目的"无法概括的。也就是说，学位论文摘要的"研究课题"语步包含三个语阶"研究对象""研究内容""研究目的"，它们在 L1 学位论文摘要中的出现频率分别是 23%、93% 和 33%。

表 4-2 L1 学位论文摘要语步/语阶构成

语步 1(M1):研究背景(描述研究选题的背景信息、存在的问题,或指出该研究的必要性)	语阶 1(S1):选题背景
	语阶 2(S2):当前研究不足
	语阶 3(S3):研究必要性
语步 2(M2):研究课题(阐述研究对象、目的或研究内容)	语阶 1(S1):研究对象
	语阶 2(S2):研究目的
	语阶 3(S3):研究内容
语步 3(M3):研究方法(描述研究所依据的理论框架,或受试对象、研究工具、研究步骤、研究手段)	语阶 1(S1):理论框架
	语阶 2(S2):受试对象
	语阶 3(S3):研究工具
	语阶 4(S4):研究步骤
	语阶 5(S5):研究手段
语步 4(M4):研究结果(描述研究结果或发现)	
语步 5(M5):研究结论[对研究结果的评价(如意义、价值、创新点)、推断、引申或解释]	语阶 1(S1):评价(如意义、价值、创新点)
	语阶 2(S2):推断
	语阶 3(S3):引申
	语阶 4(S4):解释
语步 6(M6):论文结构(描述论文结构)	

表 4-3 期刊研究论文与学位论文摘要语步结构对比

期刊研究论文摘要	学位论文摘要	交际功能①
M1 研究背景	M1 研究背景	关于该话题我们知道什么? 为什么该话题重要?

---

① 此处借用了 Swales 和 Feak(2009:5)对这五个语步背后所隐含问题的描述来说明各语步的交际功能。

续表

期刊研究论文摘要	学位论文摘要	交际功能①
M2 研究目的	M2 研究课题	该研究是关于什么的？
M3 研究方法	M3 研究方法	该研究是如何开展的？
M4 研究结果	M4 研究结果	发现是什么？
M5 研究结论	M5 研究结论	这些发现意味着什么？
	M6 论文结构	

　　L1 学位论文摘要对各语步的使用情况如表 4-4 所示。表中的语步频率是按照该语步出现与否来计数的，同一语步在一个文本中多次出现不重复计数。百分比的计算是以抽样摘要的总篇数，即 30 为基数计算的。表 4-5 的语步统计和百分比计算方法相同。

表 4-4　L1 学位论文摘要语步结构

语步（M）	在抽样语料中的出现频率（%）
研究背景（M1）	83. 3
研究课题（M2）	100
研究方法（M3）	100
研究结果（M4）	93. 3
研究结论（M5）	56. 7
论文结构（M6）	63. 3

　　参照本书 4. 3. 4 所述体裁原型确定标准，根据表 4-4 的统计结果，学位论文摘要的体裁原型由三个语步构成："研究课题（M2）""研究方法（M3）"和"研究结果（M4）"。构成体裁原型的这三个语步即是学位论文摘要的必有语步（obligatory move）。按照 Biber 等（2007：40，58-60）对语步稳定性程度的划分，"研究背景（M1）""研究结论（M5）""论文结构（M6）"这三个语步在语料库全部文本中的出现频率在 50% ~ 85% 之间，是该体裁的预期语步（expected move）。在抽样文本中，没有 Biber 等（2007）所称的可选语步（optional move，即在语料库

全部文本中的出现频率小于 50% 的语步)存在。

对 30 篇抽样 L1 论文摘要的进一步分析表明,其摘要主要分为两大类。第一类是按语步组织的摘要,这类摘要共 16 篇,占抽样文本的 53.3%。其中各语步的出现频率如下:93.8%、100%、100%、93.8%、68.8% 和 31.3%,即 M1、M2、M3 和 M4 是此类摘要的必有语步,M5 是预期语步,M6 是可选语步。这类摘要的典型语步结构是 M1—M2—M3—M4。

第二类是按论文章节结构组织内容的摘要,共 14 篇,占抽样文本的 46.7%,其中各语步的出现频率分别是 71.4%、100%、100%、100%、35.7% 和 100%,即 M2、M3、M4 和 M6 是必有语步,M1 和 M5 分别是预期语步和可选语步。该类摘要的典型语步结构是 M2—M3—M6M2M4,即在简述了"研究课题"和"研究方法"后再逐章报道"研究课题"及"研究结果"。在该类摘要中,有 71.4% 采用此结构。偶有逐章报道"研究课题""研究方法""研究结果"(即采用 M6M2M3M4 语步结构),或者在逐章报道"研究课题"和"研究方法"后,对"研究结果"予以集中概述(即采用 M6M2M3—M4 语步结构),后两种情况占该类摘要的 28.6%。

4.4.2 L2 学位论文摘要的语步结构

依照同样的分析方法,本研究对 L2 学位论文抽样文本的语步结构予以分析,得到如下结果(见表 4-5):

表 4-5　L2 学位论文摘要语步结构

语步(M)	在抽样语料中的出现频率(%)
研究背景(M1)	80
研究课题(M2)	100
研究方法(M3)	83.3
研究结果(M4)	53.3
研究结论(M5)	46.7
论文结构(M6)	53.3

对比表 4-4 和表 4-5 的统计结果可见，L2 学位论文摘要与基于 L1 语料而得出的学位论文摘要原型存在较大的差异（参见图 1 的对比）。在构成学位论文摘要体裁原型的三个必有语步中，除"研究课题"在所有抽样 L2 学位论文摘要中均出现外，另外两个语步"研究方法"和"研究结果"的出现频率（分别为 83.3% 和 53.3%）均未达到必有语步的条件。卡方检验亦表明，L1 学位论文摘要与 L2 学位论文摘要在这两个语步的使用率上存在具有统计意义的显著差异，分别为 $\chi^2 = 18.2215$（$p = 0.000 < 0.05$）和 $\chi^2 = 40.8766$（$p = 0.000 < 0.05$），其中尤以语步 4 "研究结果"之间的差异更大（如图 4-1 所示）。上述结果说明，相当数量的 L2 学位论文摘要显著少用"研究方法"和"研究结果"语步，不具有学位论文摘要的典型修辞结构。

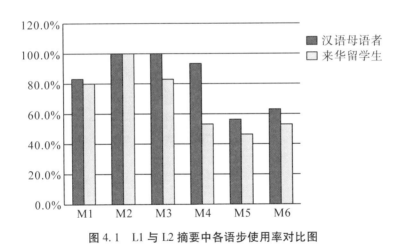

图 4.1　L1 与 L2 摘要中各语步使用率对比图

4.4.2.1　按语步组织的摘要

在 30 篇抽样 L2 学位论文摘要中，有 15 篇采用的是第一类摘要，即按语步组织摘要内容。尽管从整体上来看，这 15 篇摘要对各语步的使用倾向与 L1 学位论文摘要大致类似（见表 4-6），但是卡方检验表明二者在语步 4 "研究结果"（$\chi^2 = 23.1684$，$p = 0.000 < 0.05$）和语步 6 "论文结构"（$\chi^2 = 19.6608$，$p = 0.000 < 0.05$）的使用频率上存在具有统计意义的显著差异，留学生显著少用这两个语步。

不过，尽管二者在这两个语步的使用频率上均存在显著差异，但是按照 Biber 等（2007）对语步稳定性程度的划分，这两个语步的重要性具有本质的不同。在 L1 摘要中，"研究结果"语步（M4）的出现频率为 93.8%，属于必有语步，而在 L2 摘要中 M4 语步的使用频率为 66.7%，仅为预期语步而非必有语步，即相当一部分第一类 L2 摘要缺失"研究结果"这一必有语步。而语步 6 的使用频率在 L1 和 L2 摘要中均低于 50%，属于可选语步，即对于按语步组织的摘要来说，语步 6 "论文结构"是可有可无的语步。

表 4-6　汉语母语者与留学生第一类摘要中各语步使用频率对比

语步	汉语母语者各语步使用频率(%)*	留学生各语步使用频率(%)
M1	93.8	93.3
M2	100	100
M3	100	100
M4	93.8	66.7
M5	68.8	60
M6	31.3	6.7

注：百分比的计算基数分别为该类摘要的总篇数，汉语母语者和留学生分别为 16 和 15。

此外，一些 L2 摘要的语步结构不甚合理，表现为摘要内容逻辑混乱、层次不清，以题名为《汉语和塞语①动物俗语的对比研究——以有关"狗"的俗语为例》（碧莲娜 2008）的论文摘要为例。

---

① 此处的"塞语"指"塞尔维亚语"，语言保留原貌，下同。

摘要内容	语步-语阶
俗语是人类智慧与生产、生活经验的总结与结晶。它能够形象、生动、精练的表达人的思想及人世间深刻的道理。	M1-S1(选题背景)
本研究的目的是分析与对比汉语和塞语动物俗语,找出并分析它们的异同点;分析和对比汉—塞语动物俗语异同点的原因以及试图找出文化对俗语内容的影响;以此给汉/塞语学习者提供有助于学习和理解动物俗语的资料。此外给进行汉语教学的人员提供可供参考的俗语教学资料。	M2-S2(研究目的)/M2-S3(研究内容)
本研究以"狗"俗语为例对汉—塞语俗语进行对比研究。	M2-S3(研究内容)
我们使用的研究方法是计量统计、分析与对比。我们首先建立了"狗"俗语数据库,然后逐条分析汉语和塞语"狗"俗语。分别分析"狗"俗语的特点,狗在俗语中的语义、各语义的使用频率是多少、感情色彩、比喻、表层义和深层义等各方面。通过对语料的量化分析,	M3-S5(研究手段)
我们了解汉语"狗"俗语的概貌。我们分析在两种语言中显示了"狗"的哪些特点,又是如何使用这些特点来做比喻。	M2-S3(研究内容)
关于"狗"俗语的比喻义我们分成以下几类:人的特点、做事情、心理状态与感情、环境与现象。	M4(研究结果)
本研究的重点是找出汉—塞"狗"俗语的异同点并对它们进行对比分析。我们分析"狗"俗语语义上的异同,感情色彩的异同,使用频率的异同等。	M2-S3(研究内容)
我们将在量化统计的基础上分析两种语言"狗"俗语的异同。	M3-S5(研究手段)
本研究试图解释"狗"在汉语和塞语俗语中的象征意义异同的原因和文化对此的影响。	M2-S2(研究目的)
希望运用得出的结论,对俗语的学习、教学与翻译有所帮助。	M5-S1(评价)
到目前为止分别关于汉语动物俗语和塞语俗语的研究已经有很多论述,但是关于塞语动物俗语的专门研究却很少,关于汉语与塞语中动物俗语的对比研究更为罕见。	M1-S2(当前研究不足)
笔者试图在这个领域进行探索。	M2-S1(研究对象)
我们所说的塞语俗语实际上也包括前南斯拉夫①的俗语,因此我们希望本研究的成果对前南斯拉夫地区的语言研究(包括塞语)会有所帮助。	M5-S1(评价)

注:在表格同一实线格框中的内容原为一段,为标识语句对应的语步及语阶将其做了分段,并以虚线将其与语步及语阶对应。

　　从该摘要的语步结构 M1-S1—M2-S2/M2-S3—M2-S3—M3-S5—M2-S3—M4—M2-S3—M3-S5—M2-S2—M5-S1—M1-S2—M2-S1—M5-S1 可见, 此篇摘

---

① 　此处的"前南斯拉夫"指"前南斯拉夫地区",语言保留原貌。

要在描述了"选题背景"（M1-S1）、提出了"研究目的"（M2-S2）和"研究内容"（M2-S3），并对"研究手段"（M3-S5）予以了描述后，又循环反复地描述其"研究内容"（M2-S3）、"研究手段"（M3-S5）、"研究目的"（M2-S2）和"研究对象"（M2-S1），中间还穿插进对"研究结果"（M4）、"当前研究不足"（M1-S2）的说明以及对其研究结果的"评价"（M5-S1）。类似这样的语步交叉混用，破坏了叙述的逻辑，造成摘要的层次结构不清。加之个别词语的不当使用，如"以此给汉/塞语学习者提供……的资料。此外给进行汉语教学的人员提供……资料"中的"给"等，更进一步影响了该摘要的质量。

4.4.2.2 按论文章节组织的摘要

在 30 篇 L2 论文摘要中，另有 15 篇采用第二类摘要，即按逐章叙述的方式来组织摘要，其语步结构为（M1—）M2—（M3—）M6M2/（M6M2M3）/（M6M2M4）（—M5）。但与 L1 摘要在简述了"研究课题"和"研究方法"后再逐章报道"研究课题"及"研究结果"的典型语步结构 M2—M3—M6M2M4 不同（参见 4.4.1），L2 论文摘要的典型语步结构是 M2—M6M2，即在对论文"研究课题"（M2）予以概述后，再逐章报道各章的具体"研究课题"（M6M2）（其余语步或语步组合的出现频率不高，以括号标识之）。由于这类摘要的内容主要是根据论文章节来组织的，因此与采用按语步组织内容的摘要相比较，采用逐章报道方式来组织内容的 L2 论文摘要在逻辑层次方面更为合理和清晰一些，但是与 L1 学位论文摘要相比，L2 摘要在逐章报道时显著少用"研究方法"（M3）（$x^2 = 39.9520$，$p = 0.000 < 0.05$）和"研究结果"（M4）（$x^2 = 85.7143$，$p = 0.000 < 0.05$），比 L1 的使用率分别低 33.3% 和 60%（参见表 4-7）。而在第一类摘要中，仅必有语步 4"研究结果"比 L1 的使用率低 27.1%，其他两个必有语步"研究课题（M2）""研究方法（M3）"与 L1 的使用频率相同（参见表 4-6）。也就是说，在这类 L2 学位论文摘要中，必有语步缺失现象更为严重，与学位论文摘要体裁原型的偏差问题更明显。

表 4-7　汉语母语者与留学生第二类摘要中各语步使用情况对比

语步	汉语母语者各语步使用频率(%)	留学生各语步使用频率(%)
M1	71.4	66.7
M2	100	100
M3	100	66.7
M4	100	40
M5	35.7	26.7
M6	100	100

注：百分比的计算基数分别为该类摘要的总篇数，汉语母语者和留学生分别为 14 篇和 15 篇。

4.4.3　学位论文摘要类型

根据 4.3.4 所述摘要类型的判断方法，可以通过对"研究目的"的描写详略来确定摘要类型，但这里需要说明的一点是，本研究对语步的划分与国标《文摘编写规则 GB 6447—86》略有不同。根据国标对"研究目的"的定义："研究、研制、调查等的前提、目的和任务，所涉及的主题范围"，可知其"研究目的"包含了本研究的"研究背景"和"研究课题"两语步的内容，因此本研究拟通过对这两个语步(及其语阶)的使用频率和字数的分析来揭示 L1 和 L2 学位论文摘要分属何种类型以及它们在内容安排方面所存在的差异。

抽样 L1 和 L2 学位论文摘要的总字数分别为 52012 和 19244(不含标题)，"研究背景"语步的总字数分别为 5910 和 4191，占摘要总字数的 11.4% 和 21.8%。也就是说，在 L2 摘要中，用于描述"研究背景"的字数百分比是 L1 的"研究背景"字数百分比的近两倍，显著高于 L1 摘要($x^2 = 3.9063$，$p = 0.048 < 0.05$)。对比 L1 和 L2 在"研究背景"(M1)语步中对各语阶的使用频率和字数(参见表 4-8)，本研究发现：二者不仅对语阶 1"选题背景"($x^2 = 4.0816$，$p = 0.043 < 0.05$)的使用频率存在具有统计意义的显著差异，而且该语阶的字数在 M1 语步($x^2 = 13.3785$，$p = 0.000 < 0.05$)和摘要总字数($x^2 = 5.8173$，$p = 0.016 < 0.05$)中所占的比例亦存在具有统计意义的差异显著。L2"选题背景"语阶占

M1 语步总字数的 83.7%，占摘要总字数的 18.2%，而 L1 "选题背景"语阶仅占 M1 语步总字数的 60.5%，占摘要总字数的 6.9%。也就是说，L2 "选题背景"语阶字数占摘要总字数的百分比（18.2%）是 L1 的（6.9%）两倍多。在一篇题名为《"羞"概念的语义范围及相关的词汇运用》的 L2 论文摘要中，"选题背景"语阶的字数甚至占该篇摘要总字数的 51.9%。从"研究背景"语步及其各语阶字数在整个摘要中所占比例数据可以看出，一些 L2 论文摘要在内容结构方面存在较大的问题。

表 4-8　L1 和 L2 学位论文摘要 "研究背景"（M1）语步中各语阶使用情况对比

语阶	对象	语阶在 M1 中使用频率①	语阶字数		
			字数	占 M1 总字数百分比	占摘要总字数百分比
选题背景（M1-S1）	L1	96%	3577	60.5%	6.9%
	L2	100%	3508	83.7%	18.2%
当前研究不足（M1-S2）	L1	48%	1445	24.5%	2.8%
	L2	20.8%	397	9.5%	2.1%
研究必要性（M1-S3）	L1	20%	888	15%	1.7%
	L2	20.8%	286	6.8%	1.5%

L2 和 L1 学位论文摘要之间第二个较为显著的差异是对"当前研究不足"（M1-S2）和"研究必要性"（M1-S3）语阶的使用。L2 论文摘要对"当前研究不足"语阶的使用频率（20.8%）显著低于 L1 论文摘要对该语阶的使用频率（48%）（$\chi^2 = 16.3925$，$p = 0.000 < 0.05$），且其字数在 M1 语步中的占比（9.5%）亦显著低于 L1（24.5%）（$\chi^2 = 7.9731$，$p = 0.005 < 0.05$）。对于"研究必要性"语阶，尽管

---

① 抽样 L1 和 L2 论文摘要的"研究背景"（M1）语步的频率分别为 25 和 24（见表 4-3 和表 4-4），故 25 和 24 分别为计算汉语母语者和留学生摘要 M1 语步中各相关语阶所占百分比的基数。

二者在使用频率上不存在具有统计意义的显著差异（$\chi^2 = 0.0197$，$p = 0.888 > 0.05$），且该语阶在"研究背景"（M1）语步中所占篇幅亦未达到显著性差异的程度（$\chi^2 = 3.4617$，$p = 0.063 > 0.05$），但在 L2 摘要中，"研究必要性"语阶的字数在"研究背景"（M1）语步中仅占 6.8%，还不及该语阶在 L1"研究背景"（M1）语步中字数百分比（15%）的一半。事实上，如上文已述，在 L2 摘要中，M1 语步的字数在摘要总字数中的占比显著高于 L1（$\chi^2 = 3.9270$，$p = 0.048 < 0.05$），分别为 21.78% 和 11.36%（参见表 4-9）。也就是说，L2 摘要对研究背景的叙述过多，特别是在"选题背景"语阶上所用的文字尤其多，但对"当前研究不足"的分析以及"研究必要性"的论述却明显不足。

　　表 4-9 是 L1 和 L2 学位论文"研究背景"（M1）和"研究课题"（M2）语步的字数统计。由表 4-9 可见，L1 学位论文摘要"研究背景"和"研究课题"语步在整个摘要中所占篇幅不多（仅占 20%），表现为报道性摘要，故报道性摘要应是学位论文摘要的体裁原型。而 L2 学位论文摘要这两个语步的字数之和是其摘要总字数的 45.1%。卡方检验结果表明：L1 和 L2 学位论文在"研究课题"语步字数占摘要总字数百分比（$\chi^2 = 7.9687$，$p = 0.005 < 0.05$），以及"研究背景"（M1）和"研究课题"（M2）语步字数之和占摘要总字数百分比（$\chi^2 = 14.3478$，$p = 0.000 < 0.05$）方面均存在具有统计意义的显著差异。也就是说，L2 摘要用在"研究背景"和"研究课题"的字数显著高于 L1 摘要，它们把几乎一半的字数都用到了这两个语步上，表现为指示性摘要，这与该体裁原型存在较大的偏差。

表 4-9　L1 和 L2 学位论文摘要"研究背景"和"研究课题"语步字数对比

对象	"研究背景"（M1）语步		"研究课题"（M2）语步		M1 与 M2 语步字数之和占摘要总字数百分比
	字数	占摘要总字数百分比	字数	占摘要总字数百分比	
L1	5910	11.36%	4508	8.67%	20%
L2	4191	21.78%	4484	23.3%	45.1%

4.5 结语

本研究结果表明，相当数量的 L2 学位论文摘要不具有此体裁的典型修辞结构，缺少"研究方法"和"研究结果"语步的现象比较突出。从 L2 学位论文摘要的组织方式来看，主要有按语步组织摘要（第一类）和按论文章节组织摘要（第二类）两种形式，二者各占 50%。在第一类摘要中，部分摘要的语步结构不甚合理，表现为摘要内容不完整、表述逻辑混乱、层次不清。相比较而言，采用第二类方式写作的摘要在逻辑层次方面更为合理和清晰，但是其语步结构的非典型性问题更为突出，体裁必有语步（如"研究方法"和"研究结果"）的缺失问题比按第一类方式组织的摘要严重。其次，L2 学位论文摘要在内容安排上明显失衡，有将近一半的字数用到了对"研究背景"和"研究课题"的叙述上，表现为指示性摘要而非该体裁常见的报道性摘要。L2 学位论文摘要"研究背景"语步中各语阶的内容安排也存在不合理之处，有 83.7% 的字数用于"选题背景"上，对"当前研究不足"和"研究必要性"的描述不足。此外，L2 汉语表达能力亦对其摘要质量有很大的影响。

上述结论是基于 30 篇随机抽样自 CNKI 中国优秀硕士学位论文全文数据库中的 L2 硕士学位论文。这些通过论文答辩的摘要尚且如此，由此可以推知 L2 学位论文摘要的写作质量不容乐观，对其摘要写作予以恰当的指导是当前学术汉语教学必须面临的一项十分紧迫的任务。本研究建议：对于基础较差的汉语二语学习者，可指导其采用第二类摘要的组织形式，即按论文章节结构组织摘要，这样可以在一定程度上减少其摘要的逻辑混乱、层次不清等问题；应强调学位论文摘要体裁原型中各必有语步的完备性以及各语阶内容安排的合理性。

第5章　学术话语立场研究

5.1　立场与学术话语

5.1.1　立场概念研究

本书所论立场(stance)是指"作者或说话人对信息的态度、情感、判断或承诺的显性表达"(Biber & Finegan 1988)，其相关研究在不同术语下展开，包括站位(footing)[1](Goffman 1981)、强度(intensity)(Labov 1984)、情态化(modalization)(Halliday 1985/1994)、言据性(evidentiality)(Chafe 1986)、认识论立场(epistemological stance)(Goodwin 1986)、情感(affect)(Ochs & Schieffelin 1989)、观点(point of view)(Simpson 1993)、评价(evaluation)(Hunston 1994；Thompson & Hunston 2000)、模糊限制语(hedging)(Hyland 1998a)、定位(positioning)[2](van Langenhove 和 Harré 1999)、评价理论(appraisal)(Martin 2000；Martin & White 2005)、认识立场(epistemic stance)(Conrad & Biber 2000)、

---

[1] "站位"是"我们与他人之间的一种协同，如我们在处理话语的产出或接收时所表现出的那样"(Goffman 1981：128，参见 Marks 2012：3)，是说话人话语立场的体现(Izadi 2020：88)。

[2] van Langenhove & Harré(1999：14，16-17)的"定位"(positioning)是一个动态的概念，用于替代静态的角色(role)，以反映会话过程中话语参与者"地位/立场"(position)的动态变化。"定位"和"地位"是 Hollway(1984)在分析异性关系领域中主体性(subjectivity)建构时提出的概念。Hollway 在论及"自我定位"(positioning oneself)和"采取某种地位/立场"(taking up a position)时说："话语限定了主体(subjects)相对于他人的地位，以及所采取的立场"(参见 van Langenhove & Harré1 1999：16)。van Langenhove 和 Harré 沿用了 Hollway 的"定位"和"地位/立场"这两个概念的含义。

道义态度（deontic attitude）（Berman 2005）、评估（assessment）（Heritage & Raymond 2005）、交际行为（social action）（Du Bois，2007）、立场（positioning）（Jaffe 2009）等。这些不同学科背景的研究者们从不同的视角和侧重点出发，对立场概念展开了研究，相关领域涉及话语功能语言学（Berman 2005；Du Bois 2007）、系统功能语言学（Halliday 1985/1994；Martin 2000）、语料库语言学（Conrad & Biber 2000）、会话分析（Goodwin 1986；Heritage & Raymond 2005）、人类语言学（Ochs & Schieffelin 1989）、社会语言学（Jaffe 2009）、互动语言学（Englebretson 2007）等（参见 Jaffe 2009；方梅，乐耀 2017：11-13）。如此众多的研究领域共同关注同一个现象，这从一个侧面反映出立场研究的重要性。

在上述立场相关术语中较为重要的几个概念：

①Chafe 的言据性。

Chafe（1986）的言据性泛指"对待知识的态度"，包含四大要素：知识可靠性的程度；知识的来源，如证据，他人的话语和假设；获知的方式，包括个人信念、归纳或从证据中推论、听到的或从他人获知的传闻、由假设所做的演绎；根据语言表达和知识实际状况之间的匹配度以及和读者/听话人之间的匹配度，判断标识言据性意义的动词资源的恰当性（Chafe 1986：264-272）。

②Ochs 等的情感。

情感指与人和/或情境有关的感觉、情绪、性情和态度（Ochs & Schieffelin 1989：7）。Ochs 和 Schieffelin 概括了两类情感标记：表明话语强度和指定特定态度或情感如悲伤、吃惊、愤怒等的标记语。不同于言据性，情感标记表达个人感情、情绪和态度而非对知识的评价（Gray & Biber 2012：16-17）。

③Biber 等的立场框架。

Biber 和 Finegan（1988，1989）注意到英语中存在一组语法手段可用于实现言据性和情感功能，因此他们将这两个概念合二为一，用"立场"（stance）这一更宽泛的概念来概括个人态度和情感以及对知识现状的评估。Biber 和 Finegan（1988，1989）基于口语和笔语语料库对立场特征的细致调查揭示，立场在不同语言的语体（register）变化中起着重要的作用。基于调查结果，他们从情感和言据性角度对立场予以了归类（Gray & Biber 2012：17）。在《朗曼口笔语语法》（Biber *et al.* 1999/2000）中，Biber 和其同事进一步扩展了其立场框架。他们在保持情感和言据性划分的基础上，又增加了第三个范畴"说话方式"（style of speaking）。不过，在 Biber 等（1999/2000）的立场框架中，他们用态度立场（attitudinal stance）和认识立场（epistemic stance）替代了情感和言据性这两个术语。其态度立场包括态度、评估和个人感觉或情感；认识立场包括确定性、不确定性、现实性（actuality）、准确性或局限性以及知识来源标记（如 according to，X claimed that）；"说话风格"立场用于表示说话人/作者对交际的评价（comment）（如 honestly，in truth）（Gray & Biber 2012：17）。

④Hyland 的框架。

Hyland 在立场领域所做的大量研究与 Biber 等的早期研究非常相似。Hyland（1996a，1996b，1998a，1998b，1999，2004）主要关注于学术写作中的模糊限制语和增强语（boosting）。前者用于限制对命题的投入度（commitment）（如 possible，might），后者表示对命题的高度确定性（如 certainly，obviously）。基于其早期关于模糊限制语和增强语的研究，Hyland（2005a：178）提出了一个与学术写作相关的立场范式。该范式关注的焦点是交际中的作者导向性特征（writer-oriented features），内容涉及学者们在文本中对观点的准确性或可靠性的评价，即他们在多大程度上愿意为其观点负责，或者他们意欲传达给某实体（entity）、命题或读者的态度。因此，Hyland 的立场框架包含了言据性、情感或态度以及在场（presence）（即作者将自己投射于文本中的程度，如通过使用第一人称代词和所有格限定词等）（Gray & Biber 2012：17-18）。

⑤Martin 等的评价理论。

Martin（2000，2003）和 Martin 和 White（2005）等的评价（appraisal）理论根植于系统功能语言学，是基于传统的情感和认识情态发展起来的一种立场研究方法（Gray & Biber 2012：18-19），包含态度、介入（engagement）和级差（graduation）三个子系统。其中态度系统与情感意义协同，介入系统与知识性立场意义协同，故 Martin 等的介入与 Biber 等的认识立场大致对应（Hyland & Zou 2021：3），而级差系统则在评价的聚焦和语势上表现出程度与等级特征(徐昉 2015b：2)。

⑥Hunston 等的评估。

评估(evaluation)是一个广义的覆盖术语(cover term)，用于表达说话人或作者对其所谈论的实体或命题的态度或立场，观点或感受(Hunston 1994；Hunston & Sinclair 2000；Hunston & Thompson 2000：5)，因此该术语通常被用于解释立场标记的含义(Gray & Biber 2012：18)。也就是说，评估可以表明一个人相对于其他人的立场，立场本身至少部分地由一定程度的评估来定义，故评估和采取立场(stance-taking)被认为是高度相关的概念(Biber & Finegan 1989；Biber *et al.* 1999/2000；Du Bois 2007；Englebretson 2007；Hunston 2011；Marti *et al.* 2019：99)。

尽管上述六种研究框架对立场范围的理解略有不同，每种框架的分类体系亦不相同，但是这些对立场的不同概念化之间仍存在足够的相似性(Wharton 2012：262)。这一相似性体现在贯穿于不同立场研究框架的两条主线上：言据性(Chafe 1986；Chafe & Nichols 1986)和情感(Ochs & Schieffelin 1989；Besnier 1990)。在这两条主线的导引下，立场相关术语虽较为繁杂，研究方法亦各不相同，但是它们皆与以下两种意义有关：对实体或命题的认识状态的评价；表示说话人/作者的个人态度、情感和评价(Gray & Biber 2012：19)。这两种意义对立场概念的形成具有奠基性的作用，揭示了不同术语之间的共同学术旨趣。不同立场定义不过是在这两种意义的基础上所做的进一步扩展，如 Biber、Hyland 和 Martin 等的相关定义就是分别在认识论领域、态度领域的基础上增添了说话方式(如 Biber 的研究)、作者/读者关系(指作者通过话语建构出的他们与读者的关系，以及作者选择传达的亲密或疏远程度，如 Hyland 的研究)(Zou & Hyland 2022：272)、对话空间(即作者承认不同立场存在可能性的程度，如 Martin 的研究)(Wharton 2012：262)。

5.1.2 学术话语立场相关研究

5.1.2.1 综述文献选取及处理方法

为客观反映立场研究现状，本研究采用文献计量分析与文本分析相结合的方法对立场相关研究予以综述。综述文献的选取方法如下：以"学术语篇/话语/论文/文章/写作"+"立场（表达）"为并列主题，以 CNKI 中国学术期刊网络出版总库中核心期刊和 CSSCI 期刊、Web of Science 中的社会科学引文索引库（SSCI）期刊论文为检索对象，共检索到英文文献 131 篇，中文文献 69 篇。人工复验去掉了其中的书评、会议综述等非研究类体裁或者主题与本研究不符的文献后，英文文献有 103 篇（其摘要总字数为 20066），中文文献 47 篇（其摘要总字数为 12381）。英文和中文文献的出版时间范围分别是 2005—2022 和 2001—2022，其中中文文献主要发表在 2010 年后，2010 年前仅有 1 篇（发表于 2001 年）。为客观地揭示相关研究主题，本研究利用 PHP 简易中文分词（SCWS）第 4 版（UTF8）将中文摘要予以了分词处理①，然后，利用 Antconc 的 n-gram 功能分别提取了中英文文献摘要中的 2～5 词词块。再经过人工复验排除掉无实际语义的词块（如"in the"或"的使用"）以及与检索主题相关的词块如"academic writing""research articles""立场（表达）""学术写作"后，提取出中英文文献相关研究主题词（参见表 5-1）。

表 5-1　中英文文献主题词

序号	分布值	频数	名词词块	分布值	频数	名词词块
1	38	53	research article(s)	24	25	对比　研究/分析
2	34	39	a corpus	12	14	使用　频率
3	15	23	applied linguistics	10	17	学术　英语
4	13	26	authorial stance	8	21	立场　表达
5	13	19	academic discourse	8	17	作者　立场
6	12	12	hylands	8	9	学术　英语　写作
7	11	17	stance and engagement	7	35	立场　标记　语
8	11	11	pedagogical implications	7	9	期刊　论文
9	10	18	stance markers	6	7	英语　学术论文

---

① PHP 简易中文分词（SCWS）第 4 版（UTF8）的网址为 http://www.xunsearch.com/scws/demo/v48.php

序号	分布值	频数	名词词块	分布值	频数	名词词块
10	10	15	stance taking	6	7	基于　语料库
11	9	14	academic writers	6	6	使用　特征
12	8	12	academic stance	6	6	写作　教学
13	8	11	stance features	5	13	英语　学习者
14	8	8	different disciplines	5	9	国际　期刊
15	7	10	student writers	5	6	增强　语
16	7	8	social sciences	4	15	英文　摘要
17	6	18	self mention	4	10	介入　资源
18	6	14	epistemic stance	4	8	作者　立场　标记
19	6	12	student writing	4	7	中国　英语
20	6	10	interactional metadiscourse	4	6	学术论文　写作

需要说明的是，在通过统计数据揭示研究主题时，本研究未如其他类似研究（如姜峰 2022）那样，以名词词块在文献中的出现频数作为确定焦点主题的标准。本研究认为此方法的一个弊端是名词词块的出现频数（包括其标准化频数）很容易受到个别文献对个别词块的过度使用的影响。在这种情况下，该名词词块的高频数仅仅是由于个别文献对该名词词块的过度使用的结果，并不能说明该主题是较多人关注的焦点。为避免此问题，本研究采用名词词块在不同文献中的分布（range）情况来揭示研究主题。所谓分布是指观察对象在语料库文本中的分布广度，如 range＝3，则意味着该观察对象在 3 篇文本中出现，故 range 越大，则观察对象在语料库中不同文本中的分布就越广。在不同文本中分布越广的名词词块，就是得到更多学者关注的主题词块，这样的词块自然是该领域的焦点主题。另一点需要说明的是，由于本研究是通过分布值的排序高低来揭示中英文文献的焦点主题的，不需要对中英文文献名词词块的分布值予以比较，故没有必要对分布值进行标准化处理。表 5-1 即是按照分布值高低排序的，是分布值前 20 的中英文文献主题词。

5.1.2.2 相关研究现状

基于对分布值排前 20 的研究主题的统计结果,近 20 年来国内外学术话语立场研究持续关注的几个主题是研究论文、作者立场、语料库、教学启示。

所不同的是从研究的理论框架来看,英文文献所涉主要包括 Biber、Hyland 的立场框架以及系统功能语法。而国内研究采用评价理论中的介入系统较多,尽管近 10 年来对 Hyland 框架的使用有所增加。从研究内容来看,英文文献注重对立场表达形式和功能、认识立场以及对学术交流中的立场和介入的研究。而中文文献主要集中在"英语学习者"与"国际期刊"论文作者的"对比研究/分析",即以中介语对比研究/分析为主;对比分析的内容或集中于学术写作中的微观语言特征(如转述动词),或利用介入系统就对话空间展开探讨或在 Hyland 框架下对相关立场标记语予以分析。

进一步的文本分析表明,国内研究始于 21 世纪初对立场相关概念如评价理论的引介,但对立场的广泛讨论主要集中在最近 10 年。相关研究按其分析语料来划分主要有二类:第一类对英文书面学术话语(如期刊论文)的分析。根据分布值排前 20 的主题词块所揭示的研究趋向,这类研究多采用中介语对比分析法,对比英语二语学习者与本族语者的立场表达手段之异同,如徐宏亮(2011),娄宝翠(2013),徐昉(2013,2015b),王晶晶、姜峰(2019)等研究。第二类对英汉学术话语的对比分析。这类研究相对较少,且多是在评价理论(徐珺,夏蓉 2013;徐玉臣等 2020)、言据性(崔林,成晓光 2014)和模糊限制语(蒋跃,陶梅 2007)等框架下开展的。

国外相关研究成果丰硕,主要以书面学术英语立场研究为主。按照研究方法来划分,这些研究可大致分为四类:第一类基于语料库的研究。这类研究聚焦于表达特定立场意义的语法结构中的词项,亦称为立场研究的词汇-语法方法。其特点是利用语料库工具提取出相关立场特征并予以量化分析。本研究所综述的多数文献均采用此方法。第二类基于文本细读的研究。这类研究通过对文本的细读识别出评价语言的实例。评价理论框架下的研究通常采用此方法。第三类与语步分析方法融合的研究,如将语料库方法与 Swales(1990)的语步分析(move analysis)相结合，或者将介入系统与语步分析结合，探讨如何提高英语二语作者的立场表达能力。第四类人种学方法（ethnographic approach）研究。与前三类以文本为中心的研究不同，人种学方法通过聚焦于作者实施评价实践时的背景情况来对作者评价予以分析。

5.1.3　相关研究简评

汉语学术话语立场研究欠缺，尚无成熟的汉语立场框架可资借鉴。现有汉语立场研究多从互动交际视角、以汉语口语会话中某一特定构式为分析对象，探讨其与立场表达相关的问题，如周士宏（2020）对东北方言"嚎"，卢勇军（2020）对附加问句"是不是/是吧"，张金圈、唐雪凝（2013）和徐晶凝（2012）对认识立场标记"要我说"和"我觉得"，Hsieh（2018）对"名词系词小句"构式"问题是"以及方梅、乐耀（2017）对规约化与立场表达，郝玲（2020）从互动视角对现代汉语立场的系统研究。对汉语学术话语立场的研究仅有吴格奇、潘春雷（2010）将 Hyland 框架中的标记语翻译为汉语后所展开的研究。

相比较而言，英语学术话语立场研究成果丰硕，不同立场框架之间存共性。其中 Biber 框架对认识立场的研究卓有建树。文献调研揭示，相较于英语和其他欧洲语言，汉语认识情态/立场研究不充分。研究者们对汉语立场和汉语认识情态的分类尚未达成普遍的共识（Xiao & Wong 2017：82），故在汉语学术话语立场研究中，英语立场框架仍具有重要的参考和借鉴价值。

对认识立场在学术写作中的作用认识不足，相关对比研究欠缺。尽管研究表明，认识立场意义在学术写作中的重要性远甚于态度意义（Gray & Biber 2012：19），二语作者在使用必要的语言资源来表达对命题不同程度的承诺方面存在困难，如存在认识情态习得困难（Hyland & Milton 1997）、过度使用强势语或增强语（Chen 2010；Li & Wharton 2012）、难以在其文本中投射出适当的确定性和权威性（Koutsantoni 2006）等问题，但国内研究对认识立场在学术话语建构中的作用重视不足，相关研究欠缺。

基于语料库的立场研究占主导地位，语料库方法与语步分析相结合的研究不足。语料库方法与语步分析的结合是对学术话语立场研究领域沿用已久的语料库研究方法的一种改进。语料库方法长于揭示学术话语立场表达的总体趋势，但弱点是主要关注句子层面上的词汇-语法模式因而与语境脱节。将语步分析与语料库方法融合则可扬长避短，既能揭示立场在句子/小句层面上的语言实现手段，又可反映在修辞语步层面上立场手段的语义和交际功能。尽管该方法比单纯语料库研究方法更具优势，但是在学术话语立场研究中对此方法的采用不多，国外有Chang（2012），国内有李梦骁、刘永兵（2017a，2017b），但后者是在评价理论下对中外期刊英文论文中一个语步——评论结果语步的词块使用研究，研究内容有限。

对比基础较为宽泛单一，缺乏交际功能层面的对比。既往研究的对比基础较为宽泛单一，通常是全语料库对比或语篇的某一部分对比。宽泛单一的对比基础不利于对立场的深入分析，无法反映在实施具体交际功能时立场表达的异同，削弱了研究的应用价值和指导意义。

综上所述，学术话语立场研究在以下几方面亟待深入与拓展：①以特定体裁的学术话语（如学位论文摘要）为对象，自建英语/汉语、汉语一语/二语学术话语对比语料库；②以认识立场为考察点，建立汉语认识立场功能分类，对比英语/汉语、汉语一语/二语学术话语中认识立场的使用情况；③革新对比研究方法，将体裁分析与语料库研究方法——短语学相结合，揭示英语/汉语、汉语一语/二语学术话语立场表达方式之异同，为汉语二语学术话语语体适切性培养提供参考。

5.2　认识立场与学术语篇

5.2.1　认识立场的界定

前文已述，立场概念是 Biber 和 Finegan（1988，1989）将言据性和情感两概念合二为一而提出的一个更为宽泛的概念。在 Biber 等（1999/2000）中，立场概念被进一步扩展为三个范畴，包括认识立场（epistemic stance）、态度立场

（attitudinal stance）和说话方式（style of speaking）。其中说话方式是新增范畴，认识立场和态度立场对应于言据性和情感概念（Poole *et al.* 2019：2）。

关于认识立场和言据性的关系，学界并无统一的认识。其原因是，对于这两个概念本身即存在不同的理解。如 Chafe（1986：264-272）的言据性泛指任何标识对待知识态度的语言表达，包括知识可靠性的程度；知识的来源，如证据，他人的话语和假设；获知的方式，包括个人信念、归纳或从证据中推论、听到的或从他人获知的传闻、由假设所做的演绎；知识与范畴或预期之间的匹配度。可见，Chafe（1986）的言据性既包含知识的来源，亦包含对知识的评价和态度，但仅部分学者（如 Diewald & Smirnova 2010）持此观点，大部分学者（如 Fetzer 2014）均认为言据性是对信息来源和依据的标记，对信息的评价和态度属于认知情态（参见郭亚东 2022：121-122）。换言之，多数学者认为言据性仅指知识的来源。

与言据性概念相似，学界对认识立场的理解亦存在分歧。尽管有部分学者认为认识立场指说话人对命题内容真实性的承诺（如 Chindamo *et al.* 2012），但另一些学者认为，信息来源或获知信息的方式亦应包括在认识立场概念中（如 Ochs 1996：410；Riccioni *et al.* 2018：71；Zuczkowski *et al.* 2021：12），即认识立场既包括说话人在交际过程中所持有的认识（承诺）态度（position）又包括其言据性（信息来源）态度（position）（Riccioni *et al.* 2018：71；Zuczkowski *et al.* 2021：12）。后一种观点是多数学者的共识，如 Boye（2012）、Uccelli 等（2013）、Marín-Arrese（2015）、Aull 等（2017：30）、Carretero 等（2022：18）等均认为认识立场是包含认识情态和言据性两个次范畴的概念，其中言据性以证据类型或证据来源的形式为在命题中所提出的事实陈述提供"认识理据"（epistemic justification）（Carretero *et al.* 2022：18），其涉及的概念如"信息来源""证据"或"理据"（Boye 2012：2-3）。也就是说，言据性主要包含信息的来源和支撑说话人所做声言的证据（Marín-Arrese 2015：211）。正如 Anderson（1986：274）所述，"言据性表示说话人所作声言的理据，无论该理据来自直接证据或观察、证据加推论、没有明确证据的推论和逻辑预期，抑或无论该证据是视觉的还是听觉的"。而认识情态则根据所传达命题的可能性程度或信念强度对其提供相应的"认识支持"

(epistemic support)（Carretero *et al.* 2022：18），所涉及的概念如"确定程度"和"承诺程度"（Boye 2012：2-3；Marín-Arrese 2015：211）。根据上述论述可见，这些学者均将言据性等同于"信息来源"，其认识立场包含言据性，是言据性的上位概念。我们认为，对于言据性和认识立场的不同认识源于二者具有的双重特征——既可标记信息来源，亦可传达对待知识的态度。对双重特征考察范围的不同导致界定的不同。为避免对言据性的不同界定造成的不同理解，下文的讨论将不采用言据性这一术语，而是直接陈述其对应的相关内容。

在厘清了认识立场和言据性的关系后，我们再回过头来看看 Biber 等（1999/2000）的认识立场。Biber 等（1999/2000）的认识立场概念用于表达说话人对命题信息状态的评价，如说话人对命题信息的确定性（或不确定性）、真实性（actuality）、准确性或局限性的判断；或用于表明知识的来源或提供信息的角度（the perspective from which the information is given）（Biber *et al.* 1999/2000：972）。由此可见，Biber 等（1999/2000）的认识立场包含了上文所述的"认识支持"和"认识理据"两个次范畴：即 Biber 等（1999/2000）的"表达说话人对命题信息状态的评价，用于表示说话人对命题信息的确定性（或不确定性）、真实性（actuality）、准确性或局限性的判断"对应于"认识支持"；其"表明知识的来源或提供信息的角度"对应于"认识理据"。二者是认识立场的两个关键要素。Zuczkowski 等（2021：12）对口、笔语语料的实证研究结果亦支持这一观点。他们认为，认识立场既指说话人对交际信息真实性的承诺，也指说话人的信息来源或说话人接触信息的方式。

但需要指出的是，"认识支持"和"认识理据"这两个次范畴在具体话语中并不是截然分开的，可能融合在一句话中，如 Uba 和 Baynham（2018：219）所举的例句："说话人可能说'它是真实的因为这是我亲眼所见'或说'它是真实的因为这是可靠人士告知我的'"。在这两句话中，前半句表达了说话人对命题信息状态的评价，是在为命题的可能性程度或信念强度提供"认识支持"，而后半句话则是在说明知识/信息的来源，是在为命题中所提出的事实陈述提供"认识理据"。

综上所述，认识立场是 Biber 等（1999/2000）立场概念中的一个重要次类，用于表达说话人对命题信息状态的评价，如说话人对命题信息的确定性（或不确定性）、真实性、准确性或局限性的判断；或者用于表明知识的来源或提供信息的角度（Biber *et al.* 1999/2000：972）。前者对所传达命题的可能性程度或信念强度提供"认识支持"，后者以证据类型或证据来源的形式为在命题中所提出的事实陈述提供"认识理据"（Carretero *et al.* 2022：18）。因此，认识立场是说话人/作者在对信息的认识状态予以评估的基础上对信息所做的识解，是说话人/作者对信息的实际获得（包括内容和方式）和他们如何谈论信息之间的中介（Mushin 2001：58-59）。

5.2.2　认识立场的选用

5.2.2.1　影响认识立场选用的因素

说话人对认识立场的选择受到众多因素的影响，包括说话人的信息来源、其修辞意图、对其话语在交际中如何被理解的期望以及其总体交际目的。这些变量之间的交汇作用决定了说话人对某一特定认识立场的选择以及其相应的语言选择（Mushin 2001：58）。Mushin 将上述因素概括为认识立场选用模式，如图 5-1 所示。

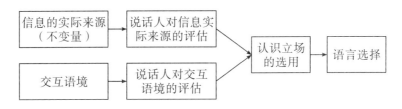

图 5-1　认识立场的选用模式（Mushin 2001：59）

Mushin（2001）的认识立场选用模式强调了说话人的评价和选择在立场表达中的作用。该模式与另一种在口语交际立场研究中得到广泛应用的立场研究模式——Du Bois（2007）的立场三角的主要不同在于：后者更为强调他者——信息接收者在立场表达中的作用。Du Bois(2007：163)指出，"立场是社会角色参照社会文化领域中的凸显维度，在对客体予以评价，同时设置主体(自我和他者)的立场并获得其他主体的认同后，通过显性的交际手段在对话中实施的公开行为"。此定义在 Du Bois 的立场三角中得以形象化地描绘(参见图 5-2)。图中的三个角分别代表了立场表达行为中的三个关键实体：第一主体(subject$_1$)、第二主体(subject$_2$)和共享立场客体(object)。三角形中的三条边表示箭头所指示的行为：评价(evaluates)、设置(positions)和认同(aligns)。三个立场行为之间的关系由图中箭头所示，其中两个主体的评价行为分别指向一个独立的、共享的立场客体，而认同行为的箭头既可源自第一主体，又可源自第二主体，并且相互指向彼此。这些行为共同构建出上述三个实体之间的立场表达关系。

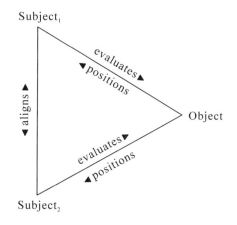

图 5-2　Du Bois 的立场三角(Du Bois 2007：163)①

从图 5-2 我们还可以注意到，设置(positions)行为的箭头方向由客体指向两个主体，这暗示客体对两个主体的评价有设置作用，主体的评价受客体的影响。因此 Du Bois(2007)的立场三角不仅强调两个主体之间的认同行为，而且强调客体在立场表达过程中的设置行为，即评价客体、主体(自我和他者)均参与立场

---

① 　关于 Du Bois 的立场三角此处不予以详述，具体可参见 Du Bois(2007：139–182)。

表达过程，它们之间存在交互主观性（intersubjective）①（参见 Weston 2014：90）。由此可见，对他者和交互性在立场表达过程中的作用的强调是 Du Bois（2007）的立场三角与 Mushin（2001）的认识立场选用模式的主要区别所在。正是因为这一点使得 Du Bois（2007）的立场三角受到口语交际立场表达研究者们的青睐，但是对于书面语研究，尤其是具有"作者导向的交互特征"的学术文本立场研究来说（Hyland 2005a：178）②，尽管两个主体（自我和他者）之间亦有一定程度的交互性，但是这种交互性严格说来是完全由自我实施的一种协同行为，是自我在立场表达中将他者因素考虑在内、与他者的主动协同过程，该过程完全由自我操控，他者在此过程中没有发挥实质的交互、塑造或协同行为。因此，对于书面语立场研究来说，Du Bois（2007）的立场三角并非恰当的选择，相反，Mushin（2001）的认识立场选用模式更贴近，它提出的立场选用相关因素对书面语立场研究有一定的参考价值。

5.2.2.1　认识立场使用恰当性评价

根据上节所述，认识立场的选用是说话人的信息来源、其修辞意图、对其话语在交际中如何被理解的期望以及其总体交际目的等变量之间交互作用的结果。在理想状态下，"认识立场应与认识状态保持一致"，但现实情况是，"认识状态可以通过认识立场予以伪装，以此人为地调节立场使用者对实际情况的了解程度"（Heritage 2012：7）。这种情况是说话人基于其交际需求所做出的主动选择，是互动需求导致说话人所采用的认识立场与其认识状态之间的不一致。如在 Mushin（2001：54）所举例句"Apparently the miners are going out on strike"中，假如该句的说话人是罢工活动的直接参与者，而此句借助 apparently 将说话人对罢工的直接体验表达为传闻，这就造成了实际信息来源和认识立场使用之间的误配（mismatch）。说话人这样做的目的是避免造成因了解太多关于矿工罢工的信息而

---

① intersubjectivity 在外语界译为"主体间性"，而在汉语界译为"交互主观性"。

② Hyland（2005a：178）认为，学术文本中的立场具有作者导向的交互特征，用于表示学者们标注其文本的方式，以对其声言的准确性或可靠性、他们愿意为此做出承诺的程度，或他们拟传达给实体、命题或读者的态度做出的评价。

应承担责任的问题(Mushin 2001：58)。另一种情况是，说话人有关认识立场的知识欠缺所造成的认识立场与认识状态之间的误配，此种情况多发生在 L2 学习者身上。无论何种情况，认识立场和认识状态之间的不一致现象是立场研究领域的一个重要课题。

然而，绝大多数认识立场研究包括上文提及的部分研究如 Biber & Finegan(1988，1989)、Biber 等(1999/2000)、Ochs(1996)等均是对认识立场意义的归纳概括，或者聚焦于其形式/意义之间的关系，如 Field(1997)对事实性构式(factive constructions)的认识立场作用的探讨；Kärkkäinen(2003)在 Thompson 和 Mulac(1991)的研究基础上，对带补语的谓词如 I think 的认识立场功能的分析；Hyland 和 Tse(2005b)研究学术写作中的"评价性 that 构式"(evaluative that constructions)以探讨作者如何使用此类补语从句来表达他们对待所陈述信息的立场。这些研究均聚焦于 Mushin(2001)的认识立场选用模式最右端的语言选择这一块，而对语言选择的匹配度未予以考虑。

根据 Mushin(2001)的认识立场选用模式，认识立场使用的不恰当性可能来自立场选择过程的每一个环节：说话人对信息实际来源的评估、说话人对交互语境(包括语篇交际功能、学术语篇社团的普遍认知等)的评估，以及基于上述评估对认识立场类型的选择、立场标记语(即语言形式)与认识立场意义的匹配度。

5.2.3　认识立场与学术语篇建构

学术话语因其主要关注于事实性信息而被认为具有客观性特征。然而，越来越多的研究表明，学术话语绝非客观的、无个性的，而是作者参与其中，通过逻辑论证，劝说读者接受其观点或研究发现(Gray & Biber 2012)，劝诱学术共同体调整原有知识网络以容纳其新知的过程(Hunston 1994)。学术话语既基于社会又是社会建构的(Bazerman 1988；Hyland 1996a，1996b)，故 Halliday 和 Martin(1993：8)呼吁应采取社会建构主义方法来研究学术语言。正如 Hyland(2005b：141)所述："学术写作并非单纯地报道有关自然或人类世界的研究，而是帮助建立有关这些世界的认识。换句话说，不能将文本视为对世界的准确表征，因为该表征受到了选择行为、前景化和象征化的过滤,即现实是建构的。"

对修辞研究的历时调查也证实了学术写作的社会特征,揭示了这些社会特征是如何帮助作者在呈现研究发现、寻求共识的过程中,与传统和社团规范达成结盟的。如 Bazerman(1988)的研究分析了 1893-1980 年间光谱学同行互评期刊论文,指出科学文本中的知识陈述是高度情景化的语言产品(Bazerman 1988:153),作者通过对语言和论文呈现方式的控制以便采取最有利的方式呈现其工作,提升其作品的接受度(Bazerman 1988:156)。因此科学是通过语言、修辞和社会选择实现的,是认识论(epistemology)作用下的结果(Bazerman 1988:183;Poole *et al.* 2019:1-2),与认识论之间存在不可分割的关系。如语言必须与听众的认识论承诺(epistemological commitments)和谐一致;只有与所在社团的认识论和目标协同一致,修辞才能恰当和有效。但因为认识信念(epistemic belief)是变化的,语言使用也应是变化的,故若想要让你的声言(claim)易懂且具说服力,就必须以与特定话语社团的认识论相匹配的方式来表达声言(Bazerman 1988:323-324;Weston 2014:22),即通过语言重塑声言,以激发不同的认识信念(Uba & Baynham 2018:218)。

而认识立场标记就是说话人/作者传递或构拟认识信念,以实施"认识控制"和达成主体间联盟的基本手段(Langacker 2013;Marín-Arrese 2021:137),是说话人在对信息的认识状态予以评估的基础上对信息所做的识解,是说话人对信息的实际获得(包括内容和方式)和他们如何谈论信息之间的中介(Mushin 2001:58-59)。Sperber 等(2010:359)曾指出,人类具有一套认知警觉(epistemic vigilance)机制以避免被他人误导。在某些语篇中,如媒体和政治语篇,说话人和劝说者关注的是如何克服听众的提防机制以获取听话人/读者的认识信任。为了达到此目的,说话人/作者需要采取认识合法化策略,通过使用恰当的认识立场资源,劝说听话人/读者接受说话人/作者声言的真实性、其信息的有效性(Marín-Arrese 2021:137),以实现使其断言合法化的目的(Marín-Arrese 2015:211)。对于以传播新知、"推销"学术新成果为目的的学术写作来说同样如此。在学术写作中,作者可通过恰当地使用认识立场标记来调节他们对所表达

观点的自信度、愿意承担的责任度以及他们对待这些观点的态度(Moreno &
Suárez 2008：752)，故对认识立场的研究具有重要意义。

5.3　认识立场分析框架

5.3.1　英语认识立场分析框架

在认识立场相关研究中，以 Biber 等(1999/2000)的认识立场分类框架最为
全面、应用最广，故本研究拟借用 Biber 等(1999/2000)的认识立场框架作为英
语认识立场的操作化定义。Biber 等(1999/2000：972)的认识立场概念包括以下
六大类(Biber *et al.* 1999/2000：557-558，854-856，972-973)。

(1)命题的确定性或不确定性(certainty and doubt)。

①命题的确定性：如 definitely，no doubt，certainly，undoubtedly，decidedly，
incontestably，incontrovertibly，of course，without doubt；动词+补语从句，如 I
know I can get off the *bus*；形容词+补语从句，如 In fact I'm not sure that they did
very much at all. /We can be certain that the differentiation of the division of labour
inevitably produces a decline；I think+补语从句[1]；名词+补语从句，如 There was
also a suggestion that the bidder may be a financial buyer；情态动词，如 He must
have been really frightened when he died。

②命题的不确定性：如 probably，perhaps，maybe(Maybe it is true，maybe it
isn't)，arguably，most likely，very likely，quite likely，I guess；动词+补语从句，
如 I doubt whether we would have played in the cold and soaking conditions we had here

---

① 动词 think(……认为/想)既可标示"确定性"(其确定性程度比 know 低但比怀疑高)，又
可表示"知识的来源"，还可以表达"观点或视角"，需要结合具体语境予以判断，如 I
think 在句中做插入语时往往表达确定，如"Since last year I think they have improved(Biber
et al. 1999/2000：972)"；在"已有研究认为羌语属于活力降低、已经显露濒危特征的语
言"句中，"认为"是引用他人观点，故此句中的"认为"的功能是标示知识的来源，而
"我们认为前人的研究已经取得了很多、很好的成果，但是仍有加以补充的空间"传达的
是作者的观点。

today. /The great moment seems to be slipping away. /Sheaths at the base tend to exceed the length of the internodes；动词/形容词+外置补语从句，如 So it was possible that he had taken the letter home. /Indeed it seems that girls very quickly replaced boys at this task；立场名词+介词短语，如 but there is a real possibility of a split within the Lithuanian party；情态动词，如 I think you might be wrong. /Without international collaboration there could be interference and general chaos. /Legumes may have smaller conversion efficiencies than cereals。

（2）命题的真实性和现实性（actuality and reality）。

如 actually，really，in fact，in actual fact，for a fact，truly；名词+补语从句，如 This result from the fact that it is so difficult to distinguish deterministic chaos from highly random behavior。

（3）命题的局限性（limitations of the proposition）。

如 mainly，typically，in most cases，generally，largely，in general。

（4）命题信息的不准确性（imprecision），亦被称为模糊限制语（hedges）。

如 kind of，sort of，roughly，approximately，about，nearly，maybe（See it's come to me maybe——eleven o'clock in the morning，与不确定性有交叉），like（Men were like literally throwing themselves at me.），if you can call it that，so to speak。

（5）知识的来源（source of knowledge）。

如 apparently，reportedly，evidently，reputedly（不指明具体来源但是命题是基于证据的），according to，as…notes；I think+补语从句；动词+补语从句，如 Up to 400 Cuban military advisors are reported to be at fortified bases in northern Panama. /Mitscherlich claimed to show that the proportionality factor，C，was a constant for each fertilizer；名词+介词短语，如 He found himself menaced by the rumor of another mission to Bologna。

（6）观点或视角（viewpoint or perspective），表明从何角度或观点来看命题为真。

如 in our view，from our perspective，in my opinion。

5.3.2　汉语认识立场分析框架的构建

对汉语认识立场的研究散见于不同文献，但尚未形成普遍接受的认识立场框架，且这些研究多是从词类出发来讨论认识立场的，未对认识立场的功能予以细分和讨论。客观地说，尽管 Biber 等（1999/2000）的认识立场框架是基于英语语料而来，但是对于汉语认识立场框架的建立仍有借鉴意义。故本研究拟以 Biber 等（1999/2000）对认识立场的描述为辅助，确立汉语认识立场的功能分类。具体构建方法在本书 3.1.2"分析框架的对等"中已有简述，本节针对认识立场再重述如下：

（1）收集整理散见于不同文献（Hu & Gao 2011；Xiao & Wong 2017；鲁晓琨 2004；张谊生 2014；方梅，乐耀 2017；郝玲 2020）中的汉语认识立场；

（2）以 Biber 等（1999/2000）认识立场框架为出发点，首先在英语语料库中检索 Biber 等（1999/2000）框架中的各认识立场标记语；其次，在对应的汉语平行语料库中查询英文标记语对应的中文表达并加以记录。

（3）综合（1）和（2）的结果，得到初步的汉语认识立场框架。但与其他直接借鉴英文立场框架的研究（如吴格奇，潘春雷 2010）不同，本研究在此基础上又做了以下几步核验。

（4）在"国家语委现代汉语平衡语料库"① 中对（1）和（2）步骤中所有的表达予以逐一检索，并结合语境核查其是否属于认识立场；确认的原则是：只要在"国家语委现代汉语平衡语料库"中检索到有一例属于认识立场即认为该表达属于认识立场标记语；凡在该语料库中没有检索到一例属于认识立场的表达即剔除；在核查的同时对确认的认识立场予以初步的功能归类。

（5）在抽样文本中逐一检索，结合语境对各立场表达的功能予以进一步核验、归类和命名，拟按以下两种情况分别予以处理：①若该汉语认识立场表达手段在话语中的语用功能与 Biber 等（1999/2000）所归纳的英语认识立场表达模式中的任一类/种相同，则直接借用其命名；②若不同，则根据其在话语中的交际

---

① 详见国家语委现代汉语平衡语料库网站：http://corpus.zhonghuayuwen.org/index.aspx。

功能予以重新命名。新命名的立场范畴将进入汉语认识立场框架集合，作为对其他语篇进行分析时的参照。重复①和②，直到完成全部抽样文本的分析。最后，根据各新命名的立场范畴的交际功能，对其进行归纳概括，提炼出汉语认识立场表达模式。

（6）对于认识立场的词块长度问题，采用"取短弃长"的策略，如"在很大程度上"和"很大程度上"、"绝大部分"和"大部分"、"倾向于"和"倾向"中，将前者归类到后者中一并统计，不分开统计。

最后得到如下汉语认识立场分类框架：

（1）命题的确定性或不确定性（certainty and doubt）。

①确定性，包括：必须、并不/没、不可否认、不可能、诚然、当然、当作、的确、根本、毫无疑问、肯定、简直（表达"……实是这样"）、建议+补语从句、绝对、看作、考虑+补语从句、确定（副词）、确认、确实、确信+补语从句、认定、认可、认同、想法+补语从句、无可辩驳、无可置疑、无可争辩、无疑、显然、信念+补语从句、完全、一定会、应、应当、应该（表示理所当然）、真正、（我）+认知动词［如觉得、想、以为、认为、（不）知道、（不）相信］+补语从句。

②不确定性，包括：不一定、到底、或许、可能、可能是、可以（表"可能"义）、可争议地、好像、看起来、倾向（于）、……可能的、似乎、说不定、推测、（我）猜（测）/（我）估计/（我）怀疑+补语从句、未必、无把握地、应该（表达言者的推断，如：明天应该暖和一些）、应该是（表达言者的不确信）、也许、一定（如一定程度、一定的……）、有……可能性。

（2）命题的真实性和现实性（actuality and reality），包括：毕竟、发现、看到、其实、实际上、实在、趋势、事实、现实、委实、需要、真实地、证据、真相、真理、事实上、重要的是、作为。

（3）命题的局限性（limitations of the proposition），包括：大部分、大多、大多数、大体、多半、八成、通常、一般、主要地、在多数情况下、很大程度上。

（4）命题信息的不准确性（imprecision），亦被称之为模糊限制语（hedges），包括：差不多、大概、大约、大致、几乎、简直（差不多是这样）、将近、可以说、可以这么说、稍微、有（一）点、有几分、有那么一点、像……一样、也许①、约莫、左右。

（5）知识的来源（source of knowledge），包括：据报道、据传闻、据……所知、据说、看来、看样子、明显地、……称、显然（地）、谣传说、认为、注意到。

（6）观点或视角（viewpoint or perspective），标明从何角度或观点来看命题为真，包括：从我们的角度来说/看、据我所见、我个人觉得、我认为、我们的观点是、我们认为、以我之见、依我看、在我看来、在我们看来、在笔者看来、在我眼里。

---

① 与不确定性有重复，需结合语境判断。

第6章 英汉学位论文摘要认识立场表达对比分析(CA)

6.1 引言

立场是作者对信息命题内容的态度、情感、价值判断或评估(Biber & Finegan 1989;Biber *et al.* 1999/2000),是人类交流的基本属性之一(Jaffe 2009)。立场的意义可以通过多种语法手段来表达(Biber *et al.* 1999/2000),其中认识立场的应用较为广泛。认识立场主要关注信念、知识和证据在表达陈述或主张时的认知支持或在证据辩护中的作用(Boye 2012)。从人际关系表征角度来看,认识立场表达的使用反映了作者对其断言或命题的有效性的承诺(Biber *et al.* 1999/2000;Marín-Arrese 2011)。因此,有效表达认识立场是学术写作的重要特征,作者可以通过使用确定性手段来断言某一命题的真实性,或通过可能性立场来表示对命题的限制性或怀疑性(Hyland 1994;Biber 2006b)。

摘要是学术语篇的一个特殊组成部分(Hyland 2004b),是全文学术思想的精炼,具有独立的话语结构和体裁特征(Biber 2006a;胡新 2015;胡新,黄燕 2021)。然而,目前从体裁短语学角度对学术论文摘要立场表达的研究较少,从跨语言角度对认识立场表达的研究则更少。相关研究主要有肖忠华、曹雁(2014)和王瑞杰、刘建喜(2018)等。前者是同一语言、不同作者的学术语篇对比。该研究以英文摘要多维度分析模型为基础,运用语步分析对中国学者和本族语学者英文摘要的总体语步和语步层面的交际功能予以对比分析。后者是一项跨语言的对比分析。该研究对比分析了《纽约时报》和《人民日报》新闻体裁中认识立场策略的使用情况，以理解跨语言和跨文化差异所导致的认知立场表达偏好。前者聚焦中外学者的英语学术语篇对比，未能深入探讨国内外学者英汉学术语篇中立场表达跨语言间的特征；后者关注新闻话语中的立场表达，忽视了语步与立场之间的潜在联系。

本研究基于体裁分析理论，借鉴 Biber 等(1999/2000：557-558，854-856，972-973)认识立场的功能分类框架，通过自建英语母语者(后文简称 L1 英语)博士学位论文摘要和汉语母语者(后文简称 L1 汉语)博士学位论文摘要语料库，对比分析英汉博士学位论文摘要各语步中认识立场表达的整体使用情况及特点。本研究旨在回答以下问题：

(1)英汉博士学位论文摘要对认识立场的使用是否存在显著性差异？

(2)英汉博士学位论文摘要各语步中认识立场表达分布特征如何？

(3)认识立场在英汉博士学位论文摘要的特定语步中所发挥的语篇人际功能有何不同？

6.2　分析框架

6.2.1　英汉认识立场及其分类

在英语认识立场研究中，以 Biber 等(1999/2000)的分析框架最为系统，且应用最广。目前，国内外已有大量研究采用此框架(Baumgarten & House 2010；Endo 2013；Poole *et al*. 2019；徐宏亮 2012)。按照立场标记语所承担的具体功能，Biber 等(1999/2000)的认识立场分为六大类：①表现命题的确定性或不确定性(certainty and doubt)；②表现命题的真实性和现实性(actuality and reality)；③表现命题的局限性(limitations of the proposition)；④命题信息的不准确性(imprecision)，亦被称之为模糊限制语(hedges)；⑤表示知识的来源(source of knowledge)；⑥观点或视角(viewpoint or perspective)(具体标记语详见本书 5.3.1)。本研究亦采用该框架为英语认识立场的分析框架。

由于尚未有对汉语认识立场的系统研究，仅有相关论述散见于方梅、乐耀

（2017）、郝玲（2020）等文献中，但是这些研究是以词类出发来讨论认识立场的，未对认识立场的功能予以细分和讨论，故本研究参照本书3.3.1及5.3.2所述研究方法，以Biber等（1999/2000）认识立场研究为基础，结合散见于不同文献中的汉语认识立场标记语，得到如表6-1所示的英汉认识立场表达框架及其示例（详见本书5.3.2）。

表6-1　英汉认识立场表达框架及示例

功能	英文例子	中文例子
命题的确定性或不确定性	indeed, undoubtedly, no doubt, absolute, sure	必须、必、应该、毫无疑问、的确、当然
	may, might, maybe, possible, likely, potentially	可能、可以（表"可能"义）、可能是、也许
命题的真实性和现实性	actually, in fact, really, truly, for a fact	毕竟、发现、看到、其实、事实上、作为
命题的局限性	in most cases, in general, mainly, typically	（绝）大多数、主要、大部分、通常
命题信息的不准确性/模糊限制语	nearly, approximately, roughly, kind of	大概、可以说、差不多、大约、稍微
知识的来源	according to, based on, apparently, reportedly	根据、据报道、据传闻、据……所知、据说
观点或视角	in my opinion, in our view, from our perspective	我们认为、据我所见、依我看

如本书5.3.2节所述，在表6-1中，个别立场标记语如动词think（……认为/想）既可表示"确定性"（其确定性程度比know低但比怀疑高），又可表示"知识的来源"，还可以表达"观点或视角"，需要结合具体语境予以判断。对于认识立场的词块长度问题，我们采用"取短弃长"的策略，将长词块归类到短词块中一并统计，不分开统计（详见本书5.3.2）。

6.2.2　学位论文摘要的语步结构

语步是由Swales（1981/2011）提出的一种语篇功能单位（Cortes 2013），在语篇中实现特定的交际目的（Nwogu 1997）。作为体裁分析的一部分，语步分析的目的是识别与阐释特定语篇的修辞结构和交际目的（Biber *et al.* 2007a），如 Swales（1990，2004）提出的 IMRD 结构模型，用于指导学术论文的编写，并得到了广泛的应用。不过目前学术界对学术语篇的语步构成尚未达成共识，尽管如此，对于摘要的语步结构已有较为统一的认识，如 Santos（1996）基于对 94 篇应用语言学论文摘要组织形式的研究提出的五语步结构，具体包括：背景、目的、方法、结果、结论。五语步结构得到了多数学者的认可（Santos 1996；Hyland 2000；Swales & Feak 2009；Tankó 2017；康勤，孙萍 2012；肖忠华，曹雁 2014；胡新2015）。

然而，上述五语步结构是对期刊论文摘要语步模式的概括，不适用于学位论文摘要，故本研究参考 Biber 等（2007a：34）和 Cotos 等（2015：54）的语步识别和语步分析方法对汉语学位论文摘要的语步结构予以了分析，并归纳出"六语步模型"：研究背景（M1），研究课题（M2），研究方法（M3），研究结果（M4），研究结论（M5），论文结构（M6），其中"论文结构"是学位论文摘要特有的一个语步（如表 6-2 所示，详见本书第 4 章）。

但由于表 6-2 的语步结构是基于汉语学位论文摘要而得出的，故本研究在自建英语学位论文语料库中对其予以了核验，在英语语料库中并未发现与表 6-2 不同的语步类型。这说明上述"六语步模型"亦适用于英语学位论文摘要，故拟将其作为本研究语步结构分析模式。

表 6-2　学位论文摘要六语步分析模式

语步	功能
语步 1（M1）:研究背景	描述研究选题的背景信息、存在的问题,或指出该研究的必要性
语步 2（M2）:研究课题	阐述研究对象、目的或研究内容
语步 3（M3）:研究方法	描述研究所依据的理论框架,或受试对象、工具、步骤或研究手段
语步 4（M4）:研究结果	描述研究结果或发现
语步 5（M5）:研究结论	对研究结果的评价(如意义、价值、创新点)、推断、引申或解释
语步 6（M6）:论文结构	描述论文结构

6.3 研究方法

本研究采用定量与定性相结合的方法，对英汉博士学位论文摘要特定语步中认识立场的表达特征进行调查分析。定量分析旨在揭示认识立场在各语步中的总体分布趋势，而定性分析主要用于确定认识立场对语篇构建的作用及其所传递的人际功能特征。

6.3.1 语料收集

根据 3.2.2 节所述语料收集方法，在 PQDT 博硕论文全文数据库和 CNKI 中国博士论文全文数据库中，从 2007—2021 年间各随机选取了 50 篇英语本族语作者和 50 篇汉语母语作者撰写的应用语言学博士学位论文，建立了两个纯文本目标语料库（见表 6-3），即英语博士学位论文摘要语料库（English Academic Abstract Corpus，EAAC），总形符数 20566；汉语博士学位论文摘要语料库（Chinese Academic Abastract Corpus，CAAC），总形符数 55768。由于对比语料的文本长度不同，为使观测频率具有可比性（吕长竑、周军 2013），我们将其按词次/每10000 予以了标准化处理。此外，为了确保本研究对比语料的可比性，我们对抽样文本作者是否属于英语本族语者予以了核验，具体方法如下：利用网站 https://www.surnamedb.com/Surname 依次检索从 PQDT 博硕论文全文数据库中检索出来的论文作者是否属于英语本族语者，若不属于则予以剔除；而对于 CNKI 中国博士论文全文数据库中检索出来的论文，则由研究团队人工剔除非汉语母语者的学位论文。

表 6-3　语料库基本信息

语料库类别	语篇数量	总形符数	平均长度	标准化后平均长度（词次/每10000）
EAAC	50	20566	411	200
CAAC	50	55768	1115	200

6.3.2　语步识别与标注

参照本书 6.2.2 所述学位论文摘要的语步结构，本研究通过对英汉自建语料库进行文本细读以识别其语步构成并对其予以了语步标注。虽然有明确的、高度概括化的语步构成框架做指导，但在实际操作中，由于摘要体裁的特殊性（Hyland 2004b），作者常常将两个甚至多个语步归并到一句话中。因此，为了保证语步/语阶的识别信度，两位研究者分别对中英文抽样文本进行了语步/语阶的切分，并通过一致性检验来确保识别的可靠性。对英语语料库的语步识别结果的一致性检验显示，$p<0.01$，Kappa = 0.879（见表 6-4），对汉语语料库的语步识别结果一致性检验表明，$p<0.01$，Kappa = 0.940（见表 6-5），说明研究者的识别信度良好。对研究者间存在分歧的内容，则会请第三方如该领域的专家予以评判，以达到准确的识别效果。

在语步识别过程中，我们发现英汉博士学位论文摘要在语步顺序方面差异较大。L1英语作者的摘要较多出现研究背景（M1）紧跟在研究课题（M2）和研究方法（M3）之后或直接缺失研究背景（M1）的现象，而 L1汉语作者的摘要则较多出现语步镶嵌的现象，具体指研究课题（M2）与研究方法（M3）或研究结果（M4）合并的情况。此外，英汉博士学位论文摘要在论文结构语步（M6）方面也有差异：L1英语作者的摘要中出现论文结构语步的频率极低，而 L1汉语作者的摘要多数均是按章节组织的，因此每一章中分述各章的研究对象、方法、结果的情况极为常见，这便致使了汉语摘要中论文结构语步（M6）的普遍性。

表 6-4　EAAC 语步标记一致性检验结果

	值	渐进标准误差 a	近似 T b	渐进显著性
协议测量 Kappa	.879	.024	27.175	.000
有效个案数	227			

a. 未假定原假设

b. 在假定原假设的情况下使用渐进标准误差

表 6-5　CAAC 语步标记一致性检验结果

	值	渐进标准误差 a	近似 T b	渐进显著性
协议测量 Kappa	.940	.014	39.610	.000
有效个案数	386			

a. 未假定原假设

b. 在假定原假设的情况下使用渐进标准误差

在语步识别和标注的基础上，我们利用语料库检索工具 AntConc3.5.9，详细统计了认识立场标记语框架中所列各类认识立场的整体使用情况、各子类使用情况以及各语步对认识立场的使用情况（详见本书 6.4 的分析）。

6.4　研究结果与讨论

6.4.1　认识立场表达的总体使用情况

统计结果显示，从数量上看，在 EAAC 中认识立场标记语出现的总频次为 192，标准化（每 10 万）频次为 934；在 CAAC 中出现的总频次为 303，标准化（每 10 万）频次为 543。根据标准化频数可见，L1$_{汉语}$作者认识立场标记语的总体使用情况明显少于 L1$_{英语}$作者。总体而言，两者间呈显著性差异（log-likelihood = 32.73，$p = 0.000 < 0.01$）。

表 6-6　立场表达总体分布情况①

	EAAC		CAAC	
命题的确定性/不确定性	12	6.3%	74	24.4%
	61	31.8%	97	32.0%
命题的真实性和现实性	52	27.1%	32	10.6%
命题的局限性	29	15.1%	24	7.9%

① 在本章各表格中，与 EAAC 和 CAAC 对应的数值均为频数。

续表

	EAAC		CAAC	
命题信息的不准确性	2	1.0%	20	6.6%
知识的来源	33	17.7%	37	12.2%
观点/视角	2	1.0%	19	6.3%

表 6-7　标准化频数(每 10 万词)后分布特征比较

	EAAC	CAAC	log-likelihood 值	p 值
命题的确定性/不确定性	58	133	8.43	0.004
	297	174	10.14	0.001
命题的真实性和现实性	253	57	44.84	0.000
命题的局限性	141	43	18.13	0.000
命题信息的不准确性	10	36	4.40	0.046
知识的来源	160	66	12.98	0.000
观点/视角	10	34	3.97	0.046

对英汉两语料库的对比分析揭示,英汉博士学位论文所使用的立场表达形式多样,使用频率最高的认识立场均为表达命题不确定性(doubt)的立场手段,以使作者的表达更加委婉。而观点或视角和命题信息的不准确性出现的频率都相对较低。例如:

(1)Overall, results suggest that PWS *may* have errors in their speech plan that originate prearticulatoraily, potentially at the lexical-semantic level, and are passed down to the phonological encoding level.①

(2)……语调问句可能是殷商西周时期是非问句的主要类型,是否存在形态化的疑问手段还有待进一步研究。

例(1)中使用的助动词 may 表可能,暗示作者对于研究结果的不确定性。这体现了作者对读者的尊重,使读者有更大的空间来判断作者观点,进而弱化作者

---

① 本书所有例句均选自自建语料库,下同。

所需承担的责任。例（2）中的"可能"表明作者对论断没有十足的把握，为与读者的对话留下了余地。

命题的确定性（certainty）体现作者对命题的肯定。在 CAAC 语料中，表达命题确定性的认识立场手段显著多于 EAAC 语料（$p = 0.004 < 0.01$），即 L1$_{汉语}$作者更倾向于直接明了的表达针对信念和知识等的立场。这与龙满英和许家金（2010）、Chen（2012）的研究结果一致，即中国学者学术写作呈现较多的断言情况。Hu 和 Cao（2011）通过对英汉学术语篇摘要语言特征分析，也指出汉语作者比英语作者更倾向使用确定表达语表达对自己观点的自信，但同时也表明其未能把握确定性与不确定性的平衡。进一步统计分析发现，CAAC 语料中认识立场表征方式缺乏多样化，多集中于助动词、副词，其中高频词包括：应、必须、应该（表示理所当然）和确实，这说明 L1$_{汉语}$作者倾向于使用这些认识立场标记语来表明自己的立场站位，增强立场表达的力度。例如：

（3）...and that the intelligibility impact of any particular lexical stress error can *indeed* be predicted for both L1 and L2 English listeners by this study's English Word Stress Error Gravity Hierarchy.

（4）语言关系是有历史层次的，研究少数民族语言与汉语的接触关系<u>必须</u>要有层次的观点。

例（3）中的 indeed 明确限定了命题内容的适用范围，体现作者对其研究价值有足够的信心。例（4）中"必须"凸显此命题为一般陈述性知识，同时亦体现出作者对如何进行少数民族语言研究的把握程度高。

命题的真实性和现实性（actuality and reality）着重命题的实际意义与客观价值。例（5）的 actually 强调了实验结果是出乎意料的，反映作者对此客观价值有足够的信心，利用认识立场吸引读者关注此研究。然而与英语本族语者相比，汉语学者显著少用此类认识立场（$p = 0.000 < 0.01$）。

而命题的局限性（limitations of the proposition）在某种程度上以不同的方式限制命题的应用（Biber *et al.* 1999）。如例（6）中的"绝大多数"是作者基于证据得出的试探性结论，体现命题信息所限制的范围。

(5) In Experiment 3，PWS were not overall slower than TFA，and the effect of degree of relatedness was *actually* stronger for TFA than PWS.

(6)我们发现……亲属称谓呈现出强烈的泛化迹象，<u>绝大多数</u>亲属称谓都可以用来称呼没有亲戚关系的人，成为一种社交称谓。

命题的不准确性(imprecision，即模糊限制语 hedges)，在某种程度上体现了作者谦虚谨慎的立场(Swales 1990)，以达到增强命题信息可接受性的目的(徐昉 2015b)。研究结果表明，L1$_{汉语}$作者比 L1$_{英语}$作者使用更多的模糊限制语(log-likelihood=4.40，$p=0.046<0.05$)。借助模糊限制语，作者可将话语保守表达为一种观点而非既定的事实，可降低作者对命题的承诺程度，以提高命题接受度(吴格奇，潘春雷 2010)。例如：

(7) On the perception side，results indicate that *nearly* all participants made significant gains in their ability to perceive a weakened variant of/s/over time，with the strongest gains evidenced within the first two months in-country.

(8)……发现"对比对生性"这一命名更能深刻揭示汉语的民族文化特点，<u>可以说是汉语的民族文化特性</u>……

例(7)借助 nearly 表明作者对论断没有十足的把握，从而弱化作者作为研究主体的责任，避免研究结果引起学术争议。例(8)的"可以说"在一定程度上反映了作者的谨慎态度，以为读者参与讨论留下空间。

知识的来源(source of knowledge)如证据、他人言语或假言命题(Chafe 1986)，如 according to、X claimed that(Gray & Biber 2012)，可帮助作者建立一个有说服力的认识框架(Hyland 2004b：22)。统计数据表明，CAAC 语料中对此类立场手段的使用显著低于 EAAC($p=0.000<0.01$)，也就是说，相较于英语博士学位论文摘要，汉语博士学位论文摘要显著少用此类立场标记语。具体来看，英语摘要中出现频次较高的标记词包括 be reported、explain、according to，而汉语摘要仅出现了"根据……"这一种立场手段，表达手段的多样性欠佳。例如：

(9)*According to* the Canadian Bureau of International Education(CBIE)(2016)，the number of international students pursuing academic studies has increased from

353570 in 2015 to 438157 in 2016.

（10）根据 Cooper 的语言传播研究框架，语言传播就是语言赢得更多使用者的过程，是特定时间空间里发生的社会现象。

例（9）的 according to 引出了准确信息的来源，以明确的参考资源表明作者的认识立场。例（10）中的"根据"表明信息的客观来源，为下文提出的理论框架提供依据。

观点或视角（viewpoint or perspective）表明从何种角度或见解可以得出命题为真的重要依据（Biber *et al.* 1999）。总体而言，L1$_{英语}$作者和L1$_{汉语}$汉语作者使用此类立场标记语的频次都较低，其中L1$_{英语}$作者的使用频次低于L1$_{汉语}$汉语作者，且两者之间存在显著差异（$p = 0.046 < 0.05$）。此外，通过对六个语步中认识立场标记语总量的卡方检验，除了课题语步（M2），其余五个语步的显著性水平小于0.05。背景语步（M1）、研究结论语步（M5）和论文结构语步（M6）的 p 值均为0.000，表明立场标记语差异性显著；方法语步（M3）、结果语步（M4）的 p 值分别为0.001 和0.008，而课题语步（M2）的 p 值为0.658，说明在该语步中，两语料库对认识立场标记语的使用总量无显著性差异。

6.4.2　各语步中认识立场的分布及功能对比

6.4.2.1　认识立场在各语步的总体分布情况

在 EAAC 和 CAAC 各语步中认识立场的使用情况，如表6-8所示。

表6-8　各语步中认识立场的分布情况

语步	语料	确定性/不确定性	真实性和现实性	局限性	不准确性	知识的来源	观点/视角	总计
背景（M1）	EAAC	8	12	6	15	1	8	1	51
	CAAC	6	1	3	2	5	2	1	20
课题（M2）	EAAC		6	4	4		10		24
	CAAC	14	18	10	10	10	14	7	59

续表

语步	语料	确定性/不确定性		真实性和现实性	局限性	不准确性	知识的来源	观点/视角	总计
方法(M3)	EAAC	2	2				13		17
	CAAC	4	1	1	3		5	2	16
结果(M4)	EAAC	4	17	32	6	3	6		68
	CAAC	23	16	21	15	8	23	18	124
结论(M5)	EAAC	5	19	12	2		4	1	43
	CAAC	15		5	5	2	1	3	31
结构(M6)	EAAC		2			1	2		5
	CAAC	13	16	6	8	8	11	8	70

值得注意的是，在 CAAC 和 EAAC 中均存在语步乱序和语步糅合的现象，可能会影响语篇结构的完整性。例如，在 CAAC 中，研究课题(M2)和研究方法(M3)融合，或研究课题(M2)、研究方法(M3)和论文结构(M6)结合；在 EAAC 中，研究方法(M3)和研究结果(M4)糅合。肖忠华和曹雁(2014)、胡新和黄燕(2021)的研究也支持了这一观点，他们认为中国作者的摘要存在较为普遍的背景语步缺失现象，或倾向将其并入课题语步彰显研究目的。例如，例(11)既包含了研究课题(M2)，也包含了研究结果(M4)和论文结构(M6)。

(11)专题四：方言里趋向相关构式的语法化研究。本专题研究基于两个基本概念：1. 空间概念作为认知原型，会向性状等概念域隐喻投射；2. 构式的存在具有理据性。在此基础上，我们考察了方言里与趋向相关的构式及其语法化程度，(M2)发现它们大多介于语法化连续统的中间状态，有语法形式规约，显现出一定程度的能产性，又带有一定的语用修辞效果。(M4，M6)

与之相对，在 EAAC 中，各语步整体上界限相对比较明晰，例如：

(12) A problem exists in the inequitable opportunities experienced by nonnative accented students in terms of academics, belongingness, and self-efficacy because of accent bias in the United States high schools. (M1) The purpose of this qualitative interpretative phenomenological analysis was to explore accent bias for nonnative-

accented students in a high school located in the Southeastern United States. （M2）Social identity theory was used as a framework to organize and understand aspects of accent bias for students. （M3）

例(12)依次陈述了研究背景(M1)、研究课题(M2)和研究方法(M3)，清晰地描述了当前领域的认知现状、研究的目的和内容以及采用的理论框架。

6.4.2.2 各语步中的认识立场使用情况

1. 研究背景语步

背景语步主要提供与研究主题相关的信息，以使研究问题置于相关研究领域的框架之内(Pho 2008a)。这一语步的具体策略包括概述当前研究的背景、指出前人研究的不足以及明确当前研究的必要性(Hyland 2000)。如表 6-9 所示，在研究背景语步上，L1$_{英语}$作者使用的立场标记语总数显著高于 L1$_{汉语}$作者。其中，L1$_{英语}$作者使用的确定性立场标记语($p=0.011<0.05$)、不确定性立场标记语($p=0.000$)、真实性和现实性立场标记语($p=0.007<0.01$)、局限性立场标记语($p=0.000$)和知识来源立场标记语($p=0.000$)的频率高于汉语本族语者，且存在显著性差异。而不准确性(模糊限制语)($p=0.570>0.05$)和观点/视角立场标记语($p=0.462>0.05$)的使用频率并无显著性差异。

表 6-9 "研究背景"语步中认识立场标记语使用情况(每 10 万词)

语料库类型	确定性/不确定性		真实性和现实性	局限性	不准确性	知识的来源	观点/视角
EAAC	38.90	58.35	29.17	72.94	4.86	38.90	4.86
CAAC	10.76	1.79	5.38	3.59	8.97	3.59	1.79
卡方值	6.489	28.224	7.216	32.454	0.322	14.304	0.540
p 值	0.011*	0.000***	0.007**	0.000***	0.570	0.000***	0.462

注：本书中 *、* *、* * * 分别表示在 0.05、0.01、0.001 的水平上有显著性，下同。

与 L1$_{英语}$作者相比，L1$_{汉语}$作者在此语步中使用的知识的来源立场标记语数量较少。一方面，这可能是由于与西方学术传统相比，中国学者缺乏对引用他人的研究成果来证明自己的观点的重视(鞠玉梅 2016)。另一方面，可能是由于汉语的社会文化背景，比如面子文化和谦虚文化等因素(吴格奇、潘春雷 2010)的影响，造成对该类立场标记语的认可度不高。

2. 研究课题语步

尽管从整体来看，L1$_{汉语}$作者的立场标记语数量不及英语本族语者的丰富，但在研究课题语步中，情况却恰好相反，L1$_{汉语}$作者的立场标记语数量要比 L1$_{英语}$作者更为丰富。通过对比表6-10，可以发现 EAAC 语料库中确定性立场标记语、不准确性立场标记语和观点/视角立场标记语的使用频率均为0，而在 CAAC 语料库中这三类标记语的使用频率分别达到了 25.10 次/每 10 万词，17.93 次/每 10 万词以及 12.56 次/每 10 万词。而真实性和现实性、局限性、知识来源立场标记语的使用频率差别并不大，均为 L1$_{英语}$作者使用的数量稍高于 L1$_{汉语}$作者。尽管根据卡方检验，除了确定性立场标记语($p = 0.023 < 0.05$)以外，L1$_{汉语}$和 L1$_{英语}$作者在研究课题语步中对各类立场标记语的使用均不具有统计意义上的显著性差异，但二者对各认识立场标记语的使用频数仍存在差异。

(15) Specifically, this study manipulated the distance between the filler and potential gap position to investigate the proposal that increasing the distance between the filler and potential gap *may* force the parser to strongly commit to the subject gap analysis.

(16) 第六章主要研究文化状态的稳定与语言新格局的成型。

(17) 在这部分内容中，我们分析了有争议地区地名指称形式的语用原则应该遵循"新闻客观""国家利益""语用有序"三大原则。

在例(15)中，L1$_{英语}$作者采用助动词 may 表达其对研究内容持谨慎的保留态度。而例(16)和例(17)中，L1$_{汉语}$作者通过"主要"和"应该"的使用来表达对其论述有较为充分的把握。

表 6-10 "研究课题"语步中认识立场标记语使用情况(每 10 万词)

语料库类型	确定性/不确定性		真实性和现实性	局限性	不准确性	知识的来源	观点/视角
EAAC	0	29.17	19.45	19.45	0	48.62	0
CAAC	25.10	32.28	17.93	17.93	17.93	25.10	12.56
卡方值	5.164	0.046	0.019	0.019	3.688	2.644	2.582
p 值	0.023 *	0.830	0.891	0.891	0.055	0.104	0.108

3. 研究方法语步

在两组语料中,研究方法语步上的立场标记语使用量较少。究其原因可能是由于研究方法语步的篇章功能所致。研究方法语步的篇章功能主要是提供研究调查的程序性信息(胡新、黄燕 2021),要求作者客观地描述研究的数据、方法、流程等内容,从而减少了对叙述性表达的需求,相应地,也就减少了对立场标记语的使用。由表 6-11 可知,在该语步上,$L1_{英语}$和 $L1_{汉语}$作者使用最多的立场标记语是表知识来源的立场标记语,且存在显著差异($p = 0.000$),而对其他立场标记语的使用差异均不显著。总的来说,在此语步上,两组语料所使用的认识立场,多涉及非个人的间接信息获取,以便帮助作者建构客观的立场评价空间,从而使读者认同研究者的研究方法。例如:

(18) The study uses a corpus-assisted discourse studies (CADS) approach to examine linguistic patterns in datasets *based on* three staff reply text types derived from an 11.5-million-word corpus of NHS replies.

(19)……然后提出研究的问题并从话语分析、目的和合作原则以及治疗关系理论的视角进行多方位、多视角的解释,最后根据这些描述和解释,我们提出该研究对语言学以及心理咨询业的启示。

例(18)中的 based on 和例(19)中的"根据"均表明了作者对研究方法的客观立场评价,从而帮助读者更全面地了解研究的实质。

表 6-11　"研究方法"语步中认识立场标记语使用情况（每 10 万词）

语料库类型	确定性/不确定性		真实性和现实性	局限性	不准确性	知识的来源	观点/视角
EAAC	9.72	9.72	0	0	0	63.21	0
CAAC	7.14	1.80	1.80	5.38	0	8.97	3.59
卡方值	0.125	2.405	0.369	1.106		18.754	0.738
p 值	0.724	0.121	0.544	0.293		0.000***	0.390

4. 研究结果语步

研究结果语步既需要准确呈现研究的主要发现（Tankó 2017），同时为了避免武断，又需要给读者留有讨论的空间（Pho 2008a）。我们的统计数据显示，在此语步上，EAAC 和 CAAC 使用的立场标记语比例都很高（见表 6-12）。相比而言，L1$_{英语}$作者比 L1$_{汉语}$作者更频繁地使用不确定性标记语（$p = 0.01 < 0.05$），真实性和现实性标记语（$p = 0.000$），而 L1$_{汉语}$作者对观点/视角标记语（$p = 0.01 < 0.05$）的使用频率高于 L1$_{英语}$作者。可以推断，L1$_{汉语}$作者更倾向于明确地表达自己的观点、视角，而 L1$_{英语}$作者则会倾向于使用不确定性标记语以及真实性和现实性标记语。

在研究结果语步运用不确定性标记语，不仅可以体现作者对读者的尊重，还能帮助作者在陈述研究成果的同时为读者留下协同的空间（汪汇源等 2020）。例如：

（20）No effects were found in the long-distance condition for either natives or non-natives, suggesting that the increased processing burden _may_ have hindered rather than facilitated the generation of a strong prediction for a subject gap. Greater attentional control, as measured by the Stroop task, was associated with larger subject filled-gap effects for both populations.

（21）就四种关系之间的蕴涵关系而言，有乘必有加，有减必有乘和加，有幂必有乘和加。

如例（20）所示，L1$_{英语}$作者会更有意识地使用诸如 may, potentially, possible, likely 等特定标记语来缓和语气，降低作者对所述内容的责任。例（20）中的 may

不仅为作者的表达留有余地，也为命题观点的阐述提供理据性，从而为读者留下更多的协商空间。而 L1$_{汉语}$作者则更加自信地呈现研究结果，在例（21）通过"必"的使用突出自身对研究成果的肯定态度。此外，L1$_{英语}$作者也擅长通过"真实性和现实性"标记语强调命题的实际意义与客观价值，如 actually，certainly，in fact 等。例如：

（22）In Experiment 3，PWS were not overall slower than TFA，and the effect of degree of relatedness was *actually* stronger for TFA than PWS.

例（22）中，作者利用副词 actually 加强了立场表达的强度，显露作者对此研究发现的肯定。在例（23）中 L1$_{汉语}$作者通过使用"我们认为"，从集体角度推销自己的学术观点，并以此鲜明地表达立场。

（23）由于江永勉语在语音、词汇、语法各层次的结构、要素仍显示出勉语的基本特点，没有产生质变，语言的使用功能也只是发生了部分改变，所以，我们认为它不是一种混合语。

表 6-12　"研究结果"语步中认识立场标记语使用情况（每 10 万词）

语料库类型	确定性/不确定性		真实性和现实性	局限性	不准确性	知识的来源	观点/视角
EAAC	19.45	82.66	155.60	29.17	14.59	29.17	0
CAAC	41.24	28.70	37.66	26.90	14.35	41.24	32.28
卡方值	2.018	10.128	30.122	0.028	0.001	0.576	6.640
p 值	0.155	0.001**	0.000***	0.866	0.980	0.448	0.010**

5. 研究结论语步

研究结论语步旨在实现对研究结果的概括性评价，如指出实际意义、价值或创新点；或提出进一步的研究建议以促进研究的未来发展（Santos 1996）。数据显示，L1 英语作者利用较为多样的认识立场手段建构出谨慎的讨论空间，而 L1 汉语作者在该语步中对认识立场的使用则较为欠缺。L1 英语作者对不确定性标记语（$p = 0.000$）、真实性和现实性标记语（$p = 0.000$）和知识来源标记语（$p = 0.007 <$

0.05)的使用频率高于 L1 汉语作者。L1$_{英语}$作者善于借助"真实性和现实性"和"知识的来源"标记语来保证推论的真实可靠。L1$_{汉语}$作者则更多地使用"不准确性"立场标记语来缓和语气(尽管不存在显著差异)(见表 6-13)。例如:

(24)Overall, results suggest that PWS *may* have errors in their speech plan that originate prearticulatoraily, *potentially* at the lexical-semantic level, and are passed down to the phonological encoding level.

(25)Researchers have identified several factors that *may potentially* influence the program participants including academic and social assimilation, curriculum and institutional support and cultural and educational mores.

(26)*In fact*, the results for the Arabic speakers for three of six vowel-to-coda test cases run counter to the expected outcome, resulting in what *might* be called anti-sensitivity to consonantal context.

(27)这种研究在国内仍属起步阶段,但毫无疑问,这种新的研究方法与分析中国境内语言时遭遇种种困难的历史语言学的基本方法相比,无疑是一种更为有效的研究语言的历史关系的方法。

(28)而究其原因,这些变化大概由两个因素造成:人们对周围世界了解的逐步深入和旧工具的不断革新。

例(24)是对研究结果的评价,作者借助 may 和 potentially 表达"不确定性"立场,以期激发读者的思维,提出进一步的研究建议;例(25)是对研究局限的解释,该例利用 may 和 potentially 表明作者相对谨慎的态度。在例(26)中 L1 英语作者通过"真实性和现实性"标记语 in fact,"不确定性"标记语 might 暗示了该研究的局限所在,也暗示了该论点值得继续研究,扩大了与读者的交互空间。

例(27)中 L1$_{汉语}$作者通过"毫无疑问"和"无疑"直接强调了研究结果的重要性,但也收缩了对话空间,夺取了读者参与探讨的权力。例(28)中汉语母语者通过"不准确性"标记语"大概"向读者展现研究结果的影响因素,以此维护进一步交流的可能性。

表 6-13　"研究结论"语步中认识立场标记语使用情况（每 10 万词）

语料库类型	确定性/不确定性		真实性和现实性	局限性	不准确性	知识的来源	观点/视角
EAAC	24.31	92.39	58.35	9.72	0	19.45	4.86
CAAC	26.90	0	8.97	8.97	3.59	1.79	5.38
卡方值	0.038	51.534	16.457	0.009	0.738	7.152	0.008
p 值	0.845	0.000***	0.000***	0.923	0.390	0.007**	0.930

6. 论文结构语步

语料统计结果表明，L1$_{英语}$作者对论文结构语步的使用频率很低，这表明传统的英语学位论文摘要写作并不把其视为重要的修辞语步；相反，L1$_{汉语}$作者对该语步的使用具有明显的倾向性和高频率性。经过比较，L1$_{汉语}$作者比 L1$_{英语}$作者使用更高频率的确定性标记语，且存在显著差异（$p = 0.029 < 0.05$），但在不确定性、真实性和现实性、局限性、不准确性、知识来源和视角/观点立场标记语的使用上并未表现出显著性差异。在该语步上，EAAC 中立场标记语分布失衡，且各类立场标记语出现的频率较低，而 CAAC 中的分布更为均衡，且频率较高（见表6-14）。显然，该差异及语步内认识立场标记语使用情况与这两个学术话语社团的文化背景或地域差异影响有极大的关系。

表 6-14　"论文结构"语步中认识立场标记语使用情况（每 10 万词）

语料库类型	确定性/不确定性		真实性和现实性	局限性	不准确性	知识的来源	观点/视角
EAAC	0	9.72	0	0	4.86	9.72	0
CAAC	23.31	28.69	10.76	14.35	14.35	19.72	14.35
卡方值	4.795	2.292	2.213	2.951	1.146	0.882	2.951
p 值	0.029*	0.130	0.137	0.086	0.284	0.348	0.086

6.4.3　CA 分析预测

英汉学位论文摘要认识立场表达对比分析（Contrastive Analysis，简称 CA）结果可以揭示出英、汉语母语者在使用英、汉认识立场时存在的差别，帮助研究者了解不同语言的母语者表达认识立场的不同方式，预测英、汉二语学习者在使用二语表达认识立场时可能存在的问题区域，从而为语言教学提供实践指导，开展有针对性的教学。CA 分析也可以帮助广大英、汉语二语学习者或二语使用者更加深刻地意识到不同语言学术摘要立场表达之差异，积极运用自身原有的知识促进其二语学习或二语运用。

根据本章对认识立场总体使用情况的对比分析结果，我们预测汉语二语学习者在汉语学术语篇中使用认识立场时可能存在以下倾向：①过多使用认识立场标记语；②过多使用不确定性立场标记语、表命题真实性和现实性立场标记语和表知识的来源立场标记语；③缺乏确定性立场标记语、模糊限制语和表观点或视角的立场标记语。

基于本章对各语步中认识立场使用情况的对比分析结果，我们预测汉语二语学习者在汉语学术语篇中使用认识立场时可能存在以下倾向：①在研究背景语步（M1），较多使用确定性、不确定性、真实性和现实性、局限性和知识来源立场标记语；②在研究课题语步（M2），较少使用确定性立场标记；③在研究方法语步（M3），较多使用表知识来源的立场标记语；④研究结果语步（M4）较多使用不确定性立场标记语、真实性和现实性立场标记语；缺乏表观点或视角的立场标记语；⑤在研究结论语步（M5），较多使用不确定性、真实性和现实性以及知识来源的立场标记语；⑥较少使用论文结构语步（M6）。

6.5　结语

本研究采用基于语料库的分析方法，对比分析了 L1$_{英语}$作者和 L1$_{汉语}$作者博士学位论文摘要中认识立场的建构差异，以及各语步中认识立场表达的分布特征和语篇功能特征。研究结果表明：总体来看，L1$_{汉语}$作者认识立场标记语的使用频率远少于L1$_{英语}$作者，且确定性立场标记语使用频率高，具有相对自信的立场表达习惯，也相对保守地使用给他人留有协商余地的立场手段。

从语步角度来看，两组语料库在摘要各语步中对认识立场的使用具有一定的相似性与差异性。具体来讲，在研究背景语步中，L1$_{英语}$作者多使用限制命题范围的认识立场标记语和谨慎的立场措辞，较少涉及承诺或评判。在研究课题语步上，L1$_{汉语}$作者使用认识立场的频率呈反超L1$_{英语}$作者之态，但除了确定性立场标记语，二者之间不存在显著性差异。在研究方法语步上，两者所使用的认识立场都较少，但L1$_{英语}$作者显著多用知识来源类立场标记来阐述观点。在研究结果语步上，L1$_{英语}$作者较多使用不确定性立场标记语、真实性和现实性立场标记语，以对研究发现予以客观的陈述，而L1$_{汉语}$作者较多使用表观点或视角的立场标记语。在研究结论语步上，L1$_{英语}$作者偏爱建构谨慎的讨论空间，如对不确定性立场标记的过多使用，而L1$_{汉语}$作者在平衡确定性与不确定性认识立场信息表达方面稍显欠缺。在论文结构语步上，与L1$_{汉语}$作者相比，L1$_{英语}$作者使用该语步的频率极低，在该语步上出现的认识立场标记语也较少。

本研究进一步证实了将语料库工具应用于立场标记分析的价值，即通过基于语料库的对比分析，可以较容易地揭示出立场表达手段的具体模式和所体现的人际功能。但由于抽样语料来自英汉两种不同语言背景的博士学位论文，我们不能将研究结果直接归因于作者的学术写作熟练程度。但反过来讲，可能正是由于抽样语料来自不同的学术文化背景，故研究结果的差异更可能与学术写作习惯或思维模式有关。事实上，每一种认识判断都带有态度价值，社会文化、语言规约和实际交际目的均会影响立场表达形式（Hyland 2004b；吕长竑，周军 2013；吴格奇 2013；钱家骏，穆从军 2017），而如何恰当地表达立场以及如何有分寸地表述自己的学术观点将直接影响到成果能否被读者接受。因此，本研究建议汉语二语写作者应充分重视学术语篇中传达立场信息的严谨性和客观性，以确保研究成果更易于被读者接受。

本研究可以为汉语二语学习者的学术摘要立场表达提供有价值的教学建议。

首先，二语学习者应认真阅读相关文献，以把握汉英两种语言的语用习惯，学会使用适合的语言策略表达认识立场；其次，学会利用语料库工具进行立场标记语分析以深化对文本中立场表达的理解。另外，为了提升汉语二语学习者学位论文摘要的立场表达能力，教师亦需要提供有效的学术指导，引导学生正确认识不同语言立场表达的差异，以提升其学术写作能力。

第7章 汉语 L1 与 L2 学位论文摘要认识立场词块使用对比研究（CIA）

7.1 引言

"学术话语"（discourse）指构成一种知识体系的语言文字形式的概念、术语、范畴和文段（text）（普慧 2010）。本研究拟从文段的言说方式入手来探讨学术话语。从言说方式来看，学术话语因其主要关注于事实性信息而被认为具有客观性特征。然而，越来越多的研究表明，学术话语是争论性的（Zou & Hyland 2022：225），绝非单纯对真理和事实的客观报道，而是作者参与其中，通过逻辑论证，劝说读者接受其观点或研究发现（Gray & Biber 2012），劝谏学术共同体调整原有知识网络以容纳其新知的过程（Hunston 1994）。根据 Wingate（2012），逻辑论证涉及三个核心要素：①对作者立场的论证；②以连贯方式呈现该立场；③对学科知识的分析与评价，以服务于立场的论证。这三要素均与作者的立场表达有关。不仅如此，立场表达亦是协调学术冲突的重要手段。要挑战前人研究，宣传自我研究的价值，需要作者策略性地操控对待他人和自我研究的立场（Cheng & Unsworth 2016：44），因此，立场表达是学术话语的重要特征，在很大程度上将决定学术写作能否成功。研究证明，成功的学术写作取决于作者如何根据论点和受众借助于立场表达手段来定位自己，以使读者相信并接受他们就事物的真实性、合理性所做出的判断。故如何在文本中投射作者立场，以恰当地呈现外部现实，说服读者或学术共同体认同并接受作者的观点，相信其研究的价值，是学术素养的一个重要方面（Hyland 1999；Lancaster 2016；Crosthwaite *et al.* 2017）。除此之外，立场也是读者评估文本质量的一个关键特征（Hyland & Jiang 2016：254）。例如，Lancaster（2014）发现，导师对学生论证文中的"批判性推理和分析严谨性"的判断受到立场使用的影响，而 Uccelli 等（2013）发现，认识立场标记（如模糊限制语）能够显著预测对高中生论文写作质量的评估。

然而，立场相关评价资源的使用是受亚文化和语境限制的（Becher 1987；Hyland 2000；Hunston & Thompson 2000），恰当地使用这些资源是学术写作中的一大难点（Swales & Feak 1994：136；Hyland & Milton 1997），如 L2 学习者在立场类型和语言手段的使用方面存在各种问题（Cobb 2003；Grant & Ginther 2000），许多 L2 学习者无法在论文中投射出合格的立场并以可接受和有说服力的方式提出断言，形成有力的修辞结构（Qin & Karabacak 2010：454），导致其学术论文的论证效果受到影响（Lancaster 2014；Wingate 2012）。因此，以立场表达为视角，对比分析汉语二语学习者和汉语母语者学术语篇在立场表达方面的差异具有重要意义。

7.2　研究问题

基于本书第 5 章对学术话语立场相关研究的回顾，国内研究对认识立场在学术话语建构中的作用重视不足，相关研究欠缺。另外，现有学术话语立场对比研究的对比基础较为宽泛单一，缺乏交际功能层面的对比。故本章拟以认识立场为考察点，将体裁分析与语料库研究方法——短语学相结合，即将表达交际功能的语步与认识立场词块使用相结合，多角度对比汉语 L1 与 L2 学位论文摘要认识立场词块使用情况，考察 L2 学位论文摘要认识立场的使用是否适切。拟回答的具体研究问题如下：

（1）汉语 L1 博士学位论文与 L2 硕士学位论文摘要对认识立场的总体使用情况如何？

（2）在摘要的不同语步中，汉语 L1 博士学位论文与 L2 硕士学位论文摘要的认识立场使用情况如何？

（3）汉语 L1 博士学位论文与 L2 硕士学位论文摘要对认识立场标记语的用法有何不同？

（4）汉语 L2 硕士学位论文摘要是否存在认识立场的使用不恰当性问题？

7.3 研究方法

7.3.1 分析语料

为实现语料的可比性，本项目从以下几方面对分析语料予以了控制：体裁（均为学位论文摘要）、学科领域（同为语言学及应用语言学）、时间跨度（同一时间跨度内的文本）、作者类型（对汉语一语和二语作者身份予以核验）、抽样方式（均采用分层抽样和简单随机抽样相结合的方式）。

按照本书 3.2.2 语料收集方法，在 CNKI 中国优秀硕士学位论文全文数据库中有 236 篇论文被确定为符合本研究条件的 L2 硕士论文，抽样文本时间跨度在 2002—2021 年之间（2003—2006 年无相关语料，故实际抽样年度在 2007—2021 年间）。然后，按照本书 3.2.2 所述的比例抽样法，计算出各年度的具体抽样数，再结合简单随机抽样，在相关年度中随机抽取出分析语料共计 50 篇摘要（参见表 7-1），总字数为 33969（不含标题）。

表 7-1　L2 硕士学位论文年度抽样数

年度	论文数	抽样数
2021	23	5
2020	39	8
2019	26	5
2018	22	4
2017	26	6
2016	13	3
2015	15	3

续表

年度	论文数	抽样数
2014	13	3
2013	12	3
2012	23	5
2011	5	1
2010	8	2
2009	1	0
2008	3	1
2007	6	1
2002	1	0
总数	236	50

按照本书 3.2.2 语料收集方法，参照语料(L1 博士学位论文)选取自 CNKI 中国博士论文全文数据库，共计 613 篇。采用与 L2 语料相同的抽样方法，在对应时间跨度内(2007—2021 年)抽取出 50 篇 L1 博士学位论文摘要作为参照语料(参见本书第 3 章表 3-3)，总字数为 83 483(不含标题)。

7.3.2　对比单位

为避免宽泛单一的对比基础不利于对立场的深入分析，无法反映在实施具体交际功能时立场表达的异同，本项目采用多角度对比：①从认识立场角度出发，全语料库对比汉语一语/二语学位论文摘要对认识立场的使用；②从交际功能——语步/语阶角度的对比，为表达相同语篇功能提供借鉴；③从认识立场标记用法角度的对比，为汉语学术写作教学提供参考；④从匹配度角度对认识立场使用恰当性的分析。

7.3.3　认识立场标记语的识别及信度检验

将本书 5.3.2 节汉语认识立场标记语在抽样汉语母语者和留学生学位论文摘要语料的各语步中分别予以了逐一检索，并结合语境对其是否表达认识立场意义予以了核验。为了确保认识立场检索和识别的信度，我们在间隔 1 个月后进行了第 2 次识别。两次识别具有极高的一致性(汉语母语者和留学生语料的两次识别 Spearman 相关系数分别为 1** 和 0.997**)①。具体检索结果如下：

汉语母语者博士学位论文摘要共使用了 54 种、363 个认识立场词块，留学生硕士学位论文摘要使用了 33 种、141 个认识立场词块，如表 7-2 所示。汉语母语者论文摘要对认识立场词块的使用种类和使用频数均高于留学生论文摘要，但总体使用频数并不具有显著性差异($\chi^2 = 0.2201$，$p = 0.639$)②。

7.4 研究结果及分析

下面拟分别从不同角度出发来对比汉语母语者和留学生学位论文摘要的认识立场词块使用情况。

7.4.1 从认识立场总体使用情况的对比

本节以认识立场为出发点，统计了不同认识立场在汉语母语者和留学生学位论文摘要中的使用频数，并对其使用差异进行了卡方检验(参见表 7-2)。同时，详细列出了汉语母语者和留学生学位论文摘要中所使用到的全部认识立场词块及其使用频数(参见表 7-3)，表 7-3 中粗体加下划线的认识立场词块为汉语母语者和留学生均有使用的词块，括号中的数字为该认识立场词块的使用频数。

---

① 语步 6 "论文结构"(M6)用来描述论文的整体结构。但在标注语料时，在该语步中未发现任何认识立场标记语，故本书将重点讨论认识立场在其他五个语步中的使用情况。

② 卡方检验所用工具为 Liang Maocheng 设计的 χ^2–caculator。在对总体认识立场使用频率进行差异显著性检验时，包括对认识立场在各语步的使用情况统计检验(表 7-2)和汉语 L1 和 L2 对各认识立场的使用情况统计检验(表 7-7)，是以汉语母语者和留学生语料库的总字数为语料库大小进行计算的，分别为 83483(L1)和 33969(L2)。而在对认识立场在各语步中的分布统计进行统计检验时(表 7-4)，采用的百分率而不是原始频数，因为此时考察的重点是认识立场在各语步的分布情况，而不是整体使用情况。

表 7-2　汉语 L1 和 L2 学位论文摘要对各认识立场词块的使用情况统计

认识立场	汉语 L1 使用频数	汉语 L2 使用频数	差异卡方检验结果	
			χ^2	P 值
确定性	36	11	0.6963	0.404（+）
不确定性	93	25	3.4379	0.064（+）
真实/现实性	165	59	0.7280	0.394（+）
局限性	28	11	0.0097	0.921（+）
不准确性	20	7	0.1179	0.731（+）
知识来源	8	4	0.1136	0.736（−）
观点/视角	13	24	23.2602	0.000***（−）
合计	363	141	0.2201	0.639（+）

表 7-3　汉语 L1 和 L2 学位论文摘要认识立场词块使用对比

认识立场种类	汉语母语者	留学生
确定性	应(10)、必须(8)、确实(4)、应当(3)、肯定(2)、考虑(2)、无疑(1)、毫无疑问(1)、的确(1)、诚然(1)、认同(1)、知道(1)、应该(1)	确定（3）、知道（3）、认定(1)、想(1)、必须(1)、当作(1)、应(1)
不确定性	一定(程度/的)(38)、可能(16)、可以(表"可能")(11)、应该(8)、倾向(于)(5)、推测(4)、可能(是)(3)、到底(2)、高低(2)、有…可能性(1)、估计(1)、似乎(1)、应该是(1)	一定(程度/的)(16)、可以(表"可能")(5)、倾向(于)(2)、似乎(1)、可能(1)
真实性/现实性	作为(75)、发现(27)、趋势(21)、事实(19)、需要(14)、现实(3)、实际上(2)、事实上(1)、证据(1)、重要的是(1)、看到(1)	作为(19)、发现(24)、需要(8)、趋势(4)、实际上(2)、看到(1)、事实(1)
局限性	一般(11)、通常(8)、大部分(3)、大多(3)、大多数(2)、很大程度上(1)	大部分(5)、大多(2)、一般(2)、大体(1)、通常(1)
不准确性	几乎(8)、大致(5)、大概(2)、可以说(2)、像……一样(1)、或许(1)、左右(1)	几乎(3)、大致(2)、可以说(1)、像……一样(1)
知识的来源	(信息来源)认为(7)、注意到(1)	(信息来源)认为(4)
观点或视角	我们认为(12)、(第二部分/第 n 章/本研究/第 n 节/本课题/本研究)认为(12)	我们认为(9)、(第 n 章/本章)认为(9)、我认为(6)

从认识立场词块的整体使用率对比情况来看，汉语母语者和留学生之间仅对

一种认识立场的使用存在显著性差异："观点/视角"，留学生显著多用"观点/视角"立场，且主要集中在语步 5 上。但是对比表 7-5 和表 7-6（见本书 7.4.2）的使用频数，"观点/视角"立场词块在留学生摘要语步 5 中的使用频数本身并不高，主要是因为汉语母语者在研究结论的陈述中更为谨慎，未使用一例自我提及类立场词块所致。

对于其他未达到统计显著性的认识立场，留学生几乎均存在少用倾向（参见表 7-2），如他们不仅存在少用"确定性"立场标记语的倾向，而且所使用的立场词块种类亦远低于汉语母语者。如表 7-3 所示，汉语母语者使用了 13 类"确定性"认识立场：应（10）、必须（8）、确实（4）、应当（3）、肯定（2）、考虑（2）、无疑（1）、毫无疑问（1）、的确（1）、诚然（1）、认同（1）、知道（1）、应该（1），而留学生仅使用了 7 类：确定（3）、知道（3）、认定（1）、想（1）、必须（1）、当作（1）、应（1）。如在下例中，汉语母语者在"研究结论"语步中对其研究做出了确定的评价，而这样的用例在留学生摘要中较为欠缺：

（1）毫无疑问，这种新的研究方法与分析中国境内语言时遭遇种种困难的历史语言学的基本方法相比，无疑是一种更为有效的研究语言的历史关系的方法。（L1 语料）

再如，留学生对于"真实性/现实性"认识立场词块的使用存在类似的倾向：使用种类少、使用频数低。对"真实性/现实性"认识立场词块的少用使得留学生摘要在意义表达准确性方面存在欠缺，如尽管表达"真实性/现实性"的立场词块"事实上"在字面意义与事实性（factuality）有关，似乎与情感表达无关，但是实际上"事实上"倾向于表示一种认知（心理）事实，以此表明这是说话人的一种认识推理（Wang et al. 2011：235）[如例（2）所示]。少用或不用此类立场标记语无疑会影响作者对命题内容表达的准确性。

（2）以系统的眼光来看，这些环节事实上是由一个期待链构成的。（L1 语料）

7.4.2 从语步/语阶角度的对比

为了揭示认识立场在各语步中的使用情况，我们分别从认识立场词块在各语步的整体分布情况（表 7-4）、汉语 L1 和 L2 学位论文摘要各语步中认识立场词块的使用情况（表 7-5 和表 7-6）及其统计检验（表 7-7）、汉语 L1 和 L2 论文摘要各语步中认识立场词块使用情况（表 7-8）几方面，对数据予以了归纳、整理和统计分析。

表 7-4　汉语 L1 和 L2 学位论文摘要各语步中认识立场词块使用统计

语步	汉语 L1 认识立场使用频数	汉语 L2 认识立场使用频数	差异卡方检验结果	
			χ^2	P 值
M1	50	38	8.7117	0.003 ＊＊（－）
M2	47	19	0.0006	0.981（＋）
M3	21	3	3.1490	0.076（＋）
M4	205	70	1.6118	0.204（＋）
M5	40	11	1.3419	0.247（＋）
合计	363	141	0.2201	0.639（＋）

表 7-5　汉语 L1 论文摘要各语步中认识立场词块使用统计

语步	确定性或不确定性		真实性/现实性	局限性	不准确性	知识来源	观点/视角
	确定性	不确定性					
M1	4（11.11%）	3（3.23%）	32（19.39%）	3（10.71%）	5（25%）	2（25%）	1（7.69%）
M2	4（11.11%）	7（7.53%）	31（18.79%）	1（3.57%）	4（20%）	0	0
M3	4（11.11%）	4（4.30%）	13（7.88%）	0	0	0	0
M4	13（36.11%）	69（74.19%）	74（44.85%）	23（82.14%）	9（45%）	5（62.5%）	12（92.31%）
M5	11（30.56%）	10（10.73%）	15（9.09%）	1（3.57%）	2（10%）	1（12.5%）	0
栏合计	36（100%）	93（100%）	165（100%）	28（100%）	20（100%）	8（100%）	13（100%）
栏合计%①	9.92%	25.62%	45.46%	7.71%	5.51%	2.2%	3.58%

---

① "栏合计%"表示各认识立场在认识立场总数中所占百分比，表 7-6 中"栏合计%"同此，其中 L1 和 L2 的认识立场总数分别是 363 和 141。

表 7-6　汉语 L2 论文摘要各语步中认识立场词块使用统计

语步	确定性或不确定性		真实性/现实性	局限性	不准确性	知识来源	观点/视角
	确定性	不确定性					
M1	6(54.55%)	6(24%)	19(32.2%)	3(27.27%)	3(42.86%)	1(25%)	0
M2	3(27.27%)	2(8%)	13(22.03%)	1(9.09%)	0	0	0
M3	0	1(4%)	2(3.39%)	0	0	0	0
M4	1(9.09%)	10(40%)	23(38.98%)	7(63.64%)	4(57.14%)	3(75%)	22(91.67%)
M5	1(9.09%)	6(24%)	2(3.39%)	0	0	0	2(8.33%)
栏合计	11(100%)	25(100%)	59(100%)	11(100%)	7(100%)	4(100%)	24(100%)
栏合计%	7.8%	17.73%	41.84%	7.8%	4.96%	2.84%	17.02%

表 7-7　汉语 L1 与 L2 论文摘要各语步中不同认识立场词块使用率卡方检验结果

认识立场	检验结果	M1	M2	M3	M4	M5	合计
确定性	χ^2	42.7862	8.4200	11.7635	20.8685	14.5005	0.2783
	P 值	0.000***(−)	0.004**(−)	0.001**(+)	0.000***(+)	0.000***(+)	0.598(+)
不确定性	χ^2	18.3395	0.0154	0.0113	23.8595	6.1358	1.8334
	P 值	0.000***(−)	0.901(−)	0.915(+)	0.000***(+)	0.013*(−)	0.176(+)
真/现实性	χ^2	4.2865	0.3231	1.8956	0.7076	2.7766	0.2664
	P 值	0.038*(−)	0.570(−)	0.169(+)	0.400(+)	0.096(+)	0.606(+)
局限性	χ^2	8.9131	2.5695		8.6600	3.6349	0.0006***
	P 值	0.003**(−)	0.109(−)		0.003**(+)	0.057(+)	0.981(−)
不准确性	χ^2	7.1145	22.2222		2.9489	10.5263	0.0305*
	P 值	0.008**(−)	0.000***(+)		0.086(−)	0.001**(+)	0.861(+)
知识来源	χ^2				3.6364	13.3333	0.0834
	P 值				0.057(−)	0.000***(+)	0.773(−)
观点/视角	χ^2	7.9975			0.0278	8.6920	9.7755
	P 值	0.005**(+)			0.868(+)	0.003**(−)	0.002**(−)

注：表 7-7 是对表 7-5 和表 7-6 数据的统计检验结果。

表 7-8　汉语 L1 与 L2 论文摘要各语步中认识立场词块使用对比

语步	认识立场	汉语母语者	留学生
M1	确定性	应当(S1:1; S3:1)①、必须(S1:2)	知道(S1:3)、必须(S1:1)、当作(S1:1)、想(S1:1)
	不确定性	有……可能性(S1:1)、到底(S2:1)、一定(S1:1)	一定(S1:2; S3:1)、可以（表"可能"）(S1:1; S3:1)、似乎(S1:1)
	真/现实性	作为(S1:16; S2:2)、发现(S1:3; S2:1)、趋势(S1:1)、现实(S1:1; S3:1)、事实(S1:1)、重要的是(S2:1)、需要(S1:4; S2:1)	实际上(S1:1)、作为(S1:10)、发现(S2:2)、需要(S1:2; S3:2)、看到(S1:1)、趋势(S1:1)
	局限性	通常(S1:1)、一般(S1:2)	大部分(S1:1)、大多(S2:1)、通常(S1:1)
	不准确性	几乎(S2:3)、像……一样(S1:1)、大致(S2:1)	几乎(S1:2)、可以说(S1:1)
	知识来源	(信息来源)认为(S3:1)、注意到(S2:1)	(信息来源)认为(S3:1)
	观点/视角	我们认为(S1:1)	
M2	确定性	考虑(S3:1)、应(S3:1)、肯定(S3:2)	确定(S1:1; S3:2)
	不确定性	可能(S3:2)、推测(S3:1)、应该(S3:1)、到底(S3:1)、一定(S3:1)、可以(S3:1)	一定（S1:1）、可以（表"可能"）(S2:1)
	真/现实性	作为(S1:1; S3:14)、发现(S3:1)、趋势(S2:2; S3:7)事实(S3:4)、证据(S3:1)、需要(S3:1)	作为(S1:4; S3:4)、发现(S3:2; S2:2)、趋势(S3:1)
	局限性	大多(S3:1)	大体(S3:1)
	不准确性	大致(S3:2)、几乎(S3:1)、大概(S3:1)	
	知识来源		
	观点/视角		

---

①　括号中的 S1 表示该语步下第一个语阶,以此类推;关于各语阶的含义参见本书第 4 章 4.4 表 4-2;冒号后的数字表示该认识立场词块的使用频数。

续表

语步	认识立场	汉语母语者	留学生
M3	确定性	考虑(S5:1)、的确(S5:1)、确实(S1:1)、应该(S1:1)	
	不确定性	一定(S5:4)	可能(S4:1)
	真/现实性	作为(S1:2; S2:1; S5:4)、事实(S5:5)、发现(S5:1)	作为(S5:1)、发现(S5:1)
	局限性		
	不准确性		
	知识来源		
	观点/视角		
M4	确定性	必须(6)、确实(2)、应当(1)、应(1)诚然(1)、认同(1)、知道(1)	认定(1)
	不确定性	一定(25)、可能(12)、可以(表"可能")(10)、应该(6)、倾向(于)(5)、推测(3)、可能是(3)、高低(2)、估计(1)、似乎(1)、应该是(1)	一定(6)、倾向(2)、可以(表"可能")(2)
	真/现实性	作为(23)、发现(21)、趋势(10)、事实(8)、需要(7)、实际上(2)、事实上(1)、现实(1)、看到(1)	发现(17)、需要(4)、趋势(1)、事实(1)
	局限性	一般(8)、通常(7)、大部分(3)、大多(2)、大多数(2)、很大程度上(1)	大部分(4)、一般(2)、大多(1)
	不准确性	几乎(4)、可以说(2)、或许(1)、大致(1)、左右(1)	大致(2)、几乎(1)像……一样(1)
	知识来源	(信息来源)认为(5)	(信息来源)认为(3)
	观点/视角	(第二部分/第 n 章/本研究/第 n 节/本课题/本研究)认为(12)、我们认为(11)	(第 n 章/本章)认为(9)、我们认为(7)、我认为(6)

语步	认识立场	汉语母语者	留学生
M5	确定性	应（S1:8）、无疑（S1:1）、毫无疑问（S1:1）、确实（S3:1）	应（S3:1）
	不确定性	一定（S1:6；S3:1）、可能（S1:2）、应该（S1:1）	一定（S1:6）
	真/现实性	作为（S1:12）、趋势（S3:1）、事实（S1:1）、需要（S1:1）	实际上（S1:1）、趋势（S1:1）
	局限性	一般（S1:1）	
	不准确性	大致（S1:1）、大概（S1:1）	
	知识来源	（信息来源）认为（S1:1）	
	观点/视角		我们认为（S3:2）

对比汉语母语者和留学生学位论文摘要认识立场词块在各语步中的分布情况可见（参见表 7-4），除语步 1 "研究背景" 存在显著差异外（$\chi^2 = 8.7117$，$p = 0.003$），其余语步均不存在显著性差异。在 "研究背景" 语步中，留学生显著多用认识立场词块，这一点从表 7-5 对语步 1 "研究背景" 中各认识立场词块的使用统计检验亦可见一斑。表 7-7 的统计检验结果表明，在语步 1 中除表达 "观点/视角" 时留学生比汉语母语者显著少用认识立场词块外，他们在表达 "确定性" "不确定性" "真实性/现实性" "局限性" "不准确性" 等时均显著多用相关认识立场词块（其 p 值分别为 0.000，0.000，0.038，0.003，0.008）；在语步 2 "研究课题" 中，留学生显著多用 "确定性" 认识立场词块（$p = 0.004$）、显著少用 "不准确性" 认识立场词块（$p = 0.000$）；在语步 3 "研究方法" 中显著少用 "确定性" 认识立场词块（$p = 0.001$）；在语步 4 "研究结果" 中显著少用 "确定性" "不确定性" 和 "局限性" 认识立场词块（其 p 值分别为 0.000，0.000，0.003）；在语步 5 "研究结论" 中，显著少用 "确定性" "不准确性" "知识来源" 认识立场词块（其 p 值分别为 0.000，0.001，0.000），但却显著多用 "不确定性" "观点/视角" 立场词块（其 p 值分别为 0.002，0.013）。

基于表 7-8 对汉语母语者与留学生学位论文摘要各语步认识立场词块使用情

况的统计对比(此处仅针对存在显著差异之处予以分析)可以看出，尽管留学生在语步1"研究背景"中似乎更欲表达对相关命题的确定性，但欠缺适度地留有余地，如在语步1下属的语阶2"当前研究不足"(S2)中，留学生未采用任何"不确定性"认识立场词块。与之相对，汉语母语者对"不准确性"认识立场词块的使用主要集中在语阶2"当前研究不足"(如例3所示)，而留学生却全部集中在了语阶1"选题背景"(S1)中(如例4所示)，反映出汉语母语者在对前人研究予以评价时所持的适度保留性态度，在评价他人时相较于留学生更倾向于留有余地。

(3)因此目前相关研究的对象主要是基本数词，对倍数、分数、概数等表达法的类型研究<u>几乎没有</u>。(M1-S2，L1语料)

(4)"羞"这样的概念<u>几乎每个民族语言里都有</u>。(M1-S1，L2语料)

这一点亦可从留学生在语步2"研究课题"中显著少用"不准确性"认识立场词块得到进一步的证实。汉语母语者在表达"研究内容"(语阶3)时，会采用"不准确性"立场词块对其所完成的工作予以一定程度的模糊化处理，如以下两句对"不准确性"立场词块"大致"的使用即是为达到此目的，而留学生在同一语阶中没有使用一例。

(5)接下来，本论文又将第二语言习得方面有关句式的研究做了一个<u>大致</u>的回顾。(M2-S3，L1语料)

(6)第二章…从分类标准、句式数量、命名及描写方式三个方面将二者的单句系统、特殊句式系统、复句系统做了<u>大致</u>的梳理、比较(M2-S3，L1语料)

与之相对，在语步3"研究方法"中，留学生却显著少用"确定性"立场，这与该语步主要为对研究方法的客观描述不符。尤为突出的是，在语步4"研究结果"中，留学生显著少用"确定性""不确定性"和"局限性"认识立场，这再一次体现出留学生不能恰当地使用认识立场词块来对其研究结果予以确切的表达，同时又留有余地，如汉语母语者对"不确定性"认识立场词块"一定、可能、可以(表'可能')、应该、倾向(于)、推测、可能是、高低、估计、似乎、应该是"和"局限性"立场词块"一般、通常、大部分、大多、大多数、很大程度上"的使用所示。以汉语母语者使用较多的"不确定性"认识立场标记语"一定""可能"［如例（7）所示］和"局限性"认识立场词块"一般"［如例（8）所示］为例，借助这些词块，汉语母语者对其研究结果予以了适度的修饰和限定，从而降低了其研究结果可能招致质疑的风险。

（7）导致对句法结构的选择或判断呈现一定的倾向性，包括对句法结构的选择使用、句法结构是否合理的认识等，并可能导致句法结构的非理性发展。（M4，L1 语料）

（8）在计量反义词中，表度量高的形容词一般都是无标记的。（M4，L1 语料）

在语步 5"研究结论"中，留学生显著少用"确定性""不准确性""知识来源"认识立场，但却显著多用"不确定性""观点/视角"立场词块。这一方面反映出，留学生对自身研究结论缺乏自信，如他们显著少用汉语母语者在该语步中所使用的"确定性"认识立场词块，如"应、无疑、毫无疑问、确实"；另一方面，对其研究结论的评价亦缺乏必要的修饰，如汉语母语者在提出新观点时更倾向于采用"不准确性"认识立场（模糊限制语），如"大致、大概"等来对命题内容予以模糊限制［如例（9）所示］，而留学生却显著少用此类认识立场。另外，留学生又过多地使用自我指称如"我们认为"来强调其结论［如例（10）所示］。

（9）本研究主要有以下 3 个创新点：……尤其运用此法对……的发展作了大致描述，勾画出它们在不同时期发展的兴衰（M5，L1 语料）

（10）我们认为应分为初中高三个阶段进行差异化教学……（M5，L2 语料）

立场归因手段是说话人/作者展示其观点可信度的一种重要劝说策略（Moreno & Suárez 2008：751）。其中"知识来源"认识立场词块表明何人/何事应对命题负责，可帮助作者表达其对命题应承担多大的责任，因此亦可视为是作者对待命题的一种立场。当作者借助"观点或视角"认识立场词块来表达命题时，意味着该作者对此命题的真实性承担全部的责任；当利用"知识来源"立场词块来表达命题时，则意味着该作者出于某种原因欲增加其自身与命题内容真实性之间的距离(Moreno & Suárez 2008：750)，从而减轻自己应承担的责任。留学生摘要在语步 1 "研究背景"中显著少用"观点或视角"认识立场词块，而在语步 5 "研究结论"中却显著多用"观点或视角"、显著少用"知识来源"认识立场词块这一事实，一方面说明留学生尚未掌握认识立场的相关功能，另一方面，则可能是源于他们对相关领域研究现状的了解不足所致。故他们在语步 1 对相关研究进行评述时很少甚至不愿意为所述命题的真实性承担全部责任，而在语步 5 对自己的研究结论进行评述时，又不善于借用已有研究来支撑自己的观点或结论(这可从他们在语步 5 中显著少用"知识来源"认识立场词块这一事实得到印证)，未能将自己的研究结果置于整个研究背景中来评估，故往往表现为过于自信，如显著多用"观点或视角"认识立场词块。

7.4.3 从立场标记用法角度的对比

因"真实性/现实性"的认识立场词块是使用频数最高的一类认识立场标记语(参见表 7-2)，故本节拟对几个使用率较高的、表达"真实性/现实性"的认识立场词块在汉语母语者和留学生学位论文摘要中的用法予以对比。

在表达现实性认知时，无论是汉语母语者还是留学生使用最多的均是"作为"。汉语母语者使用了"作为"的两种意义：①"当做"[后接名宾、动宾和小句宾，例(11)(12)(13)；②"就人的某种身份或事物的某种性质来说"[例(14)]：

(11)……采用了医书、佛经、道家典籍和碑刻铭文等作为辅助语料(L1 语料)

(12)尝试搭建起了一个"理想的对比语言学元语言系统暨学科框架"，作为考察不同发展时期对比语言学元语言系统演变的参照(L1 语料)

(13)对比语言学的……四个时期，作为本研究得以展开的空间(L1 语料)

(14)作为语篇个案，《在悬崖上》亦在标题话语关键词、叙述要素与修辞结构等方面投射了语篇的政治化(L1 语料)

而留学生在表达现实性认知时，尽管最常用的手段也是"作为"，但是他们仅使用了"当做"义中后接名宾这一种用法，如例（15）所示：

（15）本调查问卷选取一小部分常用和不常用的死亡委婉语作为调查资料（L2语料）

再以汉语母语者和留学生学位论文摘要中使用较多的"真实性/现实性"认识立场词块"发现"为例，在汉语母语者的摘要中，采用"发现"来表达"真实性/现实性"认识时，主要为"发现+小句宾"结构，用于表示研究结果［如例（16）］，其次是后接名宾和动宾的用法。这两种用法主要用于对研究课题（研究内容）或研究背景的描述［如例（17）和（18）］：

（16）本研究还对……进行了关联研究，发现词的义类范畴和词性之间存在相对整齐的对应关系（M4，L1 语料）

（17）对……进行了包括隐性邻接在内的详细描述，发现其邻接规律，并就"得"字的左右显性邻接共现情况进行观察和描述（M2-S3，L1 语料）

（18）对羌族语言现状的调查，我们可以发现影响其社区、家庭和个人语言选择差异的相关和关键性因素（M1，L1 语料）

在留学生摘要中，尽管对"发现"的用法与汉语母语者类似，但是其功能并不完全相同，如留学生通常将其用于表达研究目的［如例（19）（20）和（21）所示］，这在汉语中是不常见的，更为自然的用词是"揭示"：

（19）第二章是汉语与俄语"可能"表达形式比较……通过比较，发现俄罗斯留学生习得汉语"可能"表达形式的难点（M2-S2，L2 语料）

（20）本研究从汉语的礼貌用语表达方式这一角度出发……探讨文化对两种语言的影响，发现它们的相同之处和不同之处。（M2-S2，L2 语料）

（21）……本研究对《新 HSK 汉语水平考试》第一级到第三级进行比较分析。发现教材编写具有优点和不足。（M2-S2，L2 语料）

通过对汉语母语者摘要中"发现"的搭配和索引行的分析，本研究发现，该词常用于"研究结果"语步，并常以下面的模式出现："对……的研究，发现……""对……的分析，发现……""对……的调查，（我们）发现……""（本）研究发现……"。但我们的研究结果表明，留学生对这些模式的掌握还不到位，故在汉语学术写作教学中应强调对这些模式的正确使用。

此外，对抽样语料的观察揭示，同一词语在不同语境中可以改变其认识立场含义，如例（22）和例（23）中的"应该"就分别表达了"确定性"和"不确定性"两种认识立场：

（22）由此，新闻语言指称序列应该分为两种类型：普通序列和重要序列（L1语料）

（23）句法结构的引进或采用，不管是方言、古代汉语、外来语的句法结构或是新出现的句法结构，都应该能够对现代汉语句法结构体系加以补充（L1语料）

例（22）中的"应该"表示"理所当然"，传达了作者对命题信息的确定性，表达出作者和读者之间存在一种共享知识空间；例（23）中的助动词"能够"用于"应该"之后，使其不再具有"理所当然"之义，而表示"估计情况必须如此"，因而传递了对命题信息的不确定性，表达出一种可能性功能。

再如例（11）（12）（13）中的"作为"用于对事实的陈述，揭示了作者和读者对研究行为的一种共同理解，而例（24）中"作为"前的情态助词"可以"对"作为"后所提出的知识声言予以了模糊限制处理，因此预示其属于一种尚待验证的新的研究尝试：

（24）在深入、系统地比较这两种使用范围广、发展成熟并有很大代表性的语言的基础上对其他语言相对数表达法的结构特征进行一些不完全归纳推理，可以作为类型研究的一种新尝试。（L1语料）

上述例子表明，认识情态助词和不准确性认识立场（模糊限制语）具有调和潜在的修辞风险的作用，正如 Hyland（2016：254）所指出：立场总是相对于某种期待而表达的，以使个人判断具有说服力。这是汉语二语学术写作教学中应加以重视和强调的地方。

7.4.4　从匹配度角度对认识立场词块使用恰当性的分析

基于本书 5.2.2 对认识立场使用恰当性评价的讨论，本节从语言形式与其认识立场意义之间的匹配度、与交际语境之间的匹配度以及和学术语篇社团期望之间的匹配度几个方面对留学生学位论文摘要认识立场词块的使用恰当性展开讨论。

1. 语言形式与其认识立场意义之间的不匹配，如例（25）所示：

（25）通过研究<u>找到</u>印度尼西亚华人的闽南语跟厦门话有相同和不同的地方（M4，L2 语料）

此例选自留学生摘要中"研究结果"语步。该语步旨在描述研究结果或发现，应采用表达命题的真实性和现实性的立场词块（如"发现"等），但此例却误用了不具有此立场意义的"找到"一词，导致语言形式与其认识立场意义不匹配。

2. 语言形式与交际语境之间的不匹配，如例（26）和例（27）所示：

（26）将汉语与埃及阿拉伯语进行对比分析，<u>可</u>以探讨两种语言中祝福辞和安慰辞的异同，并<u>可</u>去了解隐藏在表象之后的文化因素，同时也可为对外汉语教学提供借鉴。（M2-S2，L2 语料）

例（26）选自语步 2"研究课题"。该句的具体交际功能是语阶 S2"描述研究目的"，但句中"可以"的使用与该交际功能完全不匹配，无论是表"可能"的不确定性立场意义，还是其他含义，均无助于此句交际功能的实现，句中划线处的"可"均应去掉①。

（27）汉语"羞"字本来跟它今天的用法"羞愧、难为情"<u>似乎</u>没有什么关系。它的本义是"进献"，"美味"。羞字进献义和食物义因时代的变迁现在都已经不存在了，只留下羞愧耻辱的义项。（L2 语料）

例（27）中的"似乎"是表不确定性的认识立场，而下文的叙述已明确表明了"羞"字的本义为"进献""美味"，与其现在的"羞愧、难为情"含义是没有关系的，因此，句中"似乎"的不确定性立场意义与交际语境不匹配。

3. 语言形式与学术语篇社团期望之间的不匹配，如例（28）所示：

---

① 本书所有例句包括其标点符号均来自原文，其中存在一些表达错误或不规范之处。因不属于本书分析对象，故不予修改或分析。

(28)语言学家认为，在这些隐喻现象方面，语言词汇中的颜色词，其隐喻特点将对人们的生活或是工作都可以产生重大的作用，因此非常具有研究的必要，可以对人类起到帮助。(M1-S3，L2语料)

例(28)用于语步1"研究必要性"语阶中，从学术语篇社团的表达惯例来说，读者期望作者在此对其研究必要性予以明确地肯定，而非以一种尚存不确定性的方式来表述，从这个意义上来讲，此例存在语言形式与学术语篇社团的期望之间的不匹配问题。这无疑会降低读者对其研究必要性的接受度，削弱其学术写作的劝说功能。另外，在此例中，表"不确定性"的认识立场词块"可以"被用于表示确定性含义的"将对……产生作用"结构中，此时，"可以"的立场意义与句中语言结构所表达的意义之间存在冲突，造成了语言形式与认识立场意义之间的错配。

7.4.5 ICM 分析

本书6.4.3基于英汉学位论文摘要认识立场表达对比分析(CA)对汉语二语学习者认识立场的使用倾向做出了以下预测：①过多使用认识立场标记语；②过多使用不确定性立场标记语、表命题真实性和现实性立场标记语和表知识的来源立场标记语；③缺乏确定性立场标记语、模糊限制语和表观点或视角的立场标记语。本章的中介语对比分析(CIA)揭示，抽样来华留学生的硕士学位论文摘要确实表现出少用确定性立场标记语、模糊限制语和表观点或视角的认识立场标记语的倾向，但除表观点或视角的认识立场标记语外，与汉语母语者相比，他们对确定性立场标记语、模糊限制语的使用并不具有显著性差异(见表7-2的统计数据)。显著少用表观点或视角的认识立场标记语说明留学生对自己的研究缺乏自信。本研究所抽样的50篇留学生论文的作者分别来自泰国、俄罗斯、越南、韩国、印尼、缅甸等18个不同的国家，然而这些一语为18种不同语言的留学生对表观点或视角的认识立场标记语的使用却表现出一致的倾向，故我们有理由推论这一倾向更可能是受到其二语(英语)的影响，而非其母语的影响。不过，本章的研究结果不支持上述其他两条预测。

本章对留学生学位论文摘要不同语步中认识立场的使用研究发现，尽管本书 6.4.3 预测的问题多数并没有在本章的分析中得到证实，部分结果甚至与预测相反，但是 CIA 分析结果表明，抽样来华留学生在研究背景语步（M1），确实显著多用确定性、不确定性、真实性和现实性、局限性认识立场标记语；在研究结论语步（M5），显著多用不确定性立场标记语（参见表 7-7 的统计数据）。这些共性特征出现在来自不同国家的留学生学位论文摘要中使我们有理由相信，上述共性问题在更大的程度上是受到了其二语——英语的影响，二语（英语）确对三语（汉语）的使用产生影响。

基于上述研究结果，我们建议在针对留学生的学术写作教学中，不仅应考虑其母语的影响，还应考虑英语对汉语学习的影响，并在教学中采取有针对性的指导和训练。

7.5　结语

本章的研究表明，无论是从语步角度还是从认识立场角度来看，总体来讲，留学生学位论文摘要存在少用认识立场词块的倾向，尽管在多数情况下与汉语母语者相比差异并不具有统计显著性。相较于汉语母语者，留学生在摘要语步 1 "研究背景"中评价"当前研究不足"时较少使用"不准确性"认识立场，缺乏有所保留、留有余地的意识；在语步 2 "研究课题"中显著少用"不准确性"认识立场来对其所完成的工作予以一定程度的模糊化处理；在语步 3 "研究方法"中，留学生却显著少用"确定性"立场，与该语步主要为对研究方法的客观描述不符；尤为突出的是，在语步 4 "研究结果"中，留学生显著少用"确定性""不确定性"和"局限性"认识立场，说明留学生不能恰当地使用立场词块来对其研究结果予以确切的表达；在语步 5 "研究结论"中，留学生显著少用"确定性""不准确性""知识来源"认识立场，但却显著多用"不确定性""观点/视角"立场词块。这一方面反映出，留学生对自身研究结论缺乏自信，另一方面，对其研究结论的评价亦缺乏必要的修饰，没有如汉语母语者那样采用"不准确性"立场词块来对命题内容予以模糊限制，同时又过多地使用自我指称来强调其结论。从认识立场词块的整体使用率对比情况来看，留学生显著多用"观点/视角"立场，主要体现在语步5；对于其他未达到统计显著性的认识立场，留学生几乎都存在少用倾向。

在留学生摘要中，语言形式与其认识立场意义之间的不匹配、与交际语境之间的不匹配以及和学术语篇社团期望之间的不匹配情况均有发生。我们认为，留学生论文摘要在认识立场使用方面所存在的问题以及与汉语母语者之间存在的差异，更主要的是源于他们对学术写作所在学科认识论传统的不熟悉，源于他们对目标语学术社团流行的行文惯例和学术传统的掌握不到位，而非源于其信息来源以及其修辞目的。本研究作者对我国学者的英文研究论文的研究亦揭示出类似的倾向，即我国学者的英文研究论文相较于英语本族语者的论文缺乏自我面子保护和留有余地(吕长竑等 2010：42)，这似乎是二语学习者的一个普遍问题，是二语教学中应予以特别关注的一个话题。

第8章　英汉学位论文摘要评价意义
对比研究(CA)

8.1　引言

在摘要撰写中,恰当地表达评价意义非常重要。表达评价意义的语言资源有助于摘要实现其交际功能(张大群 2014:97),向读者展现文章的阅读价值,说服读者阅读全文(Hyland 2004:64)。摘要的不同交际功能可通过不同的语步来予以传达,而特定词块在语步交际功能的实现过程中起着重要的作用(Cortes 2013)。不仅如此,研究表明,将语步结构和词块结合起来进行教学,不但可以帮助学习者更加深入地认识到语步功能实现的具体方式,还能够为学习者写作提供可以直接使用的词块,有助于提高二语学习者的学术写作能力(Cai 2016)。因此,探究具有特定评价意义的词块与具有特定交际功能的语步之间的共存关系非常重要(Le & Harrington 2015:47)。

语步是语篇中实施交际功能的修辞单位(Swales 2004:29),其划分依据是语篇特定的交际目的(李梦骁,刘永兵 2017b)。对评价意义的考察离不开具体的语境和评价表达者的交际意图,故语步划分对评价意义的分析十分重要。目前学界对研究论文摘要的语步构成研究比较充分,普遍认为研究论文摘要应包括以下五个语步:背景(关于话题我们知道什么? 为什么该话题重要?)、目的(该研究是关于什么的?)、方法(如何开展的?)、结果(发现是什么?)、结论(这些发现意味着什么?)(Swales & Feak 2009;Tankó 2017;肖忠华,曹雁 2014;胡新 2015)。学位论文摘要与一般研究论文摘要属于不同体裁的文本,故有关研究论文摘要的研究结果不能直接用于替代学位论文摘要的语步结构。关于学位论文摘要的语步结构，国内外目前有一些相关研究（叶云屏，柳君丽 2013；Al-Ali & Sahawneh 2011；El-Dakhs 2018），但这些研究的分析对象均为英文学位论文。以中文学位论文摘要为分析对象的相关研究，仅有吕长竑等（2022）①，其研究结果将作为本研究对学位论文予以语步分析的基础。

词块是词汇语法层的评价性语言资源，表达语义层的评价意义（房红梅 2014：307），词块功能是考察语篇评价意义的关键性指标之一（李梦骁，刘永兵 2017b：75）。评价意义涵盖作者对所论及的实体或命题的立场、态度、观点、情感等相关人际意义（徐玉臣 2013：11）。评价系统（Martin & White 2005）研究语篇语义层面的人际意义表达，由态度、介入和级差三个子系统组成。其中态度系统与情感意义协同，级差系统在评价的聚焦和语势上表现出程度与等级特征，而介入系统与知识性立场意义协同（徐昉 2015b：2）。汉语学术论文极少使用态度标记语（吴格奇，潘春雷 2010：95），因此，主要关注语言的协商方式、立场选择以及参与语篇的各方之间关系的介入系统（Martin & White 2005：93）对学术语篇中的评价意义分析更为重要。介入系统中包括不同种类的介入资源，介入资源可以通过介入词块实现。目前已有一些有关英语介入词块的研究（李梦骁，刘永兵 2017b；董连棋，李梅 2020），但利用介入系统识别汉语介入词块的研究鲜有发现。杜海（2015）依据评价理论子系统中的介入和态度分析了汉语据素在表述信息来源和可靠性方面的评价意义，但该研究不够全面，没有涉及介入系统中不是据素的词块。故有关汉语学术语篇中介入词块的研究仍不够充分，有待进一步完善。

可以看出，语步和介入词块对评价意义的分析至关重要，从词块与语步的关系入手，可以获得更具理论与实践意义的研究成果（李梦骁，刘永兵 2017b）。目前将语步和介入词块相结合的研究不多，且主要分析的是中国学习者和母语学习者的议论文（董连棋，李梅 2020）或中外学者的英文期刊论文（李梦骁，刘永兵 2017b），而没有以学位论文为研究对象的相关研究。此外，这些研究对比分析的

---

① 此文被收录在本书第 4 章。

语言都是英语，旨在帮助中国学者在英语论文中更好地说服国际读者接受自己的学术观点（李梦骁，刘永兵 2017b），帮助他们提高在国际学术社团中的话语权。但有关介入资源的跨语言比较，即比较汉语母语者的中文论文和英语母语者的英文论文也同样重要，其研究结果可以帮助中国学者更好地理解中英文的论文体裁及其评价意义的不同特点，以及这些不同特点背后的文化因素（蒋婷，杨霞 2018），进而帮助他们在撰写英语论文时恰当地使用评价资源，以降低母语对其写作的影响。然而文献调研表明，目前尚未发现这种将语步和介入资源以及词块相结合且聚焦于学位论文摘要的跨语言比较研究。

为此，本研究拟将汉语母语者博士学位论文的汉语摘要（后文简称为汉语学位论文摘要）和英语母语者博士学位论文的英语摘要（后文简称为英语学位论文摘要）予以对比，分析介入资源和介入词块在不同语步中的分布方式。具体来说，本研究的研究问题如下：

（1）汉语母语者语言学及应用语言学博士学位论文的汉语摘要和英语母语者语言学及应用语言学博士学位论文的英语摘要不同语步对各介入资源的使用情况及其所表达的评价意义有何异同？

（2）汉语母语者语言学及应用语言学博士学位论文的汉语摘要和英语母语者语言学及应用语言学博士学位论文的英语摘要对介入性词块在不同语步中的使用情况有何异同？

8.2　理论基础

作为评价系统的三个子系统之一，介入系统认为所有的语言都是对话性的，人们在表达介入时，就是在与各种不同的观点进行对话，与各种不同的声音进行协商（房红梅 2014：308）。介入系统分为单声（monogloss）和多声（heterogloss）。

单声是一种纯粹的断言（Martin & White 2005：99），暗示某个命题在当下的交际语境中是共知的，不必考虑其他观点，或者暗示被忽视的观点没有价值，不值得注意（王振华，路洋 2010：56）。Martin 和 White（2005：99）指出实现单声的句子往往是"主体间中立的"（intersubjectively neutral）、"客观的"（objective），或"基于事实的"（factual），如"The banks have been greedy."。

多声则指作者在表达命题时提及或暗示了其他立场的存在，为不同声音的对话营造出一定的空间（Martin & White 2005：100），通过对对话空间的收缩（contract）或扩展（expand）来表达自己对某种观点的看法。

对话收缩（dialogical contract）通过较为肯定的语气来表明作者对某一观点的反对或赞同（赖良涛，苏树苗 2022）。由于压缩了对话空间，作者主动承担了更多的人际责任，增大了自己被挑战或批评的可能性，但也增强了作者的权威性（张大群 2014），使作者在相关研究中更有话语权，能够对读者进行更强的引导。对话收缩包括弃言（disclaim）和声言（proclaim）（Martin & White 2005：117）。

弃言通过表示否定意义的词块来表达作者对某种观点的反对，包括否定（deny）和反示（counter）（Martin & White 2005：118）。否定指对某一命题直接进行否定。否定本身预设肯定的存在，作者的声音和潜在的相反声音的对立，可通过某些否定词来实现，如"no""not"（Martin & White 2005：119）。反示用一个相反的命题来否认读者对某一问题可能的预测，作者通过使读者的预测落空的方式，达到说服读者放弃原有预测，实现将其争取到自己阵营中的目的（Martin & White 2005：120）。反示可以通过转折让步连词（如"although""however""yet"）或有转折含义的附加语（如"even""only""still"）实现（Martin & White 2005：121）。

声言表明作者对某一命题高度支持或赞同，且愿意为某一观点的可靠性和正确性做出保证，具体包括一致（concur）、宣称（pronounce）和认同（endorse）。一致暗示某命题是被广泛承认的，表明这一命题一般情况下不会遭到目标读者的反对（Martin & White 2005：122），是作者和读者共享的立场。一致资源包括"of course""naturally""clearly"等表达"毫无疑问""显而易见"之义的词汇或短语（徐玉臣等 2020：20）。宣称以作者自己声音的明显介入，来表明作者对某一命题的支持（Martin & White 2005：127）。认同表明作者认为某一源于外部的命题是准确无误、不容置疑的（Martin & White 2005：126），作者在对话中与这一来自外部的观点结盟。可通过外部声源和某些转述动词(如"show""prove""demonstrate")的结合体来实现(Martin & White 2005：126)。

另一方面，对话扩展(dialogical expand)则扩大了对话空间，作者减弱了自己表达赞同或反对时的语气，降低了对所表达的观点的承诺程度，对其他不同声音持开放包容的态度，从而降低了作者遭到批评的可能性，给读者呈现出更加严谨客观的形象(蒋婷，杨霞 2018)。对话扩展包括引发(entertain)和归属(attribute)两种类型(Martin & White 2005：104)。

引发暗示某一命题只是一系列可能正确的命题之一(Martin & White 2005：104)，表明作者对某一观点持不确定的态度。作者认为某个命题的正确性不能得到百分之百的保证，暗示有其他可能正确的观点的存在(赖良涛，苏树苗 2022)。作者通过这种方法可以更好地与持有其他观点的读者结盟，达到说服读者的目的(张蓥 2013)。引发可以通过情态词(如"may""probably""could")、心理动词(如"suspect""think""believe")或基于证据/表象的假定(evidence/appearance-based postulations，如"it seems/appears""apparently")来予以实现(Martin & White 2005：105)。

归属明确指出命题是来源于外部的(Martin & White 2005：111)，而且并不对其正确性做过多的担保，使该命题所表达的立场与作者的声音相互分离，表明作者对这一立场并不负责，只是提供作为参考。归属又包括承认(acknowledge)和疏远(distance)(Martin & White 2005：98)。承认在指出外部声源时，作者并没有暗示自己对于该观点的态度(赖良涛，苏树苗 2022)，读者对作者的态度是未知的。承认资源主要通过外部声源与某些转述动词(如"say""report""state")或心理动词(如"believe""think")的结合体来实现(Martin & White 2005：111)。而疏远在指出外部声源时，作者使用了一些语言资源来暗示自己拒绝为该观点负责，读者可以感受到作者的立场与该外部立场之间存在明显的分离(姚俊 2010)。疏远最常见的实现方式是转述动词"claim"(Martin & White 2005：113)。

8.3 研究方法

8.3.1 语料收集

按照本书 3.2.2 语料收集方法，本研究以语言学及应用语言学为学科对象，从 CNKI 中国博士论文全文数据库 2007—2021 年所发表的论文中抽样出 50 篇摘要（见表 8-1），总字数为 83806（不含标题）。

为与汉语博士学位论文的抽样年度相对应，英语博士学位论文的抽样范围亦为 2007—2021 年。具体方法是：以 Linguistics 为学科对象，从 PQDT 博硕士论文全文数据库中对 2007—2021 年之间的全部博士学位论文进行穷尽式搜索后，以英语为语言对象，进一步收窄检索结果，将 Language 和 English as a second language 下的论文全部导出。我们在网站 https://www.surnamedb.com/Surname 上对导出论文作者是否英语母语者予以核验，剔除不能在该网站上检索到的作者的论文。然后，采用与汉语博士学位论文相同的抽样方法，在 2007—2021 之间抽取出 50 篇英语母语者博士学位论文（见表 8-1），总字数为 17159（不含标题）。

表 8-1 年度抽样数

年度	汉语博士学位论文	英语博士学位论文
2007	5	1
2008	2	1
2009	4	1
2010	3	2
2011	4	2
2012	7	3
2013	6	2
2014	3	3
2015	4	3
2016	2	3

年度	汉语博士学位论文	英语博士学位论文
2017	2	3
2018	3	5
2019	2	7
2020	2	8
2021	1	6

8.3.2　语料标注与分析

按照本书 3.3.1 所述的方法，本研究对抽样语料予以了语步识别。具体操作办法是：逐句阅读抽样摘要，根据摘要语句的整体修辞目的对摘要进行切分，并按各部分的交际意图进行归类以识别该体裁可能的语步类型。为保障语步/语阶的识别信度，对抽样文本进行了两次识别，并对两次划分结果做一致性检验（kappa 系数）。

参考上文所介绍的 Martin 和 White(2005)对介入资源的定义与解释，本研究利用 UAM Corpus Tool 对语料进行了人工标注。在标注过程中，本研究首先对英语语料进行了标注，然后基于英语介入资源的汉语对应词对汉语语料进行了标注。为保证研究的信度，分别对语料进行了两次标注，并对两次标注结果予以了一致性检验(kappa 系数)。然后计算各介入资源及介入性词块在摘要不同语步中的频数，并进行卡方检验，以揭示各介入资源在两个语料库不同语步中的使用情况是否具有显著性差异，并对数据结果做出解释。

8.4　从语步角度对英汉介入资源使用情况的对比

通过语步分析，我们发现英、汉学位论文摘要均包含六种语步，分别为"研究背景"（M1）、"研究课题"（M2）、"研究方法"（M3）、"研究结果"（M4）、"研究结论"（M5）和"论文结构"（M6）。其中"论文结构"是学位论文特有的一个语步，用来描述论文结构。但在标注语料时，并没有在该语步中发现任何介入性词块，因此下文将重点讨论介入词块在其他五个语步中的分布情况。在标注过程中，我们发现单声资源往往是通过某些肯定陈述句实现的，这些句子在具体的语境中没有暗示其他声音的存在，而是将当前命题作为唯一重要的命题来陈述。在分析语料中，我们没有发现任何可以与之相对应的词块，因此在本研究中，单声资源将不予考虑。而多声资源在所分析的语料中，都有一些词块与之对应，因此本研究将把研究重点放在对多声资源的分析上。

在对汉语学位论文摘要和英语学位论文摘要中介入资源的两次人工识别后，一致性检验结果表明，这两次人工识别具有较高一致性（当 K>0.8 时，表明有极好的 ·致性）。其中，在 L1 汉语学位论文摘要中，K 值为 0.912（见表 8-2）；在 L1 英语学位论文摘要中，K 值为 1.000（见表 8-3）。

表 8-2　L1 汉语学位论文摘要一致性检验结果

	值	渐进标准误差 a	近似 T b	近似值 Sig.
一致性度量 Kappa	.912	.014	40.636	.000
有效案例中的 N	586			

注：a. 不假定零假设。b. 在假定原假设的情况下使用渐进标准误差。

表 8-3　L1 英语学位论文摘要一致性检验结果

	值	渐进标准误差 a	近似 T b	近似值 Sig.
一致性度量 Kappa	1.000	.000	19.875	.000
有效案例中的 N	395			

注：a. 不假定零假设。b. 在假定原假设的情况下使用渐进标准误差。

表 8-4　汉语与英语学位论文摘要总字数、介入资源数及标准化频数

语料库	总字数	介入资源数	标准化频数（每万词）
L1 汉语	83 806	583	69.6
L1 英语	17 159	387	225.5

为了避免字数差异过大导致研究结果有误，本研究对这两种语料做了标准化处理（见表 8-4）。由表 8-4 可知，英语学位论文摘要中的介入资源数（225.5/万词）是汉语学位论文摘要的三倍多（69.6/万词）。因此，总体而言，英语学位论文摘要更注重与读者互动协商，而汉语学位论文摘要没有强烈的与读者交流的人际互动意识，这与吴格奇、潘春雷（2010：95）的研究结论一致。这种差异可能与中国的修辞传统有一定的关系（Hu & Cao 2011：2804）。中国文化认为语言辩论对理解真理和现实是没有意义的（Peng & Nisbett 1999：747），真理是无需争论的，因此作者只需在文本中以断言的方式指出知识和真理的内容，而不需要论证其正确性，更不需要考虑到其他立场的存在。

8.4.1 特定语步中的对话压缩

我们对不同对话压缩资源在汉语和英语博士学位论文摘要中的使用情况进行了统计，详见表 8-5 所示。

表 8-5 汉语与英语学位论文摘要中对话压缩资源在各语步中的分布情况

介入资源	论文作者	研究背景（M1）		研究课题（M2）		研究方法（M3）		研究结果（M4）		研究结论（M5）	
		频次（%）	N	频次（%）	N	频次（%）	N	频次（%）	N	频次（%）	N
否定资源	L1汉语	21（13.91）	2.5	5（3.31）	0.6	2（1.32）	0.2	109（72.19）	10.3	14（9.27）	1.6
	L1英语	16（25.81）	9.3	7（11.29）	4.1	3（4.84）	1.7	28（45.16）	16.3	8（12.9）	4.7
反示资源	L1汉语	27（15.52）	3.2	5（2.87）	0.6	5（2.87）	0.6	112（64.37）	13.4	25（14.37）	3.0
	L1英语	30（31.91）	17.5	10（10.64）	5.8	3（3.19）	1.7	34（36.17）	19.8	17（18.09）	9.9
一致资源	L1汉语	4（100）	0.5	0（0）	0	0（0）	0	0（0）	0	0（0）	0
	L1英语	1（20）	0.6	4（80）	2.3	0（0）	0	0（0）	0	0（0）	0
宣称资源	L1汉语	4（2.48）	0.5	16（9.94）	1.9	9（5.59）	1.1	110（68.32）	13.1	22（13.66）	2.6
	L1英语	4（3.45）	2.3	17（14.66）	9.9	1（0.86）	0.6	71（61.21）	41.4	23（19.83）	13.4
认同资源	L1汉语	5（18.52）	0.6	8（29.63）	1.0	12（44.44）	1.4	1（3.7）	0.1	1（3.7）	0.1
	L1英语	13（32.5）	7.6	6（15）	3.5	10（25）	5.8	9（22.5）	5.2	2（5）	1.2

（注：表中 N 代表标准化频率，单位为每万词）

8.4.1.1 弃言

英语学位论文摘要在所有语步中使用否定资源的标准化频数均大于汉语学位论文摘要（见表 8-5），而且两者只在"研究结果"（M4）中不存在显著性差异（$\chi^2 = 0.7885$，$p = 0.375 > 0.05$），在其他语步中均存在显著性差异（M1：$\chi^2 = 18.0774$，$p = 0.000 < 0.05$；M2：$\chi^2 = 14.5383$，$p = 0.000 < 0.05$；M3：$\chi^2 = 6.5555$，$p = 0.010 < 0.05$；M5：$\chi^2 = 5.8518$，$p = 0.016 < 0.05$）。

在"研究背景"（M1）中，英语学位论文摘要主要用否定资源来介绍选题背景，如：

（1）Without suitable training in these languages, the reader is completely dependent upon others' work and discernment for interpretation and forming theological conclusions.（选自 *A Pedagogical Analysis and Assessment of New Testament* 摘要语步 1）

这句话用"Without"表明该研究是在这样的背景下展开的：如果没有合适的语言训练，那么读者只能依靠别人的解读来理解作品的含义。不但驳斥了读者不需要英语训练就可以独立理解作品的观点，压缩了对话空间，而且强调了语言训练的重要性，进一步证明了该研究的必要性。

而汉语学位论文摘要在"研究背景"（M1）中主要用否定资源来说明当前研究存在的不足，如：

（2）不容忽视的是，现有汉语词表的编制基本都立足于对词汇绝对词频的浅层次统计，因此既难以深入揭示人们真实的语用规律，也不符合人们词汇习得的客观认知规律。（选自《国际汉语教学中的性质状态类基层词库建设研究》摘要语步 1）

在例句（2）中，作者用"不"指出了现存汉语词表所存在的缺点，否定了其符合人们词汇习得的客观认知规律的观点，表明现存研究还不完善，仍需要进一步的研究。

英语学位论文摘要和汉语学位论文摘要在"研究课题"（M2）和"研究方

法"(M3)中使用的否定资源都比较少，而且所表达的评价意义也大致相同，都主要使用否定资源来介绍研究课题或研究方法，明确了其中不包括哪些方面，以更加全面准确地描述这两部分的内容，如：

（3）"Sheltering" is the practice of offering "academic courses taught in the second language" where "native and non-native [...] students are <u>not</u> mixed in any one class". (选自 *An Exploration of a University Academic Bridge Program for English Language Learners* 摘要语步 2)

（4）会谈类型主要涉及个人治疗(individual therapy)，<u>不</u>涉及团体治疗(group therapy)，其中包括一些个案的首次和后期治疗。(选自《中国心理治疗话语的语用特征研究》摘要语步 3)

例句(3)所属的学位论文的研究内容是"the first year of a sheltered university bridge program"，因此作者在这句话中具体解释了"Sheltering"是什么意思，用"not"指出这种课堂不会将本族语学生和非本族语学生混在一起，强调了这种课堂的一个重要特点。而例句(4)所属的学位论文的研究手段是"会谈"，因此作者用"不"将两种类型不同的会谈对立起来，明确指出自己的研究只是用第一种"个人治疗"而不使用第二种"团体治疗"。

在"研究结论"(M5)中，两者用否定资源所表达的评价意义也大致相同，主要用来指出自己的研究证明了哪些观点是错误的，压缩了这些观点的存在空间，表明了研究意义，如：

（5）An analysis of the data revealed that the reasons LEP students were <u>not</u> continuing to EAP classes upon completion of their ESOL courses were <u>not</u> related to the cost of the EAP classes. (选自 *Factors Affecting Adult English Speakers of Other Languages'(ESOL) Enrollment in English for Academic Purposes(EAP) Courses：A Multicase Study* 摘要语步 5)

（6）新闻文本的解读和消费是<u>非</u>理性的。(选自《新闻文本显性状态及其潜在张力》摘要语步 5)

例句(5)使用两个"not"指出 LEP 学生不再继续学习 EAP 课程的原因与

EAP 课程的费用无关，将学生停止学习和课程费用联系在一起是不对的，压缩了这种立场存在的空间。而例句（6）则用"非"表明"新闻文本的解读和消费是理性的"这一观点与研究结论相悖，而对于某些可能会持有这一观点的人来说，这个研究的意义或许就在于帮助他们纠正了自己以前的错误观点，因此研究意义也可以在否定资源中体现。

从表 8-5 可以看出，反示资源在英语学位论文摘要所有语步中出现的标准化频数均大于汉语学位论文摘要。而且显著性检验表明，两者只在"研究方法"（M3）中不存在显著性差异（$\chi^2 = 2.3846$，$P = 0.123 > 0.05$），在其他语步中均存在显著性差异（M1：$\chi^2 = 51.3437$，$p = 0.000 < 0.05$；M2：$\chi^2 = 26.2390$，$p = 0.000 < 0.05$；M4：$\chi^2 = 4.1042$，$p = 0.043 < 0.05$；M5：$\chi^2 = 16.4227$，$p = 0.000 < 0.05$）。

和否定资源一样，反示资源在英语学位论文摘要的"研究背景"（M1）中也主要被用于展现研究背景，解释自己研究可行的原因，如：

（7）However, non-native speakers of English now outnumber native speakers worldwide, a fact which promises to redefine what "standard" means from a translingual perspective. （选自 *Toward a Translingual Composition: Ancient Rhetorics and Language Difference* 摘要语步 1）

而反示资源在汉语学位论文摘要"研究背景"（M1）中往往用来说明已有研究的不足，如：

（8）但长期以来，汉语语篇的结构研究是从宏观和微观两个层面分开进行的。（选自《现代汉语新闻评论语篇的结构研究》摘要语步 1）

在其他语步中，两者用反示资源表达的评价意义都大致相同，都暗示了某些潜在读者可能会持有的观点是不对的，而反示资源后跟的观点才是正确的，强调了论文中某些可能出人意料的部分，如：

（9）However, there was a glaring exception to this trend for two HSs of non-aspirating home dialects who, despite their high proficiency levels, perceived aspiration at a level similar to the least proficient L2 speakers. （选自 *The Acquisition of a Sociolinguistic Variable While Volunteering Abroad: S-weakening Among L2 and*

Heritage Speakers in Coastal Ecuador 摘要语步 4）

在例（9）中，作者指出自己的研究结果中存在着一个明显的"exception"，对于潜在读者来说这一例外可能是出乎意料、不可思议的，因此用"However"来对其进行强调，希望能引起读者的注意，获得读者的认可，以便更好地与他们结盟。这句话中作者也用反示资源"despite"强调了另一反预期的研究结果。正常情况下，人们可能认为流利度较高与流利度较低的英语二语者送气音的强度可能不同，但该研究观测到的结果表明两者"aspiration"的程度是相似的，因此作者用"despite"突出了这一研究结果。

8.4.1.2　声言

从表 8-5 中可以看出，虽然汉语学位论文摘要和英语学位论文摘要都很少使用一致资源，但其在不同语步中的分布情况仍有较大区别。汉语学位论文摘要只在"研究背景"（M1）中（占比 100%）使用一致资源，而一致资源虽然在英语学位论文摘要"研究背景"（M1）语步中（占比 20%）也出现了，但主要分布在"研究课题"（M2）中（占比 80%）。显著性检验表明，英语学位论文摘要在"研究课题"（M2）的一致资源显著多于汉语学位论文摘要（$\chi^2 = 19.5371$，$p = 0.000 < 0.05$）。英语学位论文摘要主要用一致资源来描述研究内容具有哪些众所周知的特性，如：

（10）This dissertation is concerned with the specific relationship between copular sentences and existential sentences, and what about that relationship is responsible for the well-known restrictions on definiteness and predicates that are observed in the existential cases. （选自 *Existential Constructions: a Syntactic Predication Approach* 摘要语步 2）

例句（10）用"well-known"暗示"restrictions on definiteness"已经得到了学界的广泛承认，作者预期这一观点不会受到读者的反对，因此用一致资源对其进行强调，既展现了自己对研究内容在该领域中所处的现状十分熟悉，也能帮助其与持有相同观点的读者结盟。但使用这种介入资源的风险较大，一旦读者不同意某个观点，就会强烈地反对它，还可能会认为作者的想法过于绝对，不愿再与其结盟。因此作者在使用一致资源时都十分谨慎，只使用了很少的一致资源。

英语学位论文摘要中的宣称资源除了在"研究方法"（M3）中的标准化频数（0.6/万词）小于汉语学位论文摘要外（1.1/万词），在其他所有语步中均大于汉语学位论文摘要（见表8-5），然而两者只在"研究方法"（M3）中不存在显著性差异（$\chi^2 = 0.3469$，$p = 0.556 > 0.05$），在其他语步中均存在显著性差异（M1：$\chi^2 = 6.1782$，$p = 0.013 < 0.05$；M2：$\chi^2 = 27.8853$，$p = 0.000 < 0.05$；M4：$\chi^2 = 63.5288$，$p = 0.000 < 0.05$；M5：$\chi^2 = 37.1450$，$p = 0.016 < 0.05$）。

宣称资源往往通过作者的明显介入来支持某些观点，表明作者愿意为这些观点的正误负责，如：

（11）这段思想文化发展史必然会影响到语言，尤其是引起与思想文化相关的语言活动的变化。（选自《魏晋六朝与晚期罗马的文化语言活动》摘要语步1）

这句话中的"必然"表明作者认为"这段思想文化发展史"对语言的影响是合乎规律、确定无疑的，暗示作者愿意为这一观点的确定性承担责任，希望能引起读者对这一观点的注意，得到他们的认同。

英语学位论文在其摘要的所有语步中使用认同资源的标准化频数均大于汉语学位论文摘要（表8-5），而且均存在显著性差异（M1：$\chi^2 = 38.9252$，$p = 0.000 < 0.05$；M2：$\chi^2 = 6.6388$，$p = 0.010 < 0.05$；M3：$\chi^2 = 12.6342$，$p = 0.000 < 0.05$；M4：$\chi^2 = 37.7853$，$p = 0.016 < 0.05$；M5：$\chi^2 = 5.2472$，$p = 0.022 < 0.05$）。因此，英语学位论文可能会在摘要中加入更多的外部观点，通过支持别人的看法而与其结盟，以期增大自己在学术社团中的话语权，说服读者接受其观点，如：

（12）This study is relevant as recent data shows that third graders have difficulty syllabicating multi-syllabic words. （选自 *The Effect of Morphological Instruction on Student Word Recognition and Vocabulary Development* 摘要语步4）

在例（12）中，作者使用"recent data shows"介绍了其他近期研究结果，在描述自己研究结果的同时，使用这些来自外部的研究数据来佐证自己的发现，以提高自己研究所得结果的可信度。

此外，认同资源在汉语学位论文摘要中主要集中于"研究方法"（M3）（占比 42.86%）语步中，而在英语学位论文中则主要集中于"研究背景"（M1）（占比 32.50%）中（见表 8-5）。相较之下，汉语学位论文摘要更注重在说明研究方法时使用认同资源指出自己所使用的研究方法的来源，通过使用某一研究方法而与其结盟，并以此暗示该研究方法的可靠性，如：

（13）本研究在语料调查和文献阅读的基础上，<u>运用</u> Sperber & Wilson 提出的关联理论，对汉语言语交际中的非规约间接否定言语行为进行了全面、系统的研究。（选自《非规约间接否定：作为语用策略的言语行为》摘要语步 3）

在例（13）中，作者既然已经"运用 Sperber & Wilson 提出的关联理论"作为自己的理论框架了，那么他必然是赞同这个理论的。通过这种方法，作者也暗示了该研究不是凭空而来的，而是可以找到依据，增强了研究的可信度，而且作者所认同的方法在学界的承认度越高，就越能促进读者认可研究的可靠性。

而英语学位论文则更注重使用一些认同资源引用别人的观点来介绍研究背景，使该语步中有更多的声音可以相互交流，让读者在了解背景时可以参考到一些外部观点，如：

（14）Online education enrollment has been increasing; however, <u>research indicates</u> that student retention and student success rates are not keeping pace with those associated with classes taught on campus. （选自 *Effective Instructional Design Practices for Online Language Learning*：*Emerging Trends and Implications* 摘要语步 1）

例（14）使用"research indicates"表明这种研究背景不是作者自己一个人的主观观念，而是有相关研究作为支撑，使文章显得更加客观，进而增强了说服力。

8.4.2 特定语步中的对话扩展

对不同对话扩展资源在汉语和英语博士学位论文摘要中使用情况的统计如表8-6所示。

表8-6 汉语与英语学位论文摘要中对话扩展资源在各语步中的分布情况

介入资源	论文作者	研究背景(M1)		研究课题(M2)		研究方法(M3)		研究结果(M4)		研究结论(M5)	
		频次(%)	N	频次(%)	N	频次(%)	N	频次(%)	N	频次(%)	N
引发资源	L1汉语	3(6.81)	0.4	4(9.09)	0.5	1(2.27)	0.1	32(72.73)	3.8	4(9.09)	0.5
	L1英语	8(16)	4.7	10(20)	5.8	0(0)	0	15(30)	8.7	17(34)	9.9
承认资源	L1汉语	12(57.14)	1.4	2(9.52)	0.2	1(4.76)	0.1	4(19.05)	0.5	2(9.52)	0.2
	L1英语	8(50)	4.7	2(12.5)	1.2	0(0)	0	5(31.25)	2.9	1(6.25)	0.6
疏远资源	L1汉语	0(0)	0	0(0)	0	0(0)	0	1(100)	0.1	0(0)	0
	L1英语	2(50)	1.2	0(0)	0	0(0)	0	2(50)	1.2	0(0)	0

(注：表中N代表标准化频率，单位为每万词)

8.4.2.1 引发

引发资源除了在英语学位论文摘要的"研究方法"（M3）中一次都没有出现外，在其他语步中均有使用，而且其标准化频数均大于汉语学位论文摘要（见表8-6）。显著性检验结果表明，两者在"研究方法"（M3）中使用的引发资源不存在显著性差异（$\chi^2 = 0.3469$，$p = 0.556 > 0.05$），在其他语步中均存在显著性差异（M1：$\chi^2 = 20.9906$，$p = 0.000 < 0.05$；M2：$\chi^2 = 29.4101$，$p = 0.000 < 0.05$；M4：$\chi^2 = 6.9176$，$p = 0.009 < 0.05$；M5：$\chi^2 = 60.9068$，$p = 0.000 < 0.05$）。因此，总体而言，英语学位论文摘要会使用较多的引发资源暗示某一命题只是一系列可能正确的命题之一，表明作者对某一命题的正确性持不确定的态度。这样英语学位论文摘要打开了对话空间，将更多不同的观点包容了进来，以更好地与持有其他观点的读者结盟，达到说服读者的目的，如：

（15）One possibility is that the syntax-prosody mapping is one-to-one ("isomorphic") at an underlying level. （选自 *Isomorphy and Syntax-Prosody Relations in English* 摘要语步 1）

汉语学位论文摘要中的引发资源主要集中于"研究结果"（M4）（占比71.74%）中，英语学位论文摘要中的引发资源则主要分布在"研究结果"（M4）（占比30.00%）和"研究结论"（M5）（占比34.00%）语步，而且在这两个语步中的分布比较均衡。可以看出，汉语学位论文摘要更注重用引发资源描述研究结果，表明作者不能完全保证某个研究结果是百分之百正确的，如：

（16）该构式的语力表达，由于 VO 与 N 处所的整合度相对较高而使整个结构的语气得到增强，<u>似乎</u>隐含了一种结果，表示一种已然，突显了事件性。（选自《汉语处所范畴句法表达的构式研究》摘要语步 4）

例（16）用"似乎"这一低值情态动词，表明作者不确定该研究结果是否正确。通过这一引发资源，作者不仅承认了自己的研究可能存在一定的局限性，因此不能确保结论的可靠性，而且承认了其他可能存在的正确立场，打开了对话空间，降低了自己受到别人批评的可能，让即使不同意自己观点的人也有可能与自己结盟。

英语学位论文摘要也较为重视在"研究结论"（M5）中使用引发资源打开对话空间，如：

（17）<u>It is hoped</u> therefore that this account of CDA will generate interest in its future study as well. （选自 *Coastal Dhofārī Arabic：A Sketch Grammar* 摘要语步 5）

在例（17）中，作者用"It is hoped"表明这里展现的研究价值掺杂了作者个人的心理推断，暗示这个观点是带有主观性的，只是作者的一种期望。

8.4.2.2　归属

从表 8-6 中可以看出，承认资源除了在英语学位论文摘要的"研究方法"（M3）中没有出现外，在其他所有语步中的标准化频数均大于汉语学位论文摘要。而显著性检验表明，两者只在"研究背景"（M1）（$\chi^2 = 7.5047$，$p = 0.006 < 0.05$）和"研究结果"（M4）（$\chi^2 = 9.4873$，$p = 0.002 < 0.05$）中存在显著性差异。在学位论文摘要中，承认资源往往以比较中立的态度提及别人的观点，作者不会明确表

示自己的态度，而留给读者自己去判断，如：

（18）Currently，both the government and many Indonesians <u>see</u> the use of English in otherwise Indonesian texts as a sign of interference with the national identity.（选自 *Bahasa Gado-gado in Indonesian popular texts：Expanding Indonesian Identities Through Code-switching with English* 摘要语步 1）

在例（18）中，作者用"see"对政府和印度尼西亚人的观点进行了转述，但没有使用其他语言资源进一步暗示自己对这种观点的态度，因此作者对这个观点承担的责任较小。若读者认为这一观点存在错误，也不会将错误产生的原因归结于论文作者，而是归结于该观点的外部来源，因此读者不会因对其持有反对意见就拒绝与作者结盟。

汉语学位论文摘要和英语学位论文摘要中几乎都没有使用疏远资源，两者都只在"研究背景"（M1）和"研究结果"（M4）中使用了少量疏远资源，而且疏远资源在汉语学位论文摘要这两个语步中的标准化频率均小于英语学位论文摘要（见表 8-6）。显著性检验表明，两者在"研究背景"（M1）（$X^2 = 5.2472$，$p = 0.022 < 0.05$）和"研究结果"（M4）（$X^2 = 5.2472$，$p = 0.022 < 0.05$）中都存在显著性差异。疏远资源以一种更中立的方式陈述别人的观点，将自己的声音与外部声音明显分隔开来，拒绝为其承担责任，如：

（19）The participants shared a desire to continue to attend ESOL classes and <u>claim</u> they purposefully failed the exam each year to assure they remained in ESOL.（选自 *The Perspectives of Long-Term English Language Learners Regarding Increased English Learning Time：A Qualitative Phenomenological Study* 摘要语步 4）

例（19）通过"claim"这个词与"participants"所提出的这一观点保持距离，表明作者不愿为其正误承担责任，暗示对该观点的所有批评都是可接受的，因而能更好地与持反对意见的读者结盟。

8.5　从评价意义角度对介入性词块使用情况的对比

8.5.1　对话压缩词块

8.5.1.1　弃言

汉语学位论文摘要和英语学位论文摘要使用最多的否定词块是否定副词"不"（112 次，占比 74.17%）和"not"（42 次，占比 67.74%）。而英语中"带有否定前缀的单词"，如"unsurprisingly""unable""inequitable"等也能表达否定意义，因此也是一种否定词块，如：

（20）They were <u>unfamiliar</u> with technical legal vocabulary that occurs with less frequency in everyday spoken English（e. g.，adhesion，fiduciary，officious）. （选自 *Technical Legal Vocabulary for Law School Initiates who Speak English as an Additional Language* 摘要语步 4）

例（20）中的"unfamiliar"与"not familiar"的意义相同，都是"不熟悉"的意思，表明作者对"They were familiar with technical legal vocabulary"这一观点持否定态度，因此在"familiar"前加了一个否定前缀，来压缩这一观点的存在空间，从而说服读者接受自己通过研究得出的结论。但汉语不可以通过添加词缀构词，因此这种否定词块是英语学位论文摘要所特有的。

这两种语料中使用的反示词块可以分为两类（见表 8-7），第一类为转折连词，也是两者使用最多的反示词块，汉语中包括"但（是）""而""不仅/但"等词块，英语中包括"but""however""while"等词块。第二类表现为有转折含义的附加语，汉语中包括"只""仍""甚至"等词块，英语中包括"only""even""still"等词块，如：

（21）新闻受众是不特定的一群，他们没有组织、没有计划，<u>甚至</u>没有目的地接受新闻文本。（选自 L1《新闻文本显性状态及其潜在张力》摘要语步 5）

例（21）中的"甚至"用来表明其后所跟的命题是预料之外、令人惊讶的。作者认为有些读者认为新闻受众是有目的地接受新闻文本的，所以希望通过这一语言资源的强调，能让读者放弃原来的想法，接受这一让他们意想不到的观点，即认可自己的学术观点。

表 8-7　汉语与英语学位论文摘要中反示词块的类型

类型	表现形式（汉语）	表现形式（英语）
转折连词	"但（是）""而""不仅/但"等	"but""however""while"等
有转折含义的附加语	"只""仍""甚至"等	"only""even""still"等

8.5.1.2　声言

　　汉语学位论文摘要中实现一致的词块有四种，包括"不言而喻""众所周知""达成共识"和"明显"，分别在"研究背景"（M1）中出现了 1 次。而在英语学位论文摘要"研究课题"（M2）中有三种一致词块共出现了 4 次，分别为"well-known"（2 次）、"commonly known as"和"popularly known as"，只有"the general consensus of"在"研究背景"（M1）中出现了 1 次。英语中的"clearly"可以用于表示一致，也可以用在评价理论的级差系统中（Loghmani *et al.* 2020：10），在英语学位论文摘要中没有发现相关用例，但其汉语对应词"明显"在汉语学位论文摘要中有使用。由于这个词块具有多重属性，因此要根据具体语境来判断它的评价意义。当"明显"用来暗示其后所跟的命题是显而易见、毋庸置疑的，是作者与读者共享的知识时，其表现为一致资源，在文中的具体体现如例（22）所示：

　　（22）新闻语言的现代性既是社会生活现代性的一种标志，更是对于化会语言生活现代性的一种型塑，新闻语言已经明显承担起为化会意识形态现代化的发展导夫先路的任务。（选自《中国新闻语言中的指称序列研究》摘要语步 1）

表 8-8　汉语与英语学位论文摘要中宣称词块的类型

类型	表现形式（汉语）	表现形式（英语）
作者及其研究相关的名词与某些动词的结合体	"我们发现""本研究发现""研究表明"等	"this research found""this study reveal""I argue"等

续表

类型	表现形式（汉语）	表现形式（英语）
显性宣称投射小句转化成的介词短语	"根据调查统计结果"	"based on the results" "based on the findings"
对限定小句真值的评价语	"本质上""必然""实际上"等	"in fact" "the fact that"等
与结果相关转述动词的名词形式与某些动词的结合体	"结论是""结论为"等	"conclusion was" "the implications of…include"
表明作者确信某一观点是正确的投射小句	无	"it was evident that"

　　宣称词块可以分为五类（见表 8-8）。第一类表现为与作者及其研究相关的名词（如"本研究""我""分析""结果"等；"dissertation""I""we""analysis" "result"等）和与结果相关转述动词（如："发现""揭示"等；"find""reveal"等）的结合体，或与述实性评价动词（如"提出""指出"等；"propose"等）的结合体，或与表积极立场的非述实性评价性动词（"see""emphasize"等）的结合体，或与话语性转述动词（如"discuss""inform"等）的结合体（徐玉臣等 2020：21）。此类宣称词块在两种语料中都占据了主体地位，其中作者及其研究相关的名词可以分为三类：作者自我指称语（"我/我们""I/we"等）、研究结果指代语（"本研究/分析/结果""analysis/results"等）以及研究文本产物指代语（"本研究/本章""dissertation/thesis"等）。这三类名词的侧重点各有不同。作者自我指称语更直接地将作者在研究中的作用体现出来，宣布自己对论文的贡献和责任（蒋婷，杨霞 2018），其在英语学位论文摘要各语步中的标准化频数均大于汉语学位论文摘要（见表 8-9）。

表 8-9　汉语和英语学位论文摘要中作者自我指称语在各语步中的分布情况

语料	研究背景（M1）		研究课题（M2）		研究方法（M3）		研究结果（M4）		研究结论（M5）	
	频次	每万词	频次	每万词	频次	每万词	频次	每万词	频次	每万词
汉语博士学位论文	0	0	2	0.2	3	0.4	17	2.0	1	0.1
英语博士学位论文	1	0.6	11	6.4	1	0.6	29	16.9	3	1.7

显著性检验表明，英语学位论文摘要在"研究背景"（M1）、"研究课题"（M2）、"研究结果"（M4）和"研究结论"（M5）中使用的自我指称语均显著多于汉语学位论文摘要（M1：$\chi^2 = 4.8841$，$p = 0.027 < 0.05$；M2：$\chi^2 = 42.1434$，$p = 0.000 < 0.05$；M4：$\chi^2 = 69.1769$，$p = 0.000 < 0.05$；M5：$\chi^2 = 9.5408$，$p = 0.002 < 0.05$）。可以看出，英语母语博士更倾向于使用第一人称引出研究结果，以明确表达自己愿意为命题的真实性负责（Pho 2008a），如：

（23）I propose an ontological model based on the categories of pure process（which exemplifies persistence）and interaction event. （选自 *A Process Approach to Presentism* 摘要语步 4）

例句（23）中，作者使用"I"表明自己对该研究结果拥有绝对的所有权，直面读者的质疑和挑战。研究表明，英语学位论文摘要中使用了大量的第一人称单数"I"，而汉语学位摘要中没有出现第一人称单数"我"。汉语摘要中的自我指称语都是团体名义的人称代词"我们"，这是一种借代方式，即单一作者使用"我们"来指代自己，以降低作者凸显度。我们认为，英汉摘要对自我指称语的使用偏好与英汉文化差异有一定的关系。英语文化崇尚个人主义，强调个人贡献，所以论文作者在研究活动中会凸显自己的声音，积极地承担话语责任，而汉语文化崇尚集体主义，论文作者会将自己看作是整个学术社团的一分子，认为自己的研究结果是集体智慧的结晶（蒋婷，杨霞 2018：11），所以不愿过度凸显自己，选用"我们"隐藏自己的声音，以免文本显得过于主观，如：

(24)通过核心词"人"研究，我们发现这一概念的词，受文化制约较重，不同社会背景、文化背景衍生不同的词，社会、文化背景没有了，与其相关的词

汇也消失了。（选自 L1《汉语核心词"人"研究》摘要语步 4）

表 8-10 汉语和英语学位论文摘要中研究结果指代语在各语步中的分布情况

语料	研究背景（M1）		研究课题（M2）		研究方法（M3）		研究结果（M4）		研究结论（M5）	
	频次	每万词	频次	每万词	频次	每万词	频次	每万词	频次	每万词
汉语博士学位论文	0	0	4	0.5	2	0.2	42	5.0	19	2.3
英语博士学位论文	0	0	1	0.6	0	0	34	19.8	14	8.2

汉语和英语学位论文摘要中研究结果指代语在各语步中的分布情况如表 8-10 所示。显著性检验表明，英语学位论文摘要在"研究结果"（M4）和"研究结论"（M5）中使用的研究结果指代语显著多于汉语学位论文摘要（M4：$\chi^2 =$ 41.4941，$p=0.000<0.05$；M5：$\chi^2 = 15.1320$，$p=0.018<0.05$）。这表明英语母语博士在报道研究结果或研究结论时能够尊重研究事实，倾向于基于实验或数据构建新的知识（李晓红 2017），如：

（25）The <u>results revealed</u> that for the film-retell and personal narrative tasks, there was support for the LAH.（选自 *Dissecting L2 Spanish Learner Narratives：How the Aspect and Discourse Hypothesis Explain L2 Preterit and Imperfect Selection in Two Narrative Types* 摘要语步 4）

例句（25）中，作者用"results"表明这一发现是根据研究结果得出的，凸显了实验结果的作用，而将自己的参与隐于研究事实之后，让该命题显得更加客观可靠。

表 8-11 汉语和英语学位论文摘要中研究文本产物指代语在各语步中的分布情况

语料	研究背景（M1）		研究课题（M2）		研究方法（M3）		研究结果（M4）		研究结论（M5）	
	频次	每万词	频次	每万词	频次	每万词	频次	每万词	频次	每万词
汉语博士学位论文	0	0	10	1.2	3	0.4	29	3.5	0	0

续表

语料	研究背景(M1)		研究课题(M2)		研究方法(M3)		研究结果(M4)		研究结论(M5)	
	频次	每万词	频次	每万词	频次	每万词	频次	每万词	频次	每万词
英语博士学位论文	0	0	4	2.3	0	0	5	2.9	2	1.2

汉语和英语学位论文摘要对研究文本产物指代语的使用情况也有所不同(见表8-11)。英语学位论文摘要在"研究结论"(M5)中使用的研究文本产物指代语显著多于汉语学位论文摘要($\chi^2 = 9.7684$，$p = 0.002 < 0.05$)。研究文本产物指代语指代呈现在读者眼前的具体事物，是研究的实体产物(李晓红，邹申 2019：60)。也就是说，相较于汉语母语博士而言，英语母语博士在评价研究结果时倾向于使用更多的研究文本产物来代替自己对命题承担责任，如：

(26) This applied dissertation provided insight and identified impediments and obstacles in the areas of educational and societal assimilation, career and monetarist support, and academics to ascertain the effects they have on students transitioning from ESOL classes to EAP courses. (选自 *Factors Affecting Adult English Speakers of Other Languages' (ESOL) Enrollment in English for Academic Purposes (EAP) Courses: A Multicase Study* 摘要语步 5)

第二类表现为显性宣称投射小句转化成的介词短语(徐玉臣等 2020：21)。这种词块在汉语学位论文摘要的"研究结果"(M4)中出现了一次，在英语学位论文摘要的"研究结论"(M5)和"研究课题"(M2)中各出现了一次，具体表现为：

(27) 根据调查统计结果，泰国学生使用汉语面称语的情况主要有以下几个特点：第一、泰国学生所使用的面称语比较单一。(选自《泰国学习者汉语社会面称语使用状况研究》摘要语步 4)

(28) Based on the results of an expert survey and a S. W. O. T. analysis, this research will also propose a new pedagogical strategy for teaching NT Greek, which will benefit both the student and the professor in the current educational setting and for the

years to come. (选自 *A Pedagogical Analysis and Assessment of New Testament* 摘要语步 5)

例(27)并没有以与作者及其研究相关的名词做主语，而是将这类名词放在了介词短语中，因此作者的介入可能不是那么明显。但是通过"根据"，我们可以看出该结论得以成立的依据来源是论文作者的"调查统计结果"，因此论文作者仍对这些观点的正误负责，希望能通过自己的调查统计说服读者接受自己的学术立场。

第三类则表现为限定小句真值词块，如"本质上""必然""实际上""in fact""the fact that"等(徐玉臣等 2020：21)。英汉学位论文摘要在"研究结果"(M4)语步中对此类词块的使用存在较大差别，汉语学位论文摘要中限定小句真值词块的标准化频数(16 次，1.9/万词)是英语学位论文摘要(1 次，0.6/万词)的三倍多，具体表现为：

(29)以系统的眼光来看，这些环节事实上是由一个期待链构成的。(选自《新闻文本显性状态及其潜在张力》摘要语步 4)

(30) In this light, the top-down approach constructs national identity as homogenous, while popular texts demonstrates that Indonesian identities are in fact multi-faceted. (选自 *Bahasa Gado-gado in Indonesian Popular Texts：Expanding Indonesian Identities Through Code-switching with English* 摘要语步 1)

例(29)和例(30)通过"事实上"和"in fact"指出它们所陈述的就是实际存在的情况，是值得信赖的。虽然句中没有说出是谁持有这样的观点，但这句话既然没有给这些观点一个外部声源，那么这种对小句真值的保证就只能是作者自己的立场了。作者希望通过这种方式压缩其他立场的存在空间，说服读者将其当作事实来看待。

第四类表现为与结果相关转述动词的名词形式(如："结论""结果""conclusion"等)和动词"是""was"等的结合体。这类结构在汉语学位论文摘要中共出现了 5 次(0.6/万词)，都位于"研究结果"(M4)中。这类词块在英语学位论文摘要中出现了 3 次(1.7/万词)，分别位于"研究结果"(M4)(2 次，

1. 2/万词）和"研究结论"（M5）（1 次，0. 6/万词）中，如：

（31）The first <u>conclusion was</u> that the participants subscribed to common accent myths which placed a disproportionate amount of responsibility and blame for poor communication on them.（选自 *Nonnative Accent Bias in High School：An Interpretative Phenomenological Analysis* 摘要语步 4）

最后一种词块是英语学位论文摘要所特有的，是表明作者确信某一观点是正确的投射小句（徐玉臣等 2020：21），只在英语学位论文摘要"研究结果"（M4）中出现了一次，具体表现为：

（32）In the interpretation phase of this study… <u>it was evident that</u> the pupils' progress in English could be related to the role of the home，more than to variables at school.（选自 *Monographic Studies of English Second Language Learning in an Inner-city School Synopsis* 摘要语步 4）

例（32）中的"it was evident that"这一宣称词块表明作者确信自己得出的结果是正确的，虽然这句话中没有出现与作者及其研究相关的名词，但这个词块本身的含义就包括"You are certain about a fact and your interpretation about it"，因此当读者看到这个词块时，就会体会到作者对这一观点的高度认可，而且愿意为其正误负责。作者希望通过这种方式压缩其他立场的存在空间，说服读者和自己站在同一立场。

表 8-12　汉语与英语学位论文摘要中认同词块的类型

类型	表现形式（汉语）	表现形式（英语）
用于指出自己的研究是从哪个思想或研究中发展出来的	"……基础上""依/根据……""借鉴……"等	"build on …""based on""using…"等
具体的外部声音与某些转述动词的结合体	"（某人）所指出""研究反映……"等	"research indicates""（somebody）found"等

汉语学位论文摘要和英语学位论文摘要中实现认同的词块可以分为两类（见表 8-12），一类用于指出自己的研究是从哪个思想或研究中发展出来的，暗示其

值得信赖，在汉语中有 22 个（2.6/万词），主要体现为"……基础上""依据/根据……""借鉴……"等词块，在英语中有 15 个（8.7/万词），主要体现为"build on…""based on""using…"等。此类认同词块在汉语学位论文摘要"研究课题"（M2）中的出现频率最高（8 次，1.0/万词，占比 36.36%），英语学位论文摘要"研究方法"（M3）使用此类认同词块最多（6 次，3.5/万词，占比 40.00%）。也就是说，汉语学位论文摘要注重在介绍研究对象或研究内容时，援引外部观点来佐证研究课题的合理性，如：

（33）依据莱文森三层次意义理论中的诉语类型意义及话语实例意义，把语用双重否定的两个类别命名为类型型和实例型。（选自《汉英双重否定范畴研究》摘要语步 2）

而英语学位论文摘要则更倾向于利用外部观点说明研究方法的可靠性和可行性，如：

（34）The transcribed data together with the written data were analyzed thematically clustering the data into categories manually using Flavell's（1979）framework of metacognitive knowledge, person, task, and strategy, and by the types of inferences made.（选自 *The Role of Metacognitive Knowledge and Inference Making in Second Language Reading* 摘要语步 3）

另一种认同词块则是具体的外部声音与某些转述动词的结合体，这些转述动词包括"指出""反映""show""indicate"等。这类词块在汉语学位论文摘要中共有 5 个（0.6/万词），在英语学位论文摘要中共有 25 个（14.6/万词）。汉语学位论文摘要和英语学位论文摘要都主要在"研究背景"（M1）中使用这类词块，但它们在英语学位论文摘要（13 个，7.6/万词）中的数量远多于汉语学位论文摘要（4 个，0.5/万词）。因此，英语学位论文摘要更倾向于在介绍背景时引用别人的观点来让其变得更可信，如：

（35）Online education enrollment has been increasing; however, research indicates that student retention and student success rates are not keeping pace with those associated with classes taught on campus.（选自 *Effective Instructional Design Practices for Online Language Learning：Emerging Trends and Implications* 摘要语步 1)

这句话陈述了学生在大学课堂中学到的东西存在一定问题，以此说明研究的必要性，而 "research indicates" 表明，这一问题是由相关研究得出的，不是论文作者凭空捏造的，因此作者通过与学术社团中的其他声音结盟进一步提高了这个命题的可信度，使读者更容易接受这一观点。

此外，汉语学位论文摘要作者更倾向于使用第一类认同词块，在主句描述自己的研究，将外部声源放在状语的位置，通过某些介词短语（"依据……"）展现外部声音与研究之间的联系，而不会介绍这些外部观点的具体内容。他们可能认为摘要的主要目的是展示自己的研究，在表达对其他观点的认同时，也只会对它们进行简略概括，而把叙述重点放在自己的研究上。而英语学位论文摘要作者更倾向于使用第二类认同词块，把外部声源放在主语的位置，将自己的认同之意蕴含在转述动词（"indicate"）中，详细介绍这些观点的具体内容。他们可能认为摘要中不应只包括对自己研究的叙述，对其他观点的介绍有助于读者接受自己的研究。

8.5.2　对话扩展词块

8.5.2.1　引发

汉语学位论文摘要和英语学位论文摘要中的引发词块有 3 类（见表 8-13），分别为表心理过程的词块、表可能性不高的词块和表基于表象进行假设的动词。

表 8-13　汉语与英语学位论文摘要中引发词块的类型

类型	表现形式（汉语）	表现形式（英语）
表心理过程的词块	"认为""猜想""期望"等	"understand""anticipate""It is believed that"等
表可能性不高的词块	"可能""大概"等	"may""It was possible …""one possibility is"等
表基于表象进行假设的词块	"似乎"	"appear""seem"等

表心理过程的动词在汉语学位论文摘要"研究结果"(M4)语步中出现的标准化频数是英语学位论文摘要的近 1.5 倍(见表 8-14)。

表 8-14　汉语与英语学位论文摘要中表心理过程的动词在各语步中的分布情况

语料	研究背景(M1)		研究课题(M2)		研究方法(M3)		研究结果(M4)		研究结论(M5)	
	频次	每万词	频次	每万词	频次	每万词	频次	每万词	频次	每万词
汉语博士学位论文	3	0.4	3	0.4	1	0.1	21	2.5	3	0.4
英语博士学位论文	0	0	0	0	0	0	2	1.7	3	1.2

这一结果表明:汉语母语博士更倾向于使用表心理过程的动词来指出哪些研究结果掺杂了个人心理推断,是带有主观性的,进而承认其他可能存在的正确观点,同意与这些观点协商。这可能是由于中国人比较注重悟性思维,其思维具有直觉性、主观性、模糊性等特征,因此在论证时更加倾向于主观化的总结和归纳,倾向于突出自己的主观意见(杨阳 2019:40),如:

(36)本研究认为,对比语言学的发展从方法论意义上的"求同"到"求异",带着深刻的历史思考,已显出在更高的哲学语言学层面上的"求和"态势,具体表现在以下几个方面:……。(选自《对比语言学元语言系统的演变研究》摘要语步 4)

然而,英语学位论文摘要在"研究结论"(M5)中使用的心理过程动词显著多于汉语学位论文摘要($\chi^2 = 4.6335$,$p = 0.031 < 0.05$),如:

(37)It is believed that these pre-service teachers will continue to strive for the best and become more aware about ELLs. (选自 *The Perceptions of Pre-service Teachers' Intercultural Responsiveness* 摘要语步 5)

例句(37)通过"believed"表明作者"觉得"这个推论是正确的,暗示这个观点为真的依据不是很可靠,可能有其他正确的观点存在,进而打开了对话空间,帮助作者与持有其他观点的读者结盟。英语母语博士更倾向于在"研究结论"(M5)中使用心理动词对研究结果做出评价或推断。此外,例句 36 中使用的引发词块是英语所特有的(3个，1.2/万词)，它是心理动词的一种变体形式，由主语从句体现("It was hoped that…")，汉语中没有这种句型。

表可能性不高的情态动词("可能""大概""may""might"等)在汉语学位论文摘要中主要位于"研究结果"(M4)中，但在英语学位论文摘要中的分布比较均衡(见表8-15)。

表8-15　汉语与英语学位论文摘要中低值情态动词在各语步中的分布情况

语料	研究背景(M1)		研究课题(M2)		研究方法(M3)		研究结果(M4)		研究结论(M5)	
	频次	每万词	频次	每万词	频次	每万词	频次	每万词	频次	每万词
汉语博士学位论文	0	0	1	0.1	0	0	10	1.2	1	0.1
英语博士学位论文	8	4.7	10	5.8	0	0	11	6.4	12	7.0

显著性检验表明，英语学位论文摘要在"研究背景"(M1)、"研究课题"(M2)、"研究结果"(M4)和"研究结论"(M5)中使用的低值情态动词均显著多于汉语学位论文摘要(M1：$\chi^2 = 32.9792$，$p = 0.000 < 0.05$；M2：$\chi^2 = 42.6058$，$p = 0.000 < 0.05$；M4：$\chi^2 = 18.6443$，$p = 0.000 < 0.05$；M5：$\chi^2 = 52.2770$，$p = 0.000 < 0.05$)。英语学位论文摘要使用的低值情态动词不仅远远多于汉语学位论文摘要，而且使用范围也更加广泛，如：

(38)"Generation 1.5" is a term used to describe a type of second language (L2), long-term US resident who <u>may</u> demonstrate persistent language-related challenges in their writing. (选自 *A Comparison of Generation 1.5, L1, and L2 Tertiary Student Writing* 摘要语步2)

例句(38)是作者对研究对象"Generation 1.5"的描写，他使用"may"承认并不是所有的"Generation 1.5"在写作中都会出现某些反复出现的语言问题，通过承认其他可能存在的情况来体现自己周密的考量和严谨的态度。由于西方人比较注重理性思维，其思维方式具有逻辑性、客观性、分析性等特征，因此英语母语博士更倾向于使用大量的情态动词让文章的表达更加客观合理，论证更加严谨（杨阳 2019：39）。

正如上一类引发词块一样，这类词块在英语中也有变体形式，其一是主语"it"和表可能性的形容词组成的（"It was possible…"）（4 个），还有一种是做主语的表可能性的名词（"one possibility is"）（1 个）。

另一类引发词块用于表示某些观点是基于表象的假设（"似乎""appear""seem"等），其在英语和汉语摘要中出现的频次都较低。这类词块在汉语摘要中只有 1 个（0.1/万词），位于"研究结果"（M4）中，在英语摘要中有 4 个（2.3/万词），分布在"研究结果"（M4）（2 个，1.2/万词）和"研究结论"（M5）（2 个，1.2/万词）中，如：

(39) In addition, the participants' positive beliefs about themselves as EFL learners appeared to positively contribute to their motivation to read. （选自 *The Role of Metacognitive Knowledge and Inference Making in Second Language Reading* 摘要语步 4）

在例（39）中，论文作者用"appeared"表明这个研究结果只是基于表象的推论，并没有很有力的支撑，以此打开对话空间，期望持有不同意见的人也能与自己结盟。

8.5.2.2 归属

承认词块在汉语学位论文摘要中很少重复出现，这可能与作者个人的写作风格和文章内容的具体要求有较大关联，且有些词块结构比较独特，难以归类。而英语学位论文摘要中的承认词块可以分为三类（见表 8-16）：表交流过程的动词、心理动词（与引发不同的是，这里的心理动词的主语是外部声音）以及某些表示"根据"的介词短语。

表 8-16　英语学位论文摘要中承认词块的类型

类型	表现形式（英语）
表交流过程的动词（主语为外部声源）	"state""report"等
心理动词（主语为外部声源）	"assume""believe""see"等
表"根据"介词短语	"according to""in the sense of"等

疏远词块在两种语料中出现得都很少，在汉语学位论文摘要的"研究结果"（M4）中（"所谓"）出现了 1 次（0.1/万词），在英语学位论文摘要的"研究背景"（M1）和"研究结果"（M4）中各出现了 2 次（1.2/万词），表现为动词"claim"。可以看出，虽然疏远词块的语步分布情况相同，但它们在英语学位论文摘要中的标准化使用频数还是远大于汉语学位论文摘要。也就是说，英语学位论文摘要在这两个语步中使用了更多的语言资源，通过一种十分中立的方式，将作者声音与外部声音之间拉开距离，将对话空间扩展到最大，以期能与更多观点不同的人结盟。但是如果摘要中过多使用这种词块，就会使作者显得过于中立，不敢发表自己的看法，体现不出作者的权威性和研究的意义，因此在英汉学位论文摘要中都很少使用疏远词块。

8.6　CA 分析预测

通过上述分析，我们发现英文学位论文摘要和中文学位论文摘要对介入资源和介入词块的使用存在很多不同之处。由于英语的世界语言地位，多数来华留学生的第二语言为英语，汉语实际上是其第三语言，我们推测留学生在使用中文写作的时候可能会受其英语能力的影响。因此，本研究所发现的不同可能会导致留学生在其汉语学位论文摘要中对介入资源和介入词块的使用存在偏误。

具体而言，留学生可能在其汉语学位论文摘要"研究背景"（M1）中过多使用否定资源、反示资源、宣称资源、认同资源、引发资源、承认资源和疏远资源，在"研究课题"（M2）中过多使用引发资源、否定资源、反示资源、一致资源、宣称资源、认同资源和疏远资源，在"研究方法"（M3）中过多使用否定资源和认同资源，在"研究结果"（M4）中过多使用反示资源、宣称资源、认同资源、引发资源、承认资源和疏远资源，在"研究结论"（M5）中过多使用引发资源、否定资源、反示资源、宣称资源和认同资源。而留学生在其汉语学位论文摘要中对介入词块的使用偏误可能体现为：在"研究背景"（M1）中和"研究课题"（M2）中过多使用自我指称语类宣称词块和情态词类引发词块，在"研究结果"（M4）中过多使用自我指称语类宣称词块、研究结果指代语类宣称词块和情态词类引发词块，在"研究结论"（M5）中过多使用自我指称语类宣称词块、研究结果指代语类宣称词块、研究文本产物指代语类宣称词块和情态词类引发词块。

8.7　结语

总体来说，英语学位论文摘要使用了较多的介入资源与读者进行互动，试图在协商过程中说服读者，而汉语学位论文摘要对介入资源的使用则相对较少，与读者进行交流的互动意识不强。

在"研究背景"（M1）中，英语和汉语学位论文摘要对一致资源的使用不存在显著性差异，但英语学位论文摘要使用的其他介入资源均显著多于汉语学位论文摘要。其中英语学位论文摘要和汉语学位论文摘要使用否定词块和反示词块所实现的交际目的也略有不同。英语学位论文摘要主要用这两种词块来描述选题背景，试图说服读者相信目前仍存在一些尚待解决的问题。而汉语学位论文摘要主要使用这两种资源来评价前人研究的局限性，以使读者认识到前人研究仍存在不足。相较于汉语母语博士，英语母语博士在介绍研究背景时会更频繁地直接介入到与读者的对话当中，使用第一人称单数"I"（自我指称语类宣称词块）主动为命题的正确性承担责任。英语学位论文在该语步中使用的情态动词类引发词块也显著多于汉语学位论文摘要。此外，英语学位论文摘要中认同资源主要分布在"研究背景"（M1）中，通过认同资源的使用引入外部声音，让读者了解更多人的观点，以期说服读者认可自己对研究背景的认识。

在"研究课题"（M2）中，除了承认资源和疏远资源不存在显著性差异外，英语学位论文摘要使用的其他介入资源均显著多于汉语学位论文摘要，表现出了较强的互动意识。英语学位论文摘要在该语步中使用的自我指称语类宣称词块和情态动词类引发词块也显著多于汉语学位论文摘要。在"研究方法"（M3）中，英语学位论文摘要使用的否定资源和认同资源显著多于汉语学位论文摘要，使用的宣称资源、承认资源和引发资源略少于汉语学位论文摘要。汉语学位论文摘要中的认同资源则主要集中在"研究方法"（M3）中，以借助于认同资源表明研究方法的来源。尽管如此，汉语母语博士在该语步中对认同资源的使用频率仍不如英语母语博士高。

在"研究结果"（M4）中，英语和汉语学位论文摘要对否定资源和一致资源的使用不存在显著性差异，但在其他介入资源的使用上，英语学位论文摘要均显著多于汉语学位论文摘要。在该语步中，英语学位论文摘要使用的自我指称语类宣称词块显著多于汉语学位论文摘要，使用了更多的第一人称单数"I"凸显自己对研究结果做出的贡献，并直接对研究结果负责。在"研究结果"（M4）中，汉语学位论文摘要使用的心理过程动词类引发词块的标准化频数是英语学位论文摘要的两倍多，而其使用的情态动词类引发词块却显著少于英语学位论文摘要。可以看出，汉语母语博士在报道研究结果时更倾向于主观化的总结归纳，使用较多表心理过程的动词暗示某些研究结果因掺杂了个人心理推断而带有主观性。而英语母语博士则更倾向于使用情态动词暗示某些研究结果不是百分之百正确的，为其他可能正确的观点留出协商空间。在"研究结论"（M5）中，除了一致资源、承认资源和疏远资源不存在显著性差异外，英语学位论文中的其他介入资源均显著多于汉语学位论文摘要。此外，英语学位论文摘要在该语步中对自我指称语类宣称词块和引发词块（包括表心理过程的动词和情态动词）的使用均显著多于汉语学位论文摘要。

本研究结果有助于揭示汉、英语学位论文摘要存在的差异，帮助来华留学生在其汉语学位论文摘要或汉语母语博士在其英语摘要的写作中克服负迁移影响，学会合理地运用介入资源在不同语步中表达合适的评价意义，对提高来华留学生汉语学位论文摘要或汉语母语博士学位论文英语摘要的写作质量以及学术写作教学具有重要的参考价值。

第9章 汉语 L1 与 L2 学位论文摘要介入资源使用对比研究（CIA）

9.1 引言

在摘要撰写中，恰当地表达评价意义十分重要。表达评价意义的语言资源有助于摘要实现其交际功能（张大群 2014：97），向读者展现文章的阅读价值，说服读者阅读全文（Hyland 2004：64）。介入词块在评价意义的表达中起着重要的作用。介入词块是介入资源（Martin & White 2005）的词汇语法实现方式，用于调控作者与读者之间协商空间的大小，是考察语篇评价意义的关键性指标（李梦骁，刘永兵 2017b）。

摘要的不同交际功能可通过不同的语步来予以传达，不同语步往往因其不同的交际功能而对介入词块的使用表现出不同程度的差异。研究表明，将语步结构和词块结合起来进行教学，不但可以帮助学习者更加深入地认识到语步功能实现的具体方式，还能够为学习者在写作时提供可以直接使用的词块，有助于提高二语学习者的学术写作能力（Cai 2016）。因此，探究具有特定评价意义的词块与具有特定交际功能的语步之间的共存关系非常重要（Le & Harrington 2015：47）。

目前，有关学术语篇介入资源的研究（李梦骁，刘永兵 2017b）主要以期刊论文为分析对象，以学位论文为研究对象的相关论文则集中于探究汉语母语者和英语母语者对介入资源的使用（李梦骁，张会平 2023），尚未发现以来华硕士留学生汉语学位论文为研究对象的相关研究。为此，本研究拟以介入系统为分析框架，结合语步分析方法，对比分析汉语母语者（后文简称 L1）的博士学位论文摘要和来华留学生(后文简称 L2)的硕士学位论文摘要。具体来说，研究问题如下：

(1)L1 语言学及应用语言学博士学位论文摘要和 L2 语言学及应用语言学硕士学位论文摘要不同语步对各介入资源的使用情况及其所表达的评价意义有何异同？

(2)L1 语言学及应用语言学博士学位论文摘要和 L2 语言学及应用语言学硕士学位论文摘要不同语步对不同介入词块的使用情况有何异同？

9.2 研究设计

9.2.1 语料收集

按照本书 3.2.2 所述语料收集方法①，从 CNKI 中国优秀硕士学位论文全文数据库中抽取出 50 篇留学生硕士论文摘要，总字数为 34024(不含标题)，时间跨度在 2007—2021 年之间。采用相同的抽样方法，在相同的时间跨度内(2007—2021 年)，从 CNKI 中国博士论文全文数据库抽取出 50 篇汉语母语者博士学位论文摘要作为参照语料，总字数为 83806(不含标题)。

9.2.2 语料标注与分析

按照 3.3 节所述研究方法，本研究对抽样摘要予以了逐句阅读，根据摘要语句的整体修辞目的对摘要进行切分，并按各部分的交际意图进行归类以识别该体裁可能的语步类型。为保障语步的识别信度，研究者进行了两次识别，并对两次划分结果的信度予以了检验。两次识别的 Pearson 相关系数为 0.976(P = 0.001)，识别信度较高。

参考 Martin 和 White(2005)对介入资源的定义与解释，利用 UAM Corpus Tool 对语料进行了人工标注。标注完成后，统计各介入资源在摘要不同语步中的频数，然后利用卡方检验，检验各介入资源在两个语料库不同语步中的使用情况是

---

① 本章的语料收集方法与前面各章相同，此处略述。

否具有显著性差异，并对数据结果做出解释。研究者分别对语料进行了两次标注，并对两次标注结果一致性予以检验。L1 的 Kappa 系数为 0.912（P＝0.000）；L2 的 Kappa 系数为 0.872（P＝0.000），两次人工判断具有很好的一致性。

9.3　研究结果

通过对语料进行语步分析，我们发现学位论文摘要中存在六种语步（见表 9-1）。其中"论文结构"是学位论文特有的一个语步，用来描述论文结构，但在标注语料时，并没有在该语步中发现任何介入性词块，因此下文将重点讨论介入词块在其他五个语步中的分布情况。此外，由于单声资源往往是通过某些肯定陈述句实现的，研究者没有在语料中发现任何可以与之相对应的词块，因此本研究将把研究重点放在对多声资源的分析上，对单声资源不予关注。

表 9-1　学位论文摘要语步结构①

M1	研究背景:描述研究选题的背景信息、存在的问题,或指出该研究的必要性
M2	研究课题:阐述研究对象、目的或研究内容
M3	研究方法:描述研究所依据的理论框架,或受试对象、工具、步骤或研究手段
M4	研究结果:描述研究结果或发现
M5	研究结论:对研究结果的评价(如意义、价值、创新点)、推断、引申或解释
M6	论文结构:描述论文结构

由于 L1 语料和 L2 语料的字数相差较大，本研究对统计频数做了标准化处理（见表 9-2）。

---

① 表中对语步的描述借鉴自吕长竑等（2022），该文被收录于本书第 4 章。

表 9-2　L1 与 L2 语料总字数、介入资源数及标准化频数

语料库	总字数	介入资源数	标准化频数(每万词)
L1	83 806	583	69.6
L2	34 024	290	85.2

可以看出，总体而言，L1 汉语学位论文摘要中的介入资源(69.6/万词)少于 L2 汉语学位论文摘要(85.2/万词)。

9.3.1　对话压缩

9.3.1.1　弃言

L1 和 L2 汉语学位论文摘要中用以实现否定资源的否定词块①均体现为否定副词("不""没有"等)。L1 汉语学位论文摘要中否定资源的标准化频数只在"研究方法"(M3)和"研究结论"(M5)中多于 L2 汉语学位论文摘要，在其他语步中均少于 L2 汉语学位论文摘要(见表 9-3)。

表 9-3　L1 与 L2 汉语学位论文摘要中否定资源在各语步中的分布情况

语料	研究背景(M1)		研究课题(M2)		研究方法(M3)		研究结果(M4)		研究结论(M5)	
	频次	每万词	频次	每万词	频次	每万词	频次	每万词	频次	每万词
L1	21	2.5	5	0.6	2	0.2	109	10.3	14	1.6
L2	33	9.7	4	1.2	0	0	50	14.7	1	0.3

显著性检验表明，L2 汉语学位论文摘要在"研究背景"(M1)中的否定资源显著多于 L1 汉语学位论文摘要($\chi^2 = 27.3348$，$p = 0.000 < 0.05$)。然而，L1 和 L2

---

① 词块指共享频率高于偶然的(仅针对 2-元及以上的词块)(Kremmel *et al.* 2017：850)、意义或功能与形式之间的匹配对(Martinez & Schmitt 2012：299)。过往研究关于词块(常被称之为 n 元组)的长度没有统一的标准，但在学术语篇中，对语篇构建起重要作用、具有特定意义或功能的语言形式不乏单一的词的情况，因此本研究中的词块也包括单一的词(详见本书 2.2.3)。

汉语学位论文摘要在该语步中使用否定资源表达出的评价意义有较大区别，L1
汉语学位论文摘要"研究背景"（M1）中的否定资源往往用来说明当前研究的不
足（14 次，1.7/万词），以此论证研究的创新性和必要性，如：

（1）因此目前相关研究的对象主要是基本数词，对倍数、分数、概数等表达
法的类型研究几乎<u>没有</u>。（选自 L1《称数法结构类型研究》摘要语步 1）

在例句（1）中，作者通过文献调研发现，目前的研究尚未涉及一些领域，故
作者推测读者对这一现状可能并不知晓，为了排除预期读者的疑惑，达到澄清事
实的目的（刘世铸，张征 2021：24），作者通过"没有"强调了当前研究的不足，
凸显了自己对该领域的了解以及自己作为研究者的权威性。作者希望能以这种强
硬的方式让读者认识到现存研究的缺陷和自己研究的创新性和必要性。而 L2 汉
语学位论文摘要仅有 4 处（1.2/万词）否定资源用于说明当前研究不足，它的否定
资源大都用于描述选题背景（29 次，8.5/万词），以论证研究的可行性，如：

（2）再有，大部分俄罗斯留学生<u>不</u>知道哪些量词是汉语常用的量词，所以，
本研究拟对俄罗斯留学生习得汉语常用量词时容易出现的偏误进行深入的研究。
（选自 L2《俄罗斯留学生汉语常用量词习得偏误研究》摘要语步 1）

论文作者在使用否定资源时往往预设了相应的肯定的声音，使语篇的声音多
重化，但同时作者又对这种立场采取否定态度，在多样性观点中为自己的立场争
得一个人际空间（刘世铸，张征 2021：24），进而压缩了与其他声音的协商空间。
例句（2）中，作者用"不"否定了"大部分俄罗斯留学生知道哪些量词是汉语常
用的量词"这一观点，压缩了它的存在空间，以期纠正读者对其存在的误解，说
服读者接受自己的观点，承认当下俄罗斯留学生在使用汉语量词时仍存在偏误，
进而证明自己的研究是可行的。

我们认为，L2 汉语学位论文摘要在"研究背景"（M1）中对否定资源的过度
使用是由留学生对选题背景的叙述过多导致的，留学生利用否定词块评价前人研
究有何不足的能力仍存在欠缺。其实 L2 汉语学位论文摘要在介绍选题背景时对
否定资源的大量使用与留学生的选题偏好也有很大关联。由于留学生常常将两种
语言的对比作为自己硕士学位论文主题，他们在"研究背景"（M1）中使用频率

最高的否定词块"不"(25个,7.3/万词)有一半以上(14个,4.1/万词)均用于指出所要对比的语言有何不同,如:

(3)罗马尼亚语和汉语属于两种<u>不</u>同的语系,罗马尼亚语属于印欧语系拉语族,而汉语属于汉藏语系。(选自L2《现代汉语与罗马尼亚语的时体比较》摘要语步1)

留学生选择两种不同的语言作为研究对象时会在描述研究背景时使用否定资源对比介绍这两种语言,展现研究的可行性。例句(3)中使用"不"表明作者对"罗马尼亚语和汉语属于同种语系"这一观点持否定态度,向读者强调了两者的不同之处,进而说明两种语言的可比性,论证了研究的可行性。

表9-4　L1与L2汉语学位论文摘要中反示资源在各语步中的分布情况

语料	研究背景(M1)		研究课题(M2)		研究方法(M3)		研究结果(M4)		研究结论(M5)	
	频次	每万词	频次	每万词	频次	每万词	频次	每万词	频次	每万词
L1	27	3.2	5	0.6	5	0.6	112	13.4	25	3.0
L2	34	10.0	1	0.3	0	0	46	13.5	2	0.6

L1和L2汉语学位论文摘要主要使用转折让步连词("但是""然而"等)以及少量副词("才""甚至"等)实现反示资源。L1汉语学位论文摘要中反示资源的标准化频数在"研究背景"(M1)和"研究结果"(M4)中多于L2汉语学位论文摘要,在其他三个语步中则少于L2汉语学位论文摘要(见表9-4)。在"研究背景"(M1)中,L1汉语学位论文摘要中的反示资源显著少于L2汉语学位论文摘要($x^2=21.4432$,$p=0.000<0.05$)。同否定资源一样,L1汉语学位论文摘要倾向于用反示资源指出已有研究的不足,如:

(4)有关现代汉语承诺类言语交际的研究,目前研究者们主要从形式立场出发,不同程度地解释了承诺言语行为,<u>但</u>缺陷也很明显,形式立场的研究很难揭示出这些形式是如何实现的。(选自L1《现代汉语承诺类言语行为研究》摘要语步1)

而L2汉语学位论文摘要往往用反示资源介绍选题背景,解释选题的原因,如:

（5）汉马语言的基本语序也体现差异，汉语为 SVO，而马语为 VOS 语言，<u>但是通过一些特殊词马语最普遍的 VOS 也能体现 SVO 语序</u>。（选自 L2《汉语和马达加斯加语动词重叠式对比研究》摘要语步 1）

反示指作者对读者根据前文所做的预期和预测的否认，其目的是让读者的预测落空（张大群 2014），强化自己的观点。例句（5）中，作者首先阐述了汉马语序差异，据此读者可能会推测两者的语序毫无相似之处，然而作者用反示词块"但是"反驳了读者这一预期，希望能以这种方式让读者认识到这两种语言之间的联系，进而说明自己的研究是可行的。其实反示词块"但（是）"在 L2 汉语学位论文摘要"研究背景"（M1）中出现的频次（20 次，5.9/万词）也显著多于 L1 汉语学位论文摘要（$\chi^2 = 13.6213$，$p = 0.000 < 0.05$）。留学生对该词块的过度使用也与其特殊的选题偏好有关，他们往往使用"但（是）"和否定词块的结合体来说明论文中所要对比的两种语言既有相同之处，也有不同之处（10 次，2.9/万词），如：

（6）虽然汉语和马达加斯加语属于不同的语言系统，前者属于孤立语，后者属于屈折语，<u>但</u>两者都具有用构形和构词重叠的形式来派生出新词。（选自 L2《现代汉语与罗马尼亚语的时体比较》摘要语步 1）

L1 汉语学位论文摘要在"研究背景"（M1）中多用"但（是）"指出前人成果中仍存在的不足（11 次，1.3/万词），而在 L2 汉语学位论文摘要中只有 2 个"但（是）"（0.6/万词）用于实现该目的。这种对前人研究的忽视可能是由于教师在论文指导时没有强调文献回顾的重要性，也可能是由于留学生文献梳理能力不足所导致的。然而论述当前研究的不足是摘要十分重要的一部分，因此留学生在摘要中对前人研究的忽视值得引起我们的注意。

在"研究结论"（M5）中，L1 汉语学位论文摘要的反示资源显著多于 L2 汉语学位论文摘要（$\chi^2 = 6.0604$，$p = 0.014 < 0.05$），这主要是由于留学生在该语步中使用的转折让步连词显著少于 L1 博士导致的（$\chi^2 = 5.3059$，$p = 0.021 < 0.05$）。两者在"研究结论"（M5）中使用反示资源表达的评价意义大致相同，通常都用于强调读者本来可能不会预期到的结论，说服读者与自己结盟，如：

（7）从文本作为一个物体，它也不是抽象的物质，<u>而</u>是在人的社会关系中产

生发展的。(选自《新闻文本显性状态及其潜在张力》汉语摘要语步5)

例句(7)表明作者认为"文本是在人的社会关系中产生发展的"这一结论是读者预料之外的,所以用"而"对其进行强调,希望读者放弃原有想法,接受自己的学术观点。然而留学生在"研究结论"(M5)中对转折让步连词类的反示词块的使用存在明显不足,因此他们利用此类词块在该语步中对读者的预期做出调控的意识有待加强。

9.3.1.2 声言

L1 和 L2 汉语学位论文摘要都只在"研究背景"(M1)使用了一致资源(见表9-5),且不存在显著性差异($\chi^2 = 0.1918$,$p = 0.661 > 0.05$)。L1 汉语学位论文摘要中实现一致的词块有四种,分别为"不言而喻""众所周知""达成共识"和"明显",L2 汉语学位论文摘要中实现一致的词块只有一个"众所周知"。这些词块在"研究背景"(M1)中表达的评价意义也大致相同,都用来介绍某些学界公认,不会有反对意见的背景知识,如:

(8)众所周知,中越两国很久以前就开始互相交往,不仅是在经济方面上进行交往,而且在文化、语言方面上也有交流。(选自L2《汉越俗语对比研究》摘要语步1)

从这句话中的"众所周知"可以看出作者认为这些背景知识是毫无异议的,表明自己的研究是基于这些背景建立起来的,以此向读者暗示其十分可靠。但这样的预设也存在着更大的风险,一旦读者不同意这个观点,就会对其提出强烈的反对,认为作者过于独断。从 L1 和 L2 作者均少用此类资源可见,他们对于此类资源的态度十分谨慎。

表 9-5　L1 与 L2 汉语学位论文摘要中一致资源在各语步中的分布情况

语料	研究背景(M1)		研究课题(M2)		研究方法(M3)		研究结果(M4)		研究结论(M5)	
	频次	每万词	频次	每万词	频次	每万词	频次	每万词	频次	每万词
L1	4	0.5	0	0	0	0	0	0	0	0
L2	1	0.3	0	0	0	0	0	0	0	0

L1 和 L2 汉语学位论文摘要的宣称资源在各语步中标准化频数相差不大（见表 9-6），均不存在显著性差异。

表 9-6　L1 与 L2 汉语学位论文摘要中宣称资源在各语步中的分布情况

语料	研究背景（M1）		研究课题（M2）		研究方法（M3）		研究结果（M4）		研究结论（M5）	
	频次	每万词	频次	每万词	频次	每万词	频次	每万词	频次	每万词
L1	4	0.5	16	1.9	9	1.1	110	13.1	22	2.6
L2	0	0	9	2.6	1	0.3	35	10.3	7	2.1

L1 和 L2 汉语学位论文摘要中共现的宣称词块有两类。其中一类表现为作者及其研究相关的名词（"我们/本研究/分析/结果"等）与结果相关转述动词（"发现/揭示/证明"等）的结合体，或与述实性评价动词（"提出/指出/主张"等）的结合体（徐玉臣等 2020：21）。此类宣称词块在两种语料中都占据了主体。作者及其研究相关的名词可以分为三类：作者自我指称语（"我/我们"等）、研究结果指代语（"本研究/分析/结果"等）以及研究文本产物指代语（"本研究/本章"等）。这三类名词的侧重点各有不同，作者的自我指称语更直接地将作者在研究中的作用体现出来，宣布自己对论文的贡献和责任（蒋婷，杨霞 2018），如：

（9）通过核心词"人"研究，我们发现这一概念的词，受文化制约较重，不同社会背景、文化背景衍生不同的词，社会、文化背景没有了，与其相关的词汇也消失了。（选自 L1《汉语核心词"人"研究》摘要语步 4）

例句（9）用"我们"体现研究者对研究结果的陈述声明负有责任（李晓红 2017：25），表明作者愿意对这一发现的正确性做出担保，希望能以此说服读者与其结盟，接受这一观点。自我指称语在 L1 与 L2 汉语学位论文摘要各语步中的标准化频数相差不大（见表 9-7）。此外，除了 L2 汉语学位论文摘要在"研究结果"（M4）中使用了一次"笔者"外，L1 与 L2 汉语学位论文摘要使用的自我指称语都是"我们"。如本书第 8 章所述，这种对团体名义的人称代词"我们"的偏好与汉语文化有一定的关系。汉语文化不愿过度凸显自己，选用"我们"隐藏自己的声音，以免文本显得过于主观。

表 9-7　L1 与 L2 汉语学位论文摘要中作者自我指称语在各语步中的分布情况

语料	研究背景（M1）		研究课题（M2）		研究方法（M3）		研究结果（M4）		研究结论（M5）	
	频次	每万词	频次	每万词	频次	每万词	频次	每万词	频次	每万词
L1	0	0	2	0.2	3	0.4	17	2.0	1	0.1
L2	0	0	2	0.6	0	0	6	1.8	1	0.3

L1 汉语学位论文摘要在各语步中对研究结果指代语的使用频率均大于 L2 汉语学位论文摘要（见表 9-8）。显著性检验表明，L1 汉语学位论文摘要在"研究结论"（M5）中使用的研究结果指代语显著多于 L2 汉语学位论文摘要（$\chi^2 = 5.5521$，$p = 0.018 < 0.05$）。这表明 L1 博士在报道研究结果时更尊重研究事实，倾向于基于实验或数据构建新的知识（李晓红 2017），如：

（10）儿童早期动词论元结构习得研究支持，主导语序对早期动词习得具有重要的制约作用。（选自 L1《普通话儿童早期动词习得：范畴、论元结构与句法线索》摘要语步 5）

例句（10）中，作者用"研究"表明这一结论是依据研究结果得出的，凸显了实验结果的作用，而将自己的参与隐于研究事实之后，让研究结论显得更加客观可靠。然而留学生在"研究结论"（M5）中只使用了 1 次（0.3/万词）研究结果指代语，他们在评价研究结果时忽视了研究本身的重要性，削弱了文本的客观性和说服力。

表 9-8　L1 与 L2 汉语学位论文摘要中研究结果指代语在各语步中的分布情况

语料	研究背景（M1）		研究课题（M2）		研究方法（M3）		研究结果（M4）		研究结论（M5）	
	频次	每万词	频次	每万词	频次	每万词	频次	每万词	频次	每万词
L1	0	0	4	0.5	2	0.2	42	5.0	19	2.3
L2	0	0	1	0.3	0	0	10	2.9	1	0.3

L2 汉语学位论文摘要更倾向于使用研究文本产物指代语（见表 9-9），其在"研究结论"（M5）中使用的研究文本产物指代语显著多于 L1 汉语学位论文摘要

（$\chi^2 = 9.8529$，$p = 0.002 < 0.05$）。这表明，留学生在评价研究结果时更倾向于使用研究的文本产物代替自己对命题承担责任，过度强调了写作的文本产物，如：

（11）此外，本研究创造性地提出了汉式和泰式外来词的概念，从语音角度将汉语外来词重新划分，是对前人研究的进一步突破。（选自 L2《泰国人对泰语中汉语外来词的辨识状况与语言态度研究》摘要语步 5）

例句（11）的作者在陈述研究的创新点时用"本研究"代替自己"创造性地提出了汉式和泰式外来词的概念"，将自己隐藏于研究的文本产物之后，在一定程度上削弱了文本的主观性，然而这种指代语不如研究结果指代语客观。作者在写作时不可避免地要对研究的文本产物进行修饰，而研究结果是由实验得出事实，尚未经过人为加工，因此更加客观。可以看出，相较于 L1 博士，留学生在评价研究结果时过度使用了研究文本产物指代语而忽视了研究结果指代语，导致自己的论述显得不够客观而缺乏说服力。

表 9-9　L1 与 L2 汉语学位论文摘要中研究文本产物指代语在各语步中的分布情况

语料	研究背景（M1）		研究课题（M2）		研究方法（M3）		研究结果（M4）		研究结论（M5）	
	频次	每万词	频次	每万词	频次	每万词	频次	每万词	频次	每万词
L1	0	0	10	1.2	3	0.4	29	3.5	0	0
L2	0	0	6	1.8	1	0.3	17	5.0	4	1.2

L1 和 L2 汉语学位论文摘要对转述动词"指出"和"发现"的使用情况也存在较大差别。从表 9-10 中可以看出，L1 汉语学位论文只在"研究结果"（M4）中使用了"指出"，而 L2 汉语学位论文摘要还在"研究课题"（M2）中使用了该词块，且数量显著多于 L1 汉语学位论文摘要（$\chi^2 = 9.8529$，$p = 0.002 < 0.05$）。L2 汉语学位论文摘要在该语步中的"指出"往往用于介绍作者的研究课题具体要研究什么，如：

（12）另外，本研究还指出语境与委婉语之间的关系。（选自 L2《汉越死亡委婉语比较研究》摘要语步 2）

例句（12）的作者希望使用"本研究还指出"这一宣称资源强化自己在文本

中的声音，削弱文本外的其他声音，以此增强研究内容的可信度。而 L1 汉语学位论文摘要在描述研究课题的具体内容时，往往使用单声资源拒绝多声的协商，即使用"纯粹的断言"将某一命题陈述为既定事实，如：

（13）<u>本章还讨论了</u>动结构式意义的多样性以及动结构式之间的关系。（选自 L1《构式语法观下的动结式及相关句式研究》摘要语步 2）

例句（13）概括了"本章"所包含的研究内容，作者使用"讨论了"将该章对"动结构式意义的多样性以及动结构式之间的关系"的分析探讨描述为一个已经发生了的真实事件，没有暗示其他声音的存在。因此这句话是一个由肯定陈述句实现的单声资源，作者认为自己对研究内容的叙述是不证自明、不存在争议性的（王振华，路洋 2010：56），从而关闭了外部声音存在的空间，拒绝与读者进行协商。可以看出，留学生在"研究课题"（M2）中介绍研究内容时对单声资源使用不足，而过多地使用了作者及其研究相关的名词和"指出"的结合体介入文本。

表 9-10　L1 和 L2 汉语学位论文摘要中"指出"在不同语步中的分布情况

语料	研究背景（M1）		研究课题（M2）		研究方法（M3）		研究结果（M4）		研究结论（M5）	
	频次	每万词	频次	每万词	频次	每万词	频次	每万词	频次	每万词
L1	0	0	0	0	0	0	21	2.5	0	0
L2	0	0	4	1.2	0	0	2	0.6	0	0

L1 汉语学位论文摘要在"研究结果"（M4）中使用频率最高的转述动词为"指出"（见表 9-10），且使用数量显著多于 L2 汉语学位论文摘要（$\chi^2 = 4.5614$，$p = 0.033 < 0.05$）。而 L2 汉语学位论文摘要在"研究结果"（M4）中使用频率最高的转述动词为"发现"（见表 9-11），且数量显著多于 L1 汉语学位论文摘要（$\chi^2 = 10.1776$，$p = 0.001 < 0.05$）。"研究结果"（M4）中的"指出"和"发现"都用于点明哪些观点是作者的研究结果，如：

（14）关于"连及"修辞现象，我们分析了其与偏义复词之间的联系与区别，并<u>指出</u>不是所有的偏义复词都是由"连及"发展而来的。（选自 L1《汉语修辞与

词汇发展》摘要语步 4)

(15)分析之后我们发现印尼语和汉语相同的语序类型有：主谓语序、述宾语序、连词语序、介词语序。(选自 L2《印尼留学生汉语语序偏误研究》摘要语步 4)

例句(14)中"指出"和例句(15)中的"发现"所表达的意义差别不大，都表明其后的观点是作者通过分析得出的新观点，因此两者在一定程度上可以相互替换。这两种转述动词在"研究结果"（M4)中都可以帮助作者直接明确地宣称自己的观点（刘世铸，张征 2021：25)，表明他们对自己研究结果的深信不疑，暗示他们愿意为研究结果的正确性承担全部责任。作者希望能以此说服读者接受自己提出的新观点，让自己的学术观点得到更广泛的传播。然而相较于 L1 博士，留学生在"研究结果"（M4)中过多地使用了"发现"，过少地使用了"指出"，因此他们在该语步中为自己的研究结果做担保时应少使用一些"发现"，多使用一些"指出"。

表 9-11　L1 和 L2 汉语学位论文摘要中"发现"在不同语步中的分布情况

语料	研究背景（M1）		研究课题（M2）		研究方法（M3）		研究结果（M4）		研究结论（M5）	
	频次	每万词	频次	每万词	频次	每万词	频次	每万词	频次	每万词
L1	0	0	0	0	0	0	15	1.8	2	0.2
L2	0	0	0	0	0	0	17	5.0	0	0

另一类宣称词块则表现为限定小句真值的评价附加语，如"本质上""必然""实际上"（徐玉臣等 2020：21)。此类词块在 L1 和 L2 汉语学位论文摘要不同语步中的分布情况如表 9-12 所示。显著性检验表明，在"研究结果"（M4)中，L1 汉语学位论文摘要使用的评价附加语显著多于 L2 汉语学位论文摘要($x^2 = 6.4966$, $p = 0.011 < 0.05$)。这类评价附加语也可在文本中体现作者的介入，表明作者愿意为研究结果的正误负责，如：

(16)任何语言只要在以上四个语言传播活力因素占优势，就必然具有活力，也具有国际传播活力。(选自《美国汉语传播研究》摘要语步 4)

例(16)中的"必然"表明作者认为自己得出的研究结果是合乎规律、确定不移的，暗示作者愿意为这一观点的确定性承担责任。可以看出，限定小句真值的评价附加语可以帮助作者表现自己对研究结果真值的信心，增强对研究结果的肯定程度，以避免引起同行的误解和质疑（姚俊 2010：33）。然而留学生在"研究结果"（M4）中对此类词块使用不足，对自己研究结果的真值没有表现出足够的信心，因此其可信度也大打折扣。

表 9-12　L1 与 L2 汉语学位论文摘要中评价附加语在各语步中的分布情况

语料	研究背景（M1）		研究课题（M2）		研究方法（M3）		研究结果（M4）		研究结论（M5）	
	频次	每万词	频次	每万词	频次	每万词	频次	每万词	频次	每万词
L1	4	0.5	0	0	1	0.1	16	1.9	2	0.2
L2	0	0	0	0	0	0	0	0	1	0.3

除此之外，L1 汉语学位论文摘要还有两类特有的宣称词块，在 L2 汉语学位论文摘要中没有发现。其中一类表现为与结果相关转述动词的名词形式（"结论/结果"等）和"是/为"等动词的结合体，这类结构都位于"研究结果"（M4）（5 次，0.6/万词）语步中。另一种 L1 汉语学位论文摘要特有的宣称词块是显性宣称投射小句转化成的介词短语（徐玉臣等 2020：21），这种词块在 L1 汉语学位论文摘要的"研究结果"（M4）中只出现了一次（"根据……"）。

在"研究背景"（M1）、"研究课题"（M2）和"研究结果"（M4）语步中，L1 汉语学位论文摘要的认同资源的标准化频数均大于 L2 汉语学位论文摘要，在其余两个语步中小于 L2 汉语学位论文摘要（见表 9-13），但这些差别并不大，均不存在显著性差异。

表 9-13　L1 与 L2 汉语学位论文摘要中认同资源在各语步中的分布情况

语料	研究背景（M1）		研究课题（M2）		研究方法（M3）		研究结果（M4）		研究结论（M5）	
	频次	每万词	频次	每万词	频次	每万词	频次	每万词	频次	每万词
L1	5	0.6	8	1.0	12	1.4	1	0.1	1	0.1
L2	0	0	2	0.6	8	2.4	0	0	1	0.3

　　L1 和 L2 汉语学位论文摘要中共现的认同词块有两类，这两类认同词块在各语步中的分布没有显著差别。一类（"……基础上""借鉴……"等）用于指出自己的研究是从哪个思想或研究中发展出来的，暗示其值得信赖。这类词块在 L1 汉语学位论文摘要中共有 22 个（2.6/万词），在 L2 汉语学位论文摘要中共有 9 个（2.6/万词），且在这两种语料中都主要分布于"研究方法"（M3）之中。另一类则是具体的外部声音与某些转述动词（"指出""提出"等）的结合体。这类词块在 L1 汉语学位论文摘要中共有 5 个（0.6/万词），分布在"研究背景"（M1）和"研究方法"（M3）中，在 L2 汉语学位论文摘要中有 2 个（0.6/万词），都位于"研究方法"（M3）中。

9.3.2　对话扩展

9.3.2.1　引发

　　L1 和 L2 汉语学位论文摘要中实现引发的词块可以分为 3 类，表心理过程的动词（"认为""希望"等）、表可能性不高的情态动词（"可能""大概"等）以及表基于表象进行假设的动词（"似乎"）。L1 汉语学位论文摘要各语步中引发资源的标准化频率均小于 L2 汉语学位论文摘要（见表 9-14）。

表 9-14　L1 与 L2 汉语学位论文摘要中引发资源在各语步中的分布情况

语料	研究背景（M1）		研究课题（M2）		研究方法（M3）		研究结果（M4）		研究结论（M5）	
	频次	每万词	频次	每万词	频次	每万词	频次	每万词	频次	每万词
L1	3	0.4	4	0.5	1	0.1	32	3.8	4	0.5
L2	2	0.6	8	2.3	3	0.9	13	3.8	24	7.1

　　显著性检验表明，两者在"研究课题"（M2）（$x^2 = 8.3456$，$p = 0.004 < 0.05$）、"研究方法"（M3）（$x^2 = 4.1437$，$p = 0.042 < 0.05$）和"研究结论"（M5）（$x^2 = 44.0557$，$p = 0.000 < 0.05$）中对于引发资源的使用存在显著性差异，留学生

在这些语步中为其他观点的介入提供了更大的空间，如：

（17）进而找出以斯瓦希里语为母语的汉语学习者的发音偏误，解释以斯瓦希里语为母语的学生在学习汉语过程中有<u>可能</u>会出现的发音问题，最终提出纠正发音偏误的方法。（选自 L2《汉语与斯瓦希里语语音对比研究》摘要语步 3）

L2 汉语学位论文摘要"研究课题"（M2）和"研究结论"（M5）中使用的引发资源全部体现为表心理过程的动词（见表 9-15），其在这两个语步中使用的表心理过程的动词均显著多于 L1 汉语学位论文摘要（M2：$\chi^2 = 10.3005$，$p = 0.001 < 0.05$；M5：$\chi^2 = 47.3599$，$p = 0.000 < 0.05$）。"研究结论"（M5）表心理过程的动词往往用来暗示某些结论掺杂了个人心理推断，是带有主观性的，不是百分之百正确的，是众多可能性之一，如：

（18）通过此次研究，我们<u>希望</u>能在汉语介词教学这一方面提高对韩国留学生的教学效果，同时提高学生的学习效率。（选自 L2《韩国留学生介词"在"的运用研究》摘要语步 5）

在"研究课题"（M2）中，留学生在描述研究目的时使用了过多的表心理过程的动词，使该部分的叙述显得过于主观，如：

（19）本研究的主要目的有二，一是通过巴利语借词的研究丰富语言间接接触引发的语言演变的相关理论，二是通过宗教借词的研究，<u>希望</u>能对中—缅佛经对比、研究有所帮助，让汉缅两国僧人在学习彼此的经书的时候能提供帮助，并对中—缅两国佛界的文化交流起到进一步的作用。（选自 L2《缅立〈转法轮经〉中的巴利语借词研究》摘要语步 2）

表 9-15　L1 与 L2 学位论文摘要中表心理过程的动词在各语步中的分布情况

语料	研究背景（M1）		研究课题（M2）		研究方法（M3）		研究结果（M4）		研究结论（M5）	
	频次	每万词	频次	每万词	频次	每万词	频次	每万词	频次	每万词
L1	3	0.4	3	0.4	1	0.1	21	2.5	3	0.4
L2	1	0.3	8	2.4	4	0.6	13	3.8	24	7.1

　　虽然 L1 汉语学位论文摘要在各语步中使用的引发资源都少于 L2 汉语学位论

文摘要，但其在"研究课题"（M2）、"研究结果"（M4）和"研究结论"（M5）中使用的低值情态动词多于 L2 汉语学位论文摘要（见表 9-16）。显著性检验表明，L1 和 L2 汉语学位论文摘要在"研究结果"（M4）中对低值情态动词的使用存在显著性差异（$x^2 = 4.0602$，$p = 0.044 < 0.05$），因此 L1 博士在描写研究结果时，更倾向于使用低值情态动词承认研究结果可能会因某些因素而存在局限性，不是绝对正确的。这种方式较为客观严谨，在承认可能存在其他正确的立场的同时不会凸显作者的主观介入，如：

（20）而究其原因，这些变化大概由两个因素造成：人们对周围世界了解的逐步深入和旧工具的不断革新。（选自 L1《东汉核心词研究》摘要语步 5）

表 9-16　L1 与 L2 汉语学位论文摘要中低值情态动词在各语步中的分布情况

语料	研究背景（M1）		研究课题（M2）		研究方法（M3）		研究结果（M4）		研究结论（M5）	
	频次	每万词	频次	每万词	频次	每万词	频次	每万词	频次	每万词
L1	0	0	1	0.1	0	0	10	1.2	1	0.1
L2	0	0	0	0	1	0.3	0	0	0	0

可以看出，与 L1 汉语学位论文摘要相比，L2 汉语学位论文摘要在"研究课题"（M2）和"研究结论"（M5）中过多运用了表示心理过程的动词，在"研究结果"（M4）中对低值情态动词的使用又有所欠缺，让这些语步显得过于主观，不够严谨。因此，L2 硕士应注意在"研究课题"（M2）和"研究结论"（M5）中少使用一些表达心理过程的动词，在"研究结果"（M4）中多使用一些低值情态动词，让文本显得更加客观中立。

9.3.2.2　归属

除在"研究结论"（M5）中承认资源在 L1 汉语学位论文摘要中的标准化频数少于 L2 汉语学位论文摘要外，在其他语步中均多于 L2 汉语学位论文摘要（见表 9-17）。但这些差别都较小，不存在显著性差异，而且两者使用的承认资源都不多，说明两者都较少以比较中立的态度提及别人的观点。归属词块在语料中很少重复出现，这可能与作者个人的写作风格和文章内容的具体要求有关。此外，在以这种方法引入外部观点时，作者往往很少将该观点归属于某个具体的人，而是归属于整个学界，如：

（21）已有研究认为羌语属于活力降低、已经显露濒危特征的语言，当前面临的严峻现实是羌语的交际功能弱化，转用汉语的人群不断增多。（选自 L1《四川茂汶地区羌族语言选择问题研究》摘要语步 1）

例句（21）中的承认资源"已有研究认为"出现在"研究背景"（M1）中，用于指出学界存在的一些观点，但没有采用其他语言资源来表明作者对这些观点的态度，作者对于这些观点承担的责任较小，没有对读者进行较强的引导，因此打开了对话空间，允许更多的声音加入对该研究的讨论。

表 9-17　L1 与 L2 汉语学位论文摘要中承认资源在各语步中的分布情况

语料	研究背景（M1）		研究课题（M2）		研究方法（M3）		研究结果（M4）		研究结论（M5）	
	频次	每万词	频次	每万词	频次	每万词	频次	每万词	频次	每万词
L1	12	1.4	2	0.2	1	0.1	4	0.5	2	0.2
L2	3	0.9	0	0	0	0	1	0.3	1	0.3

从表 9-18 中可以看出，只有 L1 汉语学位论文摘要在"研究结果"（M4）中使用了一次疏远资源（"所谓"），L2 汉语学位论文摘要中没有使用任何疏远资源。疏远资源可以将作者的声音与外部声音明显分隔开来，拒绝为其承担责任，如：

（22）目前学界界定的所谓"非常规宾语"在其他语言中也普遍存在，都可称之为"构式宾语"。（选自 L1《汉语中的构式化现象与构式宾语研究》摘要语步 4）

在例句（22）中，作者通过"所谓"这个词与学界界定的"非常规宾语"保持距离，将对话空间扩展到了最大，暗示读者可以自由地对该观点提出批评。但汉语摘要很少使用这类资源，这可能是由于摘要的主要目的是展现论文作者自己的学术观点，作者需要在摘要较小的篇幅中清晰地展现自己的立场，因此很少在引用外部观点时使用疏远资源将自己的立场隐藏起来。

表 9-18　L1 与 L2 汉语学位论文摘要中疏远资源在各语步中的分布情况

语料	研究背景（M1）		研究课题（M2）		研究方法（M3）		研究结果（M4）		研究结论（M5）	
	频次	每万词	频次	每万词	频次	每万词	频次	每万词	频次	每万词
L1	0	0	0	0	0	0	1	0.1	0	0
L2	0	0	0	0	0	0	0	0	0	0

9.4　ICM 分析

　　本研究使用中介语对比分析探究了 L1 和 L2 汉语学位论文摘要在不同的语步中对介入资源的使用异同。将本研究的结果与本书第 8 章使用跨语言对比分析所得出的结果[①]相结合，我们推测 L2 汉语学位论文摘要在"研究背景"（M1）中对否定资源和反示资源的过度使用，在"研究课题"（M2）和"研究结论"（M5）中对引发资源的过度使用可能是来华留学生的英语迁移所导致的，因为 L1 英语学位论文摘要在这些语步中也过多使用了这些介入资源。而 L2 汉语学位论文摘要在"研究方法"（M3）中对引发资源以及在"研究结论"（M5）中对反示资源的使用不足则与来华留学生的英语迁移无关，因为 L1 英语学位论文摘要在"研究方法"（M3）中使用的引发资源与 L1 汉语学位论文摘要没有显著差异，在"研究结论"（M5）中使用的反示资源则显著多于 L1 汉语学位论文。图 9-1 展示了这种综合对比分析模式的诊断功能，其中跨语言对比分析和中介语对比分析的分析结果的相似之处由粗体标出[②]。

---

① 有关英语母语博士的英语学位论文摘要和汉语母语博士的汉语学位论文摘要的分析结果。
② 图 9-1 和图 9-2 的分析方法借鉴自钟珍《中英地学类期刊论文立场标记语综合对比分析》，西南交通大学 2023 年硕士学位论文。

跨语言对比分析

L1 英语学位论文摘要　vs.　L1 汉语学位论文摘要

差异：L1 **英语学位论文摘要在"研究背景"（M1）中过多使用了否定资源、反示资源、宣称资源、**认同资源、引发资源、承认资源和疏远资源，在"研究课题"（M2）中过多使用了引发资源、否定资源、反示资源、一致资源、宣称资源、认同资源和疏远资源，在"研究方法"（M3）中过多使用了否定资源和认同资源，在"研究结果"（M4）中过多使用了反示资源、宣称资源、认同资源、引发资源、承认资源和疏远资源，在**"研究结论"（M5）中过多使用了引发资源、否定资源、**反示资源、宣称资源和认同资源。

预测：L2 汉语学位论文摘要对介入资源的使用会存在这些问题。

中介语对比分析

L2 汉语学位论文摘要　vs.　L1 汉语学位论文摘要

差异：L2 **汉语学位论文摘要在"研究背景"（M1）中过多使用了否定资源和反示资源，在"研究**课题"（M2）中和"研究方法"（M3）中过多使用了引发资源，在"研究结论"（M5）中过多使用了引发资源，过少使用了反示资源。**

诊断：L2 汉语学位论文摘要在"研究背景"（M1）中对否定资源和反示资源的过度使用，在"研究课题"（M2）和"研究结论"（M5）中对引发资源的过度使用是来华留学生英语迁移所导致的。

图 9-1　综合对比分析模式对介入资源使用情况的诊断

采取同样的方法整合本章和第 8 章对介入词块的分析结果后，我们认为 L2 汉语学位论文摘要在"研究结论"（M5）中对自我指称语类宣称词块和研究文本产物指代语类宣称词块的过度使用可能是由来华留学生英语迁移所导致的，因为 L1 英语学位论文摘要在相应语步中也过多使用了这些介入词块。而 L2 汉语学位论文摘要在"研究课题"（M2）中和"研究方法"（M3）中对心理动词类引发词块的过度使用，在"研究结果"（M4）中对评价附加语的使用不足以及在"研究结论"（M5）中对心理动词类引发词块的过度使用和对研究结果指代语类宣称词块的使用不足则与来华留学生的英语迁移无关。因为 L1 英语学位论文摘要在"研究课题"（M2）中和"研究方法"（M3）中使用的心理动词类引发词块略少于 L1 汉语学位论文摘要，在"研究结果"（M4）中使用的评价附加语和 L1 汉语学位论文摘要不存在显著性差异，在"研究结论"（M5）中使用的心理动词类引发词块和 L1 汉语学位论文摘要不存在显著性差异而在该语步中使用的研究结果指代语类宣称词块显著多于 L1 汉语学位论文摘要。图 9-2 展现了我们的分析过程，其中跨语言对比分析和中介语对比分析的分析结果的相似之处由粗体标出。

跨语言对比分析

L1 英语学位论文摘要　　vs.　　L1 汉语学位论文摘要

差异：L1 英语学位论文摘要在"研究背景"（M1）中和"研究课题"（M2）中过多使用了自我指称语类宣称词块和情态词类引发词块，在"研究结果"（M4）中过多使用了自我指称语类宣称词块、研究结果指代语类宣称词块和情态词类引发词块，**在"研究结论"（M5）中过多使用了自我指称语类宣称词块、研究结果指代语类宣称词块**、研究文本产物指代语类宣称词块和情态词类引发词块。
预测：L2 汉语学位论文摘要对介入词块的使用会存在这些问题。

中介语对比分析

L2 汉语学位论文摘要　　vs.　　L1 汉语学位论文摘要

差异：L2 汉语学位论文摘要在"研究课题"（M2）中和"研究方法"（M3）中过多使用了心理动词类引发词块，在"研究结果"（M4）中过多使用了情态词类引发词块，过少使用了评价附加语类宣称词块，**在"研究结论"（M5）中过多使用了自我指称语类宣称词块、研究文本产物指代语类宣称词块**和心理动词类引发词块，过少使用了研究结果指代语类宣称词块。
诊断：L2 汉语学位论文摘要在"研究结论"（M5）中对自我指称语类宣称词块和研究文本产物指代语类宣称词块的过度使用是来华留学生英语迁移所导致的。

图 9-2　综合对比分析模式对介入词块使用情况的诊断

　　上文的分析表明，从总体上来讲，英语对汉语二语学习者的负迁移有一定影响，但仅限于个别介入资源。其原因是，抽样汉语二语学位论文的作者主要来自于泰国、俄罗斯、越南和韩国等非英语国家。从严格意义上来讲，英语是其第二语言，汉语是其第三语言。另一方面，也正因为抽样文本的作者来自 18 个不同的国家，他们所表现出的共性，更可能来自其共同的二语——英语的影响，而非其母语，故本研究结果进一步证明，二语对三语有一定影响，但程度有限。

　　本书第 7 章和第 9 章对 ICM 分析实践表明，CA 分析有一定的预测力但是其预测力不是很强，对 CIA 分析的帮助有限，故第 10 章和第 11 章拟集中进行 CIA

分析，将重点放在诊断二语学习者在使用二语时存在的问题上。

9.5　结语

本研究结果表明，来华留学硕士生在其学位论文摘要的某些语步中既不能选择合适的介入资源表达恰当的评价意义，在表达某些评价意义时选择的介入词块也不够准确。基于研究发现，我们认为在汉语二语学术写作教学中，应重点强调以下几点。(1)在"研究背景"语步中，应让汉语二语学习者的叙述重点从研究背景转移到当前研究不足上，增强其文献回顾意识，恰当使用否定词块(否定副词)和反示词块(转折让步连词)，以证明自己研究的必要性。(2)在"研究课题"语步中，恰当使用能体现绝对权威性的单声资源，减少对宣称词块"指出"以及引发词块(表心理过程的动词)的使用。(3)在"研究方法"语步中，适当减少对引发资源的使用。(4)在"研究结果"语步中，应根据自己对研究结果把握程度的大、小分别选用宣称词块(真值评价附加语)或引发词块(低值情态动词)。(5)在"研究结论"语步中，应提高汉语二语学习者使用反示词块(转折让步连词)预测读者想法的意识，帮助他们提高对读者预期做出调控的能力；应强调研究结果指代语与研究文本产物指代语在介绍研究结论时的差异，尽量采用研究结果指代语，以凸显其客观性，同时强调引发词块(表心理过程的动词)的恰当使用，以进一步降低研究结论的主观性。这些建议可在一定程度上帮助教师提高留学生对介入资源、介入词块以及评价意义的敏感度，帮助他们提高学位论文摘要的写作质量。

第 10 章 汉语 L1 与 L2 学位论文摘要正式体 和典雅体特征对比研究(CIA)

10.1 引言

学位论文属于学术语体,是具有一系列区别性特征、界定清晰的实体(Bennett 2009),如 Bennett(2009:52)对 41 本英语学术文体指南的调查表明,"正式性""专业性"和"客观性"是学术语篇的主要语言特征;冯胜利(2010:400)对汉语书面正式语体的研究揭示,汉语学术语体具有"正式性"和"典雅性"特征。尽管有研究表明,学术写作似乎有放宽旧限制和传统,朝非正式性方向移动的迹象(Chang & Swales 1999),但是 Hyland 和 Jiang(2017:48)的历时研究揭示:在过去 50 年里,学术期刊论文对非正式特征的使用仅有微弱的增长(2%),且这种变化主要体现在科学和工程学科上,社会科学领域对非正式特征的使用呈下降趋势。也就是说,对于社会科学领域来说,学术写作范式的要求不仅没有松动而是更加严格,"能否遵守相关范式是 EAP 学习者面临的一个核心问题"(Liardét et al. 2019:146)。

然而,目前针对二语学习者书面语语体特征的研究主要集中在英语语料。相关研究表明,英语二语学习者(尤其低水平学习者)的写作具非正式性和"口语化"倾向(Chen & Baker 2016;Lee et al. 2019;Larsson & Kaatari 2020;王丽,王楠 2017),表现为混合语体或语体特征不清晰(文秋芳 2009)。以汉语二语者为对象的语体特征研究不多,但仍然得出了相似的结论,如汲传波、刘芳芳(2015)和马明艳(2017)以不同口语语体特征为参数,针对留学生书面语作文的研究表明，留学生书面语具有向口语体偏离的倾向。汲传波（2016）、莫丹（2016）分别以学术论文和议论文为分析对象，以不同书面语语体特征为参数的研究亦发现，留学生存在显著少用这些特征的倾向。

上述研究结果证明，语体错用、混用是二语学习者的一个普遍问题。然而，相较于英语学习者语体能力研究，针对汉语二语学习者的相关研究还不够，尤其是针对留学生学术论文语体能力的探讨更为不足，仅有汲传波（2016）对韩国学生学术论文（包括课程论文和毕业论文）与汉语学术期刊论文的对比研究，但其观察变量较窄，仅为含"于""者""以""而""之"字的文言结构，即仅考察了部分"典雅性"特征，未能从"正式性"和"典雅性"角度对留学生学术写作的总体特征予以调查；其次，汲传波（2016）的研究着重在对比描述含"于""者""以""而""之"字的文言结构在韩国学生学术论文和汉语学术期刊论文中的使用频率，但未对这些文言结构的使用差异显著性予以检验，亦未从量化角度对二者在正式度和典雅度上的不同予以对比，且其对比分析的语料在体裁上不同，是课程论文/毕业论文与期刊论文之间的对比，故对留学生汉语学位论文语体适切性的总体特征进行量化对比分析很有必要，对比分析结果不仅可为有针对性地开展学术写作教学、指导汉语二语学习者的论文写作提供参考，亦可为进一步的微观研究探明方向。

为此，本研究拟以汉语母语者的博士学位论文为参照对象，对留学生硕士学位论文的语体特征展开全面的调查。由于摘要是学位论文的重要组成部分，是整篇文章的精华，故拟以论文摘要为具体考察对象。为缩小研究范围拟集中分析语言学及应用语言学汉语学位论文摘要。具体来讲，本研究拟考察的研究问题如下：

（1）来华留学生（后文简称为 L2）的硕士学位论文摘要与汉语母语者（后文简称为 L1）的博士学位论文摘要对不同类型正式体和典雅体语法手段的使用是否存在显著差异？若有差异，它们对 L2 论文摘要有什么影响？

（2）L2 硕士学位论文摘要与 L1 博士学位论文摘要在语体正式度和典雅度方面有何特征？

（3）影响学术语体适切性的主要因素是什么？

10.2　理论框架

学位论文摘要属于书面正式语体，具有书面正式语体的相关特征。对于汉语书面正式语体，以冯胜利（2006，2010）的研究最为系统和全面。冯胜利（2006：3）指出"现代汉语书面正式语体……是既包含白话而又相互独立的、由'自生系统'（以合偶词及其语法为主）和'典雅语体'（以嵌偶词+古句型及其语法为主）组成的正式语体"。冯胜利（2010：400-401）进一步明确指出"'正式与非正式（书面体/口语体）''典雅与便俗（文雅体/白话体）'是构成语体的两对基本范畴"。他认为"表达正式的语体语法的根本原则是：用语法手段把正式表达和与之相关的口语表达之间的距离拉开"，"其基本特征是'泛时空化'。泛时空化即减弱或去掉具体事物、事件或动作中时间和空间的语法标记"（冯胜利 2010：407）（详见本书 10.2.1）。而"典雅语体语法的根本原则是用耳听能懂的古代词语替换对应的口语表达，从而与之拉开距离"，"其基本特征是'古语今化'"（冯胜利 2010：407）（详见本书 10.2.2）。冯胜利（2006）则将正式语体和典雅语体的语法手段汇编成集，其相关研究为汉语书面正式语体研究奠定了理论基础。

后期相关研究进一步验证了冯胜利的研究结论。如孙德金（2012）关于文言语法是现代汉语书面语语法的重要组成部分以及书面表达应遵守趋雅律等"四律"的观点，与冯胜利（2006，2010）的研究结论有不谋而合之处。王永娜（2016）通过对大量例证的分析亦验证了冯胜利关于"泛时空化特征"是书面正式语体的基本特征的观点。卢芸蓉和朱军（2014）对比了两种汉语书面语格式——冯胜利（2006）的文言格式和贺阳（2008）的欧化格式——在五种书面语体（说明体、法规体、文艺体、学术体、新闻体）中的使用情况。根据卢芸蓉和朱军所提供的统计数据可以看出，冯胜利（2006）所提出的文言格式（书面语句型）在学术体中的使用频次最高，而欧化格式在学术体中的使用频次不高，不及在其他几种语体中用得频繁（卢芸蓉，朱军 2014：134-139）。这些研究从侧面证明，将冯胜利关于汉语书面正式语体特征的研究结果作为本研究的理论框架具有合理性。

故此，本研究基于冯胜利（2010：404）关于学术语体具有"正式性"和"典雅性"特征的研究结论，拟将冯胜利（2006，2010）归纳概括出的正式体和典雅体语法手段作为本研究的分析框架。需要注意的是，根据冯胜利（2010：407），其文中所述的"语法"是广义的，包括语音、形态、词法和句法。本研究沿用冯胜利的相关表达，亦在这一广义的定义下使用"语法"一词。

10.2.1　正式体语法手段

关于正式体语法手段，冯胜利（2006，2010）有较为详尽的论述，包括双音书语词、合偶双音词和名词化（即动词与宾语的移位）。这些语法手段或通过韵律的改变或通过句法格式的变化使其语义从具体变为抽象，从而达到泛时空化的目的。

（1）双音书语词

双音构词法是正式化的手段之一，包括双音名词和双音动词，如"病"（单音名词）→"疾病"（双音名词），"编"（单音节动词）→"编写"（双音节动名词）。汉语中存在大量类似这样的双音名词和双音动词，均可视为应正式语体的需要而产生的结果（冯胜利2010：407）。但由于单音节动词名词化为双音节动名词的过程会涉及句法格式的转变和移位，故拟将双音节动名词单列出来（见名词化），在双音书语词这一变量中仅考察双音节名词这一项指标。拟采用自下而上的方式，在词性赋码语料中提取出全部名词，再从中人工筛选出双音节名词。

（2）合偶双音词

合偶双音词是指那些必须与另一个双音词组成"双+双"韵律格式才能合法的双音节书面语词汇（冯胜利2006：6），如"加以"必须与双音词"批评"组成"加以批评"才合法，"＊加以批"不合法。拟以冯胜利（2006）所列近400个合偶双音词为观察指标，统计分析对比语料中的"双+双"韵律格式用例。

（3）名词化

动词的名词化是指通过句法格式和移位来满足泛时空化，从而拉开和口语的距离，以达到语体正式性目的的一种语法手段，具体包括"动宾"→"宾动"、"动宾"→"介宾动"以及"具体动作"→"抽象行为"（冯胜利 2010：407）①。在综合分析上述三类语法手段的基础上，本研究将其概括为三种句法格式。

①"带'的'宾动格式"

当"动宾"转换为"宾动"或"动宾"转换为"介宾动"时，一种常见的名词化显性标记是在宾动格式前加"的"，如"编教材"→"教材的编写"（动宾→宾动）、"编教材"→"关于教材的编写、对教材的编写"（动宾→介宾动），故宾动格式前加"的"是借助于词汇化手段达到名词化目的的一种常见方式，本研究将这类名词化称之为"带'的'宾动格式"。

②"不带'的'宾动格式"

"动宾"→"宾动"的移位还可能产生如下名词化现象，如"编教材"→"教材编写"，即动名词前不带"的"字的"宾动"结构，本研究将这类名词化称之为"不带'的'宾动格式"。由于这一类名词化不带任何词汇标记，故拟采用自下而上的方式，提取出全部"宾动"格式，再从中人工筛选出"不带'的'宾动格式"。

③"带形式动词的名词化结构"

"具体动作"（改/改写、编/编纂）到"抽象行为"［进行编纂、（对教材）进行改编］的句法格式转换是名词化的另一种语法手段（冯胜利 2010：407）。这一句法格式在实际使用中，除了动词名词化为动名词后的移位外，还需要类似于"进行"这样的形式动词的参与，形成"对（就）+宾语+形式动词+动名词"这样的结构，本研究将其称之为"带形式动词的名词化结构"，如具体动作"鉴别'得'字结构"到抽象行为"对'得'字结构予以鉴别"的转换。

---

① 尽管冯胜利（2010：407）在描述这三类语法手段时，没有明确采用名词化这一术语，但是其句法格式的转变和移位过程实质上涉及的就是名词化过程。

10.2.2　典雅体语法手段

关于典雅体的语法手段，尽管冯胜利（2006）和冯胜利（2010）的描述略有不同，但其实质是一致的。冯胜利（2006：3）认为"典雅语体以嵌偶词+古句型及其语法为主"，而冯胜利（2010：407）则将典雅体语法手段分为五种情况：（1）"双音→单音"，如"学校→校"；（2）"文言古语法→当代嵌偶法"，如在古代可单用的字"往"："夫以服请，不宜往"，在现代汉语中则必须成双："那里危险，不宜前往"；（3）"古句型"，如"为 NP 所 V"等；（4）"古虚词"，如"之乎者也哉"；（5）"典雅体的正式化"，如"将其开除出党"中的"其"来自上古，但该词"已改变自己古代的性质（'其'上古不做宾语）而渐有现代正式语体的功能"[①]。

在上述五种情况中，因第（1）种"拆双用单"后的单音词必须"嵌偶"才能合法，故此条与第（2）条均对应于冯胜利（2006：5）所述的嵌偶单音词；而第（4）和第（5）条的古虚词和古词语皆已融入冯胜利（2006：224－229）所列汉语书面语古句式中，如汲传波（2016）对含"于""者""以""而""之"字文言结构的考察就是基于冯胜利（2006）所列的文言古句型，将其中含"于""者""以""而""之"字的文言结构作为具体分析对象。另据本研究作者统计，含"其"字的结构亦纳入冯胜利（2006）的文言古句型，共有 5 例，包括"充其量""借 NP 大大发挥其 VP 之能事""何其［Adj.］$_{\text{PrWd}}$""V 其 O""以其为……而遂 VP"。也就是说，第（3）至第（5）条皆可归入文言古句型，即书面语句型中。概而言之，上述五条分别对应于嵌偶单音词和书面语句型，这与冯胜利（2006：3）对典雅体语法手段的描述一致，故本研究拟将二者作为典雅体语体特征的操作化变量，其定义分述如下。

（1）嵌偶单音词

嵌偶单音词是指必须和另一个单音词组成一个双音词才能合法的单音词，如单音词"遍"必须与另一个单音词"访"组成双音节的"遍访"才能合法使用，

---

① 就是说，有些典雅体成分在使用中可能逐渐赋有正式的色彩（冯胜利 2010：410）。

＊"普遍访"或＊"遍访问"均超出了"双音节模块"的要求，因此都不合法（冯胜利 2006：5）。拟以冯胜利（2006）所列 250 个嵌偶单音词为具体观察指标，统计由其构成的符合"双音节模块"的用例。

（2）书面语句型

书面语句型是指从古代传承下来只用在书面正式语体中的文言句型，它们是正式语体词汇组织的框架（冯胜利 2006：6）。冯胜利（2006）列举了 300 个左右书面语句型，拟将其作为句法格式的观察指标。

10.3　研究方法

10.3.1　分析语料的选取

按照本书 3.2.2 所述语料收集方法以及 L2 论文识别方法，在 CNKI 中国优秀硕士学位论文全文数据库中有 126 篇语言学及应用语言学论文被确定为 L2 硕士学位论文，其中 2002 年仅有 1 篇，2003—2006 年无相关语料。将这 126 篇论文按时间排序后，以学位年度为单位，统计各年度 L2 的论文数，根据其在全部论文中所占的比例，计算出各年度的具体抽样数（即采用比例抽样法）。最后，利用随机数字表，在实际抽样年度（2007—2017 年）中抽取出对应的论文篇数作为分析语料，合计 30 篇（参见第 4 章表 4-1①），总字数为 19244（不含标题及关键词）。

为与 L2 硕士学位论文的实际抽样年度对应，L1 博士学位论文语料亦在相应时间范围（2007—2017 年）内抽样。具体抽样方法如本书 3.2.2 所述，在 CNKI 中国博士学位论文全文数据库中，以语言学及应用语言学为学科专业检索条件，对抽样时间范围内的全部博士学位论文进行穷尽式搜索，剔除其中以汉语为第二语言的我国少数民族学生的论文后，共计 613 篇。采用与前述相同的抽样方法，抽取出 30 篇 L1 博士学位论文作为参照语料，总字数为 52012（不含标题及关键词）。

---

① 本章分析语料与第 4 章相同，故 L2 硕士论文抽样统计表此处不再重复。

利用"语料库在线"（http://corpus. zhonghuayuwen. org/）提供的"汉语分词和词性自动标注"在线工具，本研究对上述语料分别进行了分词和词性标注处理。

10.3.2　对比分析的统计基数

由于本研究所考察的语体语法手段涉及字、词和句，因此拟借鉴冯胜利等（2008）在计算汉语书面语体庄雅度时的做法，在对比分析中针对字、词和句采用不同的统计基数。具体来说，对于嵌偶单音词拟以字数作为统计基数，分别是52012（L1）和19244（L2）；对于合偶词和双音书语名词拟以词数作为统计基数，分别为28450（L1）和10225（L2）[①]。

对于大于词以上的语言单位，包括名词化和书面语句型，因其出现频率往往与小句数量有关，故拟采用小句数为统计基数。但因目前尚无适用的中文句数统计软件，为将对小句数的统计控制在可操控范围内，本研究采用小句数匹配法来处理对比语料。小句匹配的原则是：以逗号、句号、分号、问号和感叹号作为小句切分标记，排除掉其中部分非标记小句的用例，如"第一，"中的逗号就不应作为小句的标记。具体处理方法是：首先统计出 30 篇 L2 硕士学位论文摘要的小句总数，共 975 个小句，据此得出平均小句数为 32.5/篇；其次，从 L1 博士学位论文摘要中抽取出与 L2 学位论文摘要句数对等的小句。为确保所抽取的匹配小句能够尽量覆盖到摘要的各个部分，本研究将 30 篇 L1 论文摘要均分为两部分，从前 15 篇摘要文本的开头部分各抽取 33 个小句，从余下 15 篇摘要文本的结尾部分各抽取 32 个小句，合计 975 个小句，形成两个小句数相同的对比语料。也就是说，L1 和 L2 论文摘要语料中的名词化和书面语句型的统计基数均为 975。

[①]　本研究所采用的词数统计方法是：利用 AntConc 软件分别对 L1 和 L2 论文摘要分词语料进行词频表分析，由此得到各语料所含词的总形符数，即词数。

10.3.3　离散度与正式度(典雅度)计算方法

10.3.3.1　离散度的计算

离散度(dispersion)描述的是观察变量在语料库中的分布均衡性程度。离散度和频率均是重要的描述性统计量,然而前者的作用没有得到足够的重视。多数语料库研究通常仅报道观察变量的频率数据而忽视了其离散趋势(Gries 2020:99,111)。其弊端是无法反映频率相同或相近但分布不同的语言特征,以致得出误导性结论(Gries 2008b:404;Gries 2020:99-100),故应同时报道语言特征的频数和离散趋势,才能全面地反映其在语料库中的使用情况。

本研究拟采用传统的离散趋势度量参数——标准差作为离散度的衡量指标。根据 Gries(2020:102),离散度的计算方法如公式 1 所示。式中 n 代表语料库构成部分的总数,对本研究来说,即抽样文本数(30 篇);f 代表观察变量在语料库中的总频率;v_i 代表观察变量在每一部分语料库中的频率,对本研究来说,即观察变量在每一篇抽样文本中的出现频率。考虑到对比语料库的各部分(即抽样文本)长度不一致,拟采用标准化离散度(normalized version)计算公式 2,即变异系数(variation coefficient,vc)来揭示观察变量的离散趋势,式中 mean(v)代表观察变量在语料库各部分中的平均频率(即 f/n)(Gries 2020:102)。

公式 1(离散度)[①]:

$$\mathrm{sd} = \sqrt{\frac{\sum_{i=1}^{n}\left(v_t - \dfrac{t}{n}\right)^2}{n-1}}\ (\text{Gries } 2020:102)$$

公式 2(标准化离散度):

$$\mathrm{vc} = \frac{\mathrm{sd}(v)}{\mathrm{mean}(v)}\ (\text{Gries } 2020:102)$$

[①]　公式 1 是样本离散度计算公式。若需计算总体离散度,则公式 1 中分母应为 n。计算标准化总体离散度时,公式 2 中的分子应为 sdpopulation(v)。由于本研究涉及抽样样本,故采用样本离散度计算公式。

10.3.3.2　正式度(典雅度)的计算

关于正式度的计算，主要有 Fang 和 Cao(2009)基于形容词密度而提出的正式度计算法、王培光(2013)利用形符/类符比来揭示文本正式度的方法、冯胜利等(2008)和 Graesser 等(2014)基于语体语法手段或文本特征的庄雅度(正式度)计算法。在上述不同方法中，本研究认为冯胜利等(2008)基于语体语法手段的考察更能全面地反映语体特征，但在对庄雅度(正式度)的计算方法上，Graesser 等(2014)的方法更具合理性。冯胜利等(2008)的庄雅度计算方法是：用总字数、词数和句数为分母，分别计算出嵌偶词、合偶词和书面语句型等五种语体语法手段的使用频数在语料中所占的比例。其次，采取算术平均法来消除因不同语法手段的基数(分母)不同，无法直接对比的问题。最后，将各语法手段所占比例予以加和即得到庄雅度值。而 Graesser 等(2014：220)的正式度计算方法则采用将不同文本特征比例转化为标准分(Z-score)[①]的方法来消除由于"变量的测量量表不一致"而造成的"变量之间缺乏可比性"的问题(秦晓晴，毕劲 2015：255)，即对数据进行标准化处理(data normalization)。

本研究认为冯胜利等(2008)所采用的算术平均法只是将各语法手段在庄雅度计算中的权重予以了平均，如他们将全部五种语法手段的比例各取20%，但这样做并未真正消除不同语法手段因分母(即总数)不同而造成的量表不同问题，故拟借鉴 Graesser 等(2014：220)的正式度计算方法，采用将各类语体语法手段所占比例转化为标准分的方法来消解此问题，即将其全部"调整为具有相同量表的值"(adjustment of values to one common scale)，标准化处理后的数据就具有了共同的比较基础，因而可以直接加和以及跨语料库对比(Gablasova *et al.* 2017：162)。

由于"±正式性""±典雅性"是构成语体的两对基本范畴(冯胜利 2010：400)，故本研究没有采用冯胜利等(2008)的方法将二者综合为庄雅度的做法，而是对正式度和典雅度分别予以统计，以揭示"±正式性"和"±典雅性"对学

---

① 标准分反映的是某个语体特征比例高于或低于平均值多少个标准差。标准分为负数表示特征比例低于平均值。

术语体的影响程度。借鉴冯胜利等（2008），本研究亦分别计算了类符和形符的正式度（degree of formality）和典雅度（degree of elegance）。因类符的正式度和典雅度与形符的正式度和典雅度的计算方法相同，故在正式度和典雅度计算公式中不再分列。参照 Graesser 等（2014：220）的方法，本研究的具体计算公式如下：

正式度（DF）＝（$Z_{合偶词}$＋$Z_{双音名词}$＋$Z_{带"的"宾动}$＋$Z_{不带"的"宾动}$＋$Z_{带形动的名词化}$）／5

典雅度（DE）＝（$Z_{嵌偶词}$＋$Z_{书面语句型}$）／2

式中 Z 代表各语体语法手段在语料中所占比例的标准分。

10.4　结果与分析

10.4.1　正式体语法手段使用情况对比

10.4.1.1　合偶双音词使用情况对比

对冯胜利（2006）所列近 400 个合偶双音词予以了逐一检索后发现，L1 和 L2 学位论文摘要分别使用了 83 和 46 个合偶双音词，"双＋双"格式词的使用频次分别是 460 和 296。对数似然率检验结果表明，L1 与 L2 学位论文摘要在合偶双音词的使用类型和"双＋双"格式词的使用频次上均具有统计意义上的显著差异（LL＝5.29* 和 LL＝57.88***）[1]。

根据离散度公式 2，L1 和 L2 对合偶双音词使用频数的标准化离散度分别为 0.545 和 0.635。离散度数据表明，L2 对合偶双音词的使用不仅在数量上显著低于 L1，而且分布的不均衡性也比 L1 略微突出一些，如在 30 篇 L2 摘要抽样文本中，有 5 篇对合偶双音词的使用频数小于 3，最低的 1 篇频数甚至为 0。

进一步的细察发现，L2 对合偶双音词的使用过于集中于少数几个词，以使用频次排列前五的合偶双音词"进行、表达、调查、具有、提供"为例，这 5 个

[1]　本研究所涉及的个别语体语法手段频数过低，如表 10-2 所示的"带形式动词的名词化结构"的类型数等情况，即存在极端数据。在此情况下，不适合采用卡方检验（Gries 2008b：413），故本研究采用 Log-likelihood Ratio Calculator 来进行显著性检验。检验结果中的＊、＊＊和＊＊＊分别表示显著性水平为 0.05、0.01 和 0.001。

词组成的"双+双"格式词合计为 150，占总数的 51%，其中"进行"组成的"双+双"格式词即占总数的 28%。而 L1 排第一的尽管也是"进行"，但由其组成的"双+双"格式词仅占总数的 13%。这从一个侧面反映出大多数 L2 对合偶双音词的掌握程度不高，他们显著少用合偶双音词，而且倾向于过度使用个别合偶双音词，如"进行"，且其"进行+双"格式词主要集中在两类常见表达："进行分析"（占 30%）和"进行研究"（占 16.3%），二者合计约占该类格式词使用频数的一半。

研究发现，L2 对合偶双音词的使用偏误主要表现为搭配不当，而非冯胜利（2006）对合偶双音词定义中所强调的"双+双"韵律格式问题，如例（1）中"进行"与"教学"的搭配就不如"从事"地道和常见。

（1）此外给进行汉语教学的人员提供可供参考的俗语教学资料

10.4.1.2 双音书语名词使用情况对比

利用 AntConc 软件检索出全部名词，再经过人工筛选，从 L1 和 L2 学位论文语料中分别提取出 639 和 400 个不同类型的双音名词，其使用频次分别是 7034 和 2217。对数似然率检验结果表明，L1 和 L2 对双音名词的使用类型和使用频次均存在显著差异（LL=71.80*** 和 LL=29.71***）。也就是说，从双音书语名词的角度，L2 的学术写作正式度显著低于 L1，并且其使用不均衡性略高于汉语母语者［标准化离散度分别为 0.437(L1) 和 0.451(L2)］。

与合偶双音词类似，L2 对双音书语名词的使用偏误仍以搭配问题为主，如例（2）中"描述"与"措施"的搭配即属于不当搭配。

（2）……并采用描述措施和比较方法对《汉文启蒙》所反映的 19 世纪汉语状况进行研究

10.4.1.3 名词化使用情况对比

从 L1 和 L2 学位论文摘要小句对等语料中分别提取出全部"带'的'宾动格式"和"不带'的'宾动格式"，再经人工核实，剔除了个别不是真正名词化的情况后，相关统计数据如表 10-1 所示。采用同样的方法，对常用的形式动词包括"进行、开展、展开、加以、予以、做/作出"进行了穷尽式搜索并人工核实后，相关结果如表 10-2 所示。

表 10-1　"带'的'宾动格式"和"不带'的'宾动格式"使用情况对比

格式类型	使用类型数			使用频数			（频数）标准化离散度	
	L1	L2	统计检验	L1	L2	统计检验	L1	L2
"带'的'宾动格式"	39	21	LL = 5.48*	114	76	LL = 7.65**	0.774	0.908
"不带'的'宾动格式"	86	27	LL = 32.38***	128	38	LL = 51.52***	0.667	1.150

表 10-2　"带形式动词的名词化结构"使用情况对比

文本	动词						合计				
	进行	开展	展开	加以	予以	做/作出	类型数	统计检验	频数	统计检验	（频数）标准化离散度
L1	38	0	2	2	2	6	5	LL = 2.91 (p = 0.088)	50	LL = 0.09 (p = 0.768)	1.084
L2	53	0	0	0	0	0	1		53		1.005

　　从表 10-1 可见，L1 对"不带'的'宾动格式"的使用类型和使用频数均高于"带'的'宾动格式"，且前者的标准化离散度（0.667）亦小于后者（0.774）。这说明多数 L1 在其论文摘要中更倾向于使用"不带'的'宾动格式"，且其分布更均衡一些。这一研究发现与应学凤（2016）关于"定中黏合结构"（如"历史研究"）比"定中组合结构"（如"历史的研究"）更正式的研究结论似有异曲同工之处①。换句话说，应学凤（2016）和本研究发现均支持，"不带'的'宾动格

① 尽管应学凤（2016）的"定中黏合结构"和"定中组合结构"概念比本研究的"不带'的'宾动格式"和"带'的'宾动格式"要更为宽泛，如"良好条件"和"历史研究"均属于"定中黏合结构"，但是仅后者属于"不带'的'宾动格式"，前者不属于，然而，应学凤（2016）关于包含"不带'的'宾动格式"的"定中黏合结构"比包含"带'的'宾动格式"的"定中组合结构"（如"良好的条件"和"历史的研究"）更正式这一点，无疑与本研究的研究发现有不谋而合之处。

式"是比"带'的'宾动格式"更为常见的正式体语法手段。

从 L1 与 L2 对这两个格式的使用差异来看，在"带'的'宾动格式"和"不带'的'宾动格式"的使用类型和使用频数上 L1 和 L2 均存在具有统计意义的显著差异，尤其是在"不带'的'宾动格式"的使用方面，二者的差异更加明显，离散趋势也更大(其标准化离散度为 1.150)，说明 L2 对正式体语法手段的总体掌握情况不佳，特别是对更为常见的正式体语法手段"不带'的'宾动格式"的使用尤为欠缺，且个体之间的差异也最大，如在 30 篇抽样 L2 论文摘要中，有 11 篇未使用"不带'的'宾动格式"，有 8 篇仅使用了 1 例，且主要为"偏误分析""语言研究"和"偏误调查"等少数几种常见表达。

尽管在"带形式动词的名词化结构"上 L1 与 L2 论文摘要不存在具有统计意义上的显著差异(包括使用类型和频数，参见表 10-2)，且二者的离散趋势相差不大，但是若从细类角度来看，仍可发现一些明显的不同。在 L1 所使用的带形式动词的名词化结构中，动词类型更为丰富，而 L2 的动词类型单一，其 53 例带形式动词的名词化结构全部涉及的是"进行"一词。也就是说，对于带形式动词的名词化结构，L2 仅能较为熟练地掌握"对+NP+进行+动名词"这一种格式，对于其他格式则表现出回避使用的倾向。不仅如此，L2 在该格式的使用上亦存在偏差。如例(3)所示，在将动词"研究"名词化后，修饰动词的副词"全面地"本应与动名词一起移位，转化为修饰动名词的形容词"对……进行全面研究"，但却被错误地滞留在了原位，反映出留学生对该格式的掌握还不到位。

(3)本研究将通过语言分析，全面对"羞"的概念进行研究

综合上述三种名词化手段的研究结果可见，L2 对名词化的使用存在不足，尤其是对两种"宾动"格式的使用显著低于汉语母语者。这一结论可以从其摘要过度使用自我指称这一现象得到进一步支撑。本研究以"我们""我""笔者""本研究""本课题""本书"等为自我指称词，在 L1 和 L2 论文摘要小句对等语料中对其予以逐一检索，结果显示 L1 和 L2 的自我指称使用频数分别是 84 和 141，二者之间存在显著差异(LL=14.60***)。众所周知，名词化的一个重要功能是隐蔽话语主体，如"对《三国演义》中文原本与日译本的对比，凸显了汉

语的社会外向性"一句，即是通过省略施事者"本研究/我们/……"而使两个简单句（"本研究对比了《三国演义》中文原本与日译本，该对比（研究）凸显了汉语的社会外向性"）紧缩为一个复杂句。这是汉语学术语体降低主观性、凸显客观性的一种常见操作。然而，L2 却更倾向于从自我角度出发来描述信息、提出论点，这与学术语体倾向于客观表达的习惯不符。不仅如此，L2 摘要还存在自我指称的重复使用问题，如例（4）和例（5）中的画线部分所示：

（4）总体来讲，笔者在本研究中试图对"羞"的概念以及其俗语做有系统的解析、阐述

（5）在第二章中本研究对汉字的造字法、笔划系统、书写规律等方面进行研究

10.4.2　典雅体语法手段使用情况对比

10.4.2.1　嵌偶单音词使用情况对比

将冯胜利（2006）所列 250 个嵌偶单音词予以了逐一检索后，结果在 L1 语料中检索到 214 例由嵌偶单音词组成的"双音节模块"，共涉及 21 个嵌偶单音词，包括"承""重""错""感""惯""国""互""简""渐""境""聚""明""前""确""甚""外""误""细""后""易""知"。在 L2 学位论文中仅检索到 32 例由嵌偶单音词组成的"双音节模块"，涉及"国""合""简""另""前""确""外""误""知"9 个嵌偶单音词。

对数似然率检验表明，尽管 L1 和 L2 论文摘要中嵌偶单音词的类型不存在具有统计意义上的显著差异（$LL = 0.13$，$p = 0.715$），但在含嵌偶单音词的双音节词的使用频数上却存在显著差异（$LL = 28.34^{***}$）。从标准化离散度（L1：0.808，L2：1.053）角度来看，嵌偶单音词在 L2 摘要中的分布不均衡性比 L1 更大，如在 30 篇 L2 抽样文本中有 12 篇未使用嵌偶单音词，而 L1 仅有 1 篇存在这种情况。

研究发现，嵌偶单音词的使用不足在一定程度上影响了 L2 学位论文摘要的语体适切性。如例（6）中的"简单地介绍"和例（7）中的"简单介绍"，若"拆双用单"采用嵌偶单音词组成的"双音节模块""简介"来表达，不仅更为简

练，而且典雅度更高，更符合学术语体的表达习惯。另外，本研究发现在可以"双音→单音"以达到更典雅的语体目的时，部分 L2 摘要却仍拘泥于双音名词，如例（8）中的"国家与国家之间"，若将其"拆双用单"，表述为"国与国之间"，则更贴合学位论文摘要的语言表达习惯。

（6）第一章简单地介绍中国学者和越南学者对俗语的定义、研究范围及特点。

（7）此外，还简单介绍一些汉越俗语的特殊结构，如并排结构、韵律结构。

（8）现今世界，国家与国家之间的联系愈来愈紧密

此外，在 L2 的学术写作中还存在前后双音词之间语体错位的问题。如例（9）中由嵌偶单音词"各"组成的双音词"各国"属于典雅体，但其后搭配的双音词"人们"却非典雅体，这一点亦可从"人们"在《汉语国际教育用分级词汇表》上被列为一级（初级）词汇得到印证。故尽管从语义上来讲，二者的搭配是可行的，但从语体属性角度来看，二者的搭配是不可行的，属于"混搭"。

（9）无论是经济还是文化方面，各国人们都开始互相学习，互相交流，学习外语已变成一个见怪不怪的现象了。

10.4.2.2 书面语句型使用情况对比

冯胜利（2006）列举了 300 多个书面语句型，但是这些句型并非都用于学术语体，故本研究首先在 L1 学位论文摘要小句对等语料中对这 300 多个句型予以逐一检索，其中有 17 个句型在 L1 语料中有检索到使用用例（共计 99 例），这 17 个句型被确定为书面语句型的具体检索项①。在 L2 摘要语料中对这 17 个句型予以检索后发现，L2 仅使用了其中的 8 个句型，共计 68 个用例（参见表 10-3）。对数似然率检验结果表明，尽管 L1 和 L2 在书面语句型的总体使用类型上不存在具有统计意义上的显著差异（LL = 3.31，p = 0.069），但却在使用频数上差异显著（LL = 5.79*），在离散度上亦存在较大的差异，分别为 0.708（L1）和 0.919（L2）。这

---

① 对于合偶双音词和嵌偶单音词，本研究没有采取先在 L1 语料中对全部 400 个合偶双音词或全部 250 个嵌偶单音词予以检索，然后以 L1 语料中的合偶双音词或嵌偶单音词为参照来考察 L2 语料中相关字、词的使用情况这一做法。这是因为与书面语句型不同，字、词的使用与文本主题的关联度较大，若以 L1 语料中的书面语词汇为参照，则可能导致检索结果不能全面反映合偶双音词或嵌偶单音词实际使用情况的问题。

说明在 L2 摘要中，不仅书面语句型用得少，而且分布差异更大，如在 30 篇抽样 L2 摘要中有 7 篇未使用书面语句型，有 9 篇仅使用了 1 例。

表 10-3　书面语句型在 L1 和 L2 学位论文摘要中的使用频数统计①

句型及例句	L1 频数	L2 频数
SUBJ.对 OBJ.予以/给予(VV) 首次尝试从语言功能的角度对其进行类型上的划分,并予以分析。	2	0
对 OBJ.加以(VV) 对现代汉语句法结构体系加以补充	2	1
多 VP 这种变化多体现为新词的产生、旧词的消亡和词义的变化	2	1
非……(者),不能 VP 其中所包藏着的,是日本民族对内心情感非亲历不能知晓,因而不能代言的认识	1	0
就……而言/论 就汉英两种语言而言,从象似语序到突显语序都是一个渐变的过程	2	0
为……所 V 一直为学术界所关注	1	0
……,以期 VP 系统地考察核心词"人"词义发展演变的规律,及其内在的演变机制,以期从宏观上观察汉语词义的发展演变	1	1
以 A 为 B 全文以专题为纲	26	20
A 有赖于 B 要实现汉语汉文化的世界弘扬,都有赖于对外汉语教材精品的出现	1	0
A 有助于 B 对江永平地瑶话、江永瑶人所说官话的研究弥补了现有研究的不足,有助于从新的角度研究汉语的历史与现状、预测汉语的发展和演变。	1	4
有 A 与 B 之分/别 最后是同一类称数法的不同表达方式通常有"典型、次典型、非典型"之分。	2	0
A 囿于 B "二简"一直被置于静态单一的视角中,被囿于零散粗略的论述中,被定于消极否定的评价中。	1	0

---

① 表中例句均取自 L1 学位论文摘要语料；在统计"V/A(O)者"的用例时，不包括在《现代汉语词典》中作为词条列入的词语，如学者、笔者、作者、编者、读者等词语。

句型及例句	L1 频数	L2 频数
ADJ./V(VP)于 XP 全文立足于客观,着眼于史实,依据于字理,思辨于本质	36	13
A 在于 B ……目的在于沿着对比语言学产生和发展的线索……	1	2
V/A(O)者 表达了言者的命题态度	19	35
各类句型使用频数合计	99	68

进一步细察发现,L2 对这些句型的使用主要集中在"V/A(O)者"(占全部句型的51.2%)和"以 A 为 B"(占全部句型的29.4%)这两个句型上。其中"以 A 为 B"句型集中出现在几篇研究汉语与其他语言对比的论文中,用于表示如"以……为母语的学生"或"以……为例"等。其次,L2 对"V/A(O)者"的灵活使用情况低于 L1,L2 使用了5种不同的"V/A(O)者"结构,其中"学习者"有14 例(占该类句型的40%),而 L1 使用了8类不同的"V/A(O)者"结构。一些较为典型的书面语句式如"ADJ./V 于 XP""SUBJ. 对 OBJ. 予以/给予(VV)""就……而言/论""为……所 V"等在 L2 论文摘要语料中没有检索到一例,这说明 L2 学位论文摘要在典雅度上还需进一步提高。

研究发现,书面语句型的使用不足严重影响了 L2 论文摘要的语体适切性,如例(10)、例(11)、例(12)均使用了"把"字句。"把"字句属于较为典型的白话句型,这可从张伯江(2020)的研究中得到证实。张伯江(2020)以清朝末年一份文白两种版本的官员出访日记为分析语料,考察把字句在相同语义条件、相同叙事环境下的使用情况,结果在文言本中没有检出一例"把"字句,而在白话本中检出了78 例"把"字句(张伯江 2020:159),这说明"把"字句属于较为典型的白话句型。从例(10)、例(11)、例(12)可见,留学生在其论文摘要中对"把"字句的使用,严重破坏了摘要语体的典雅风格,致使其摘要完全丧失了学术语体应有的特征。若以更符合学术语体特征的书面语句型"SUBJ. 对 OBJ. 予以/给予(VV)"来表达,如"本研究……对汉语礼貌用语予以了归类整理，对影响礼貌用语的文化元素给予了分类描述""本研究对新《HSK 汉语水平考试》第一级到第三级予以了分析比较，发现……"，则更能体现出学术语体的典雅性特质。

（10）本研究把新《HSK 汉语水平考试》第一级到第三级来比较分析。发现教材编写具有优点和不足。

（11）有些学校使用的汉语教材是从中国带来，有些学校使用的汉语教材是泰国人编写或者中国合作编写的。可是我们怎么知道在泰国使用的汉语教材哪本教材好。本研究把《体验汉语》、《创智汉语》与《汉语入门》来分析比较。

（12）本研究从汉语的礼貌用语表达方式这一角度出发，把汉语的礼貌用语整理好，把影响礼貌用语的文化元素讲述出来。

对留学生摘要语料的调查发现，对"SUBJ. 对 OBJ. 予以/给予（VV）"句型的回避使用，还导致留学生过度使用"VV+OBJ."和"对 OBJ. 进行（VV）"句型，前者如例（13），若采用书面语句型"SUBJ. 对 OBJ. 予以/给予（VV）"表述为："在第一章中我们主要对汉语和俄语语言学界就外来词和新词语的界定以及这两种概念的特点予以了描写和分析"，则更符合学术写作对典雅性的要求。而例（14）虽采用了正式语体语法手段—带形式动词"进行"的名词化结构："对 OBJ. 进行（VV）"，但此句型并未包含在冯胜利（2006）所列举的书面语句型中。也就是说，该句型虽为正式语体语法手段，但其典雅度不及"SUBJ. 对 OBJ. 予以/给予（VV）"结构。研究发现，留学生可以较为熟练地使用"对 OBJ. 进行（VV）"这一结构，但对"SUBJ. 对 OBJ. 予以/给予（VV）"结构则完全回避使用，且此现象不是个案，而是普遍现象。

（13）第一章中我们主要描写了和分析了汉语和俄语语言学界对外来词和新词语的界定以及概说这两种概念的特点。

（14）本研究首先对其他国家在"一带一路"背景下汉语言文化传播的研究和也门汉语言文化传播的研究进行了分析。

10.4.3　正式度和典雅度的对比

本书 10.4.1 和 10.4.2 分别从不同类型的正式体和典雅体语法手段角度对比

分析了 L1 和 L2 论文摘要，但是不同类型语体语法手段的对比不能揭示二者在正式度和典雅度方面的总体情况，故本节拟从此角度展开对比。

根据本书 10.3.3 所述正式度（典雅度）计算公式，分别计算出 L1 与 L2 论文摘要的正式度和典雅度（含类符和形符），如表 10-4 所示（表中 DF 和 DE 分别代表正式度和典雅度）。

表 10-4　L1 与 L2 论文摘要的正式度和典雅度对比

	语体特征使用类型（类符）			语体特征使用频数（形符）		
	DF	DE	DF 与 DE 之差	DF	DE	DF 与 DE 之差
L1 博士论文摘要	0.49	−0.46	0.95	0.36	−0.48	0.84
L2 硕士论文摘要	−0.05	−0.65	0.60	0.07	−0.60	0.67
$DF_{母}(DE_{母})$ 与 $DF_{留}(DE_{留})$ 之差	0.54	0.19		0.29	0.12	

从表 10-4 第二栏数据可见，L1 论文摘要的类符正式度和典雅度（0.49 和 −0.46）与形符正式度和典雅度（0.36 和 −0.48）相差不大，且无论是从类符还是形符角度，L1 论文摘要的正式度均远大于典雅度，其类符和形符的正式度与典雅度之差分别为 0.95 和 0.84，即汉语学术语体表现出较高的正式度和较低的典雅度，这与刘乐宁教授的结论一致[①]。尽管 L2 论文摘要也表现出这一趋势（如表 10-4 第三栏数据所示，其类符和形符的正式度与典雅度之差分别为 0.60 和 0.67），但是其论文摘要的正式度和典雅度均低于 L1（如表 10-4 第四栏数据所示）。这说明 L2 对正式体和典雅体语法手段的使用类型和使用频数总体上均存在不足。其中 L2 与 L1 论文摘要在正式度（包括类符和形符）上的差距更大，其类符和形符的正式度分别比 L1 低 0.54 和 0.29，尤以类符正式度的差距最大（相差 0.54），说明 L2 对正式体语法手段的使用频数和类型存在严重不足，尤以后者为甚。

---

① 哥伦比亚大学刘乐宁教授 2018 年 12 月在西南交通大学所做讲座中指出"学术汉语有着极高的正式度和较低的典雅度"。

根据冯胜利（2010：401）关于"说话者的社会角色（职业、职位等）决定着语体的正式度"，"说话者的文化背景和教养（家世、教育程度等）决定着说话语体的典雅度"的论述，结合本研究的研究结果可以推知：L2 的学术身份意识，或者更准确地说，其学术语体意识的不足对其论文正式度的影响，比其汉语水平程度对其论文典雅度的影响更甚。

10.5　影响学术语体适切性的因素分析

从本书 10.4 对正式度和典雅度值的讨论我们得出结论：汉语学术语体表现为高正式度低典雅。这一研究结论促使我们重新思考典雅体语法手段的缺失、错用或混用对语体适切性的影响是否相同？哪些因素对学术语体适切性的影响更大？本节拟以前文所举例句（6）至例句（14）为例（为行文方便此处重复这几个例句），对此问题展开探讨。我们首先对这些例句中典雅体语法手段的使用情况和语体违和感予以了归纳（如表 10-5 所示）。

（6）第一章简单地介绍中国学者和越南学者对俗语的定义、研究范围及特点。

（7）此外，还简单介绍一些汉越俗语的特殊结构，如并排结构、韵律结构。

（8）现今世界，国家与国家之间的联系愈来愈紧密

（9）无论是经济还是文化方面，各国人们都开始互相学习，互相交流，学习外语已变成一个见怪不怪的现象了。

（10）本研究从汉语的礼貌用语表达方式这一角度出发，把汉语的礼貌用语整理好，把影响礼貌用语的文化元素讲述出来。

（11）本研究把新《HSK 汉语水平考试》第一级到第三级来比较分析。发现教材编写具有优点和不足。

（12）有些学校使用的汉语教材是从中国带来，有些学校使用的汉语教材是泰国人编写或者中国合作编写的。可是我们怎么知道在泰国使用的汉语教材哪本教材好。本研究把《体验汉语》、《创智汉语》与《汉语入门》来分析比较。

（13）第一章中我们主要描写了和分析了汉语和俄语语言学界对外来词和新

词语的界定以及概说这两种概念的特点。

（14）本研究首先对其他国家在"一带一路"背景下汉语言文化传播的研究和也门汉语言文化传播的研究进行了分析。

表 10-5　典雅体语法手段使用对学术语体适切性的影响

例句	典雅体语法手段的使用	语体违和感
6-8	未用	较弱
9	混用	较强
10-12	错用	强烈
13-14	未用	无

其中例（6）、例（7）、例（8）与例（13）、例（14）都未采用典雅体语法手段，但是其语体适切性程度是不同的，前者有较弱的语体违和感，而后者并无语体违和。我们认为，出现这一情况的原因是典雅性仅是汉语学术语体的特征之一，其另一重要特征是正式性（冯胜利 2010：400）。例（13）的"VV+OBJ."和例（14）的"对 OBJ. 进行（VV）"句型是书面正式语体中可接受的语法表达手段，故尽管例（13）、例（14）的典雅度不高，但并未造成语体违和感。而例（6）、例（7）、例（8）不仅未采用典雅体语法手段，而且相关表达在正式体中亦不常见，故造成一定程度的语体违和感。例（10-12）之所以语体违和感强烈是因为其用错了场合。如前文所述"把"字句属于较为典型的白话体，处于文雅体的对立面，不具典雅性，与学术语体的典雅性特征相悖。另一方面，因"把"字句是"口语的显著标志"，"凸现了口语的语体特征（邹洪民 1996：44）；冯胜利（2006：3）亦指出"白话文既是口语的书面形式，那么它就不是我们所说的'正式语体'"，故包含"把"字句的例（10）、例（11）、例（12）同时又处于正式体的对立面——口语体①，在书面正式语体中的接受度亦很低。也就是说，例（10）、例（11）、例

---

① 例（11）和例（12）甚至都不属于"把"字句及其下位句式中的任一种，既非典型的口语体亦非典型的书面语体（本研究将其称之为"双非语体"），表明留学生对"把"字句的掌握亦存在问题。

（12）既不具典雅性特征又不具正式性特征，因此语体违和感强烈。例（9）将庄重的典雅体"各国"与随意、欠典雅的"人们"组成的"双+双"结构——"各国人们"，即将不同典雅度的双音词予以了混合使用，这在正式体中接受度亦不高，故造成了较强的语体违和感。

综上所述，典雅性仅是学术语体的特征之一，要全面描述学术语体特征还应综合考虑正式性特征。正式性和典雅性是汉语学术语体的两个基本属性（冯胜利 2010：400），其中是否具正式性是汉语学术语体的一项必要条件。只要满足正式性条件，就是完全可以接受的正式表达，此时典雅性的有无对学术语体适切性影响不大，如例（13）、例（14），但典雅体的混用或错用将造成较为强烈的语体违和感，如例（9）和例（10）、例（11）、例（12）。但是必须指出的是，口语、书面、白话、文言、正式、非正式等概念之间的界域并非截然分明，而是存在交叉重叠的概念（冯胜利 2006），故很难归纳概括出普适的规则。

10.6　结语

本研究结果表明，汉语学术语体表现出较高的正式度和较低的典雅度。对比分析揭示，L2 硕士学位论文摘要的语体正式度和典雅度均低于 L1 博士学位论文摘要，其中尤以正式度的差距最大，说明 L2 硕士学位论文摘要在语体适切性方面尚存在较大的问题。

具体来说，在本研究所分析的三大类（合偶双音词、双音书语词和名词化）、五种具体正式体语法手段中，L2 硕士学位论文摘要对其中四种语体语法手段的使用类型和使用频数均与 L1 博士学位论文摘要存在具有统计意义上的显著差异，包括合偶双音词、双音书语词、"不带'的'宾动格式"、"带'的'宾动格式"。研究发现，L2 硕士学位论文摘要对合偶双音词和双音书语词的使用存在不足，且过于集中使用少数几个合偶双音词（如"进行"等）。对两种宾动格式的使用总体不足，尤以对更为常见的正式体语法手段"不带'的'宾动格式"的使用不足为甚，且个体之间的差异也更大；对宾动格式的使用不足亦导致 L2 硕士学位论文摘要对自我指称的使用偏高，主观性增强，不符合学术语体重客观性的语体特征。对于正式体语法手段"带形式动词的名词化结构"，尽管从使用类型和使用频率来看，L2 硕士学位论文摘要与 L1 博士学位论文摘要之间均不存在具有统计意义的显著差异，但是 L2 硕士学位论文摘要对该语法手段的使用类型单一，仅能熟练地使用"对+NP+进行+动名词"这一种结构，对由其他形式动词构成的"带形式动词的名词化结构"则完全回避使用。

尽管 L2 硕士学位论文摘要的典雅度与 L1 博士学位论文摘要之间的差异没有正式度之间的差异大，在两种典雅体语法手段（嵌偶单音词和书面语句型）中，L2 硕士学位论文和 L1 博士学位论文摘要亦仅在使用频数上存在具有统计意义的显著差异，但是 L2 硕士学位论文摘要对典雅体语法手段的使用不足和使用不当所造成的语体违和感却更为明显，如在可"拆双用单"时却拘泥于双音词（如"国家与国家之间"），或在应使用嵌偶单音词时却不恰当地采用"双+双"结构（如"简单介绍"），或将典雅度不同的双音词组合在一个"双+双"结构中（如"各国人们"），或在应使用文言句型时却不恰当地采用了白话句型如"把"字句，这些问题均严重地影响了 L2 硕士学位论文摘要的语体适切性，造成了强烈的语体违和感。

从离散趋势角度来看，相较于参照语料，在 L2 硕士学位论文摘要中分布最不均衡的语体语法手段是"不带'的'宾动格式"，其标准化离散度与 L1 博士学位论文摘要相比差距最大（相差 0.483），其次是嵌偶单音词（相差 0.245）、书面语句型（相差 0.211）和"带'的'宾动格式"（相差 0.134），其余语法手段的离散趋势与 L1 博士学位论文摘要的相差不大，故若综合考虑使用频数和标准化离散度这两个维度上的统计数据，"不带'的'宾动格式"和"带'的'宾动格式"以及嵌偶单音词和书面语句型是对 L2 硕士学位论文摘要正式性和典雅性影响较大的四种语体语法手段，是影响其语体适切性的主要因素。

基于上述研究发现，本研究认为应进一步加强对汉语二语学习者学术语体意识的培养。建议在学术写作教学中强调学术写作的高正式性特征，强调恰当使用典雅体语法手段的重要性；进一步加强对不同语体语法手段的使用训练，特别是那些汉语二语学习者倾向于回避使用的语法手段应重点操练，提高他们准确使用不同语体语法手段的能力，提高汉语二语学习者学术写作的正式度和典雅度。

第 11 章　汉语 L1 与 L2 学位论文摘要作者身份构建对比研究（CIA）

11.1　引言

从人际的角度来看，学术写作是作者自我表征的一种重要方式（Hyland 2002b：1091），彰显"写作者意识形态及其所处的社会文化语境和制度背景"（Ivanič 1998：27）。传统观点认为学术论文应慎用人称代词，尽量避免作者的主观介入。然而近年来许多研究表明，在学术论文中作者会利用特定语言资源来呈现个人立场、突出自我贡献（Hyland 2001，2002b，2005a，2005b；吴格奇 2013；Zareva 2013；王晶晶，姜峰 2019）。作者身份（authorial identity）是指作者在写作过程中的自我映射，以表达自己与论点、所处学科以及读者的关系（Hyland 2001：210），自我指称（self-mentions）是构建作者身份的重要话语策略之一。

Ivanič（1998）是较早开展作者身份研究的学者。她将作者身份分为"生平自我"（autobiographical self）、"语篇自我"（discoursal self）和"作者自我"（self as author），认为受社会、文化等因素的制约，不同语篇中的作者身份并非一成不变。即使在同一语篇中，作者塑造的身份通常也具有多重性（Ivanič & Camps 2001：30）。其他学者相继对作者身份展开研究，其中最为集中的考察点是第一人称代词所表征的作者身份。如 Tang 和 John（1999）的研究发现，大学生在学术语篇中常使用 we 或 us 来代表更大的群体，但他们在语篇中不善于发表看法和呈现新思想，意见持有者和创始者身份仅占 10%左右。Flφttum 等（2006）从"第一人称代词+动词"的形式考察了跨语言、跨学科下的作者身份差异。Hyland 开展了一系列关于自我指称以及作者身份的研究（如 Hyland 2001，2002b，2002c，2012b，2015；Hyland & Jiang 2017），其中部分是在元话语或立场的范围内展开（如 Hyland 2005a，2005b；Hyland & Jiang 2016，2018），他通过对比中国 EFL 学生和国外专家的学术论文，发现后者使用第一人称的频率比前者高得多，且复数形式的使用高于单数形式（Hyland 2002b：1099）。

纵观近年来该领域的相关研究，可依研究方法分为两类：一类是跨语言对比分析（柳淑芬 2011；吴格奇 2013；唐建萍 2016；蒋婷，杨霞 2018；Işik-Taş 2018；Walková 2019）。如吴格奇（2013）考察了英汉期刊论文中自我指称及作者身份构建的异同，发现英语论文中第一人称单数偏多，作者身份集中在研究者和话语构建者，而汉语论文常以集体的形象出现，注重构建研究者身份。蒋婷和杨霞（2018）分析了英汉法律类学术论文的作者身份构建特点，发现汉语作者构建身份的方式比较保守、谨慎。Işik-Taş（2018）发现不同的发文环境对土耳其作者和英语母语者的身份构建有一定影响。另一类是中介语对比分析，多为英语学习者和英语本族语者的英语语篇对比，包括从跨学科角度（McGrath 2016；王晶晶，吕中舌 2017）、词汇语法角度（徐昉 2011；Can & Cangır 2019；姜峰，王晶晶 2021）对自我指称的考察；从第一人称视角出发对作者身份进行的研究（李民、肖雁 2018；娄宝翠，王莉 2020）以及从语步角度探究作者身份（廖巧云，翁馨 2022）等。相关研究表明，中国英语学习者较少使用自我指称，表达作者身份的方式较为隐晦，且多以第一人称复数形式凸显团体形象（李民，肖雁 2018；娄宝翠，王莉 2020）。廖巧云和翁馨（2022）的研究指出，国内英语专业硕士学位论文和国际期刊论文在不同语步显示出较大甚至相反的作者身份差异。综上所述，自我指称和作者身份已逐渐成为学界关注的热点，研究角度亦多样化，不仅丰富了该领域的研究成果，还为英语学术论文写作提供了有益的启示。

随着近年来我国"文化自信"概念的提出，汉语语言文字事业愈发受到重视。据新华社报道，中国已于 2019 年成为亚洲最大的留学目的国，探究留学生群体汉语二语写作的重要性不言而喻。然而，文献调研表明：现有自我指称和作者身份研究主要为中介语对比研究，且多集中于英语学习者和英语母语者的英语语篇对比，有关汉语二语学习者和汉语母语者的汉语学术语篇的对比几乎凤毛麟角；考察的重点多集中在第一人称代词的自我指称，忽视了第三人称名词和抽象主体在作者身份构建中的作用；从语步结构的视角来探究作者身份构建的研究相对贫乏，忽略了由于不同语步本身交际意图的不同，作者身份自然也应随着语步的变化而变化这一因素对作者身份构建的影响。

鉴于此，本研究拟以汉语母语者博士学位论文摘要为参照，考察来华留学生硕士学位论文摘要中自我指称和作者身份在语步层面的差异，以期从微观层面为汉语二语学术写作提供参考。具体研究问题如下：

（1）留学生（L2）硕士学位论文摘要对自我指称的使用有何特点？与汉语母语者（L1）博士学位论文摘要相比有何异同？

（2）自我指称在 L2 和 L1 学位论文摘要不同语步中的分布如何？所构建的作者身份有何异同？

11.2 研究设计

11.2.1 研究语料

按照本书 3.2.2 的抽样方法①，本研究从 CNKI 中国优秀硕士学位论文全文数据库和中国博士论文全文数据库抽取 L2 硕士学位论文和 L1 博士学位论文各 50 篇。具体抽样方法是：在上述两个数据库中以语言学及应用语言学为学科专业检索条件对 2007—2021 年间的学位论文进行穷尽式检索，在去除以汉语为第二语言的我国少数民族学生的论文后，以年为单位，统计出各年度的 L2 和 L1 论文数，通过比例抽样法计算出各年度的具体抽样数。最后提取出论文的摘要部分建立了 L2 硕士学位论文摘要语料库（L2 Abstract of Master Dissertation Corpus，后文简称 L2C），总字数 32122，和 L1 博士学位论文摘要语料库（L1 Abstract of Doctoral Dissertation Corpus，后文简称 L1C），总字数 83676。

---

① 本章对语料的收集方法同前述章节，故此处简述。

11.2.2 研究方法与工具

11.2.2.1 语步划分

按照吕长竑等(2022)所述的语步模式①，我们对研究语料予以了语步识别。该模式将汉语学位论文摘要分为 6 个语步，下属 15 个语阶(见表 11-1)。

为确保信度，语步识别由两位研究者同时进行。操作如下：两位研究者在熟悉表 11-1 后，分别细读 L2C 和 L1C 的文本，并通过 BFSU Qualitative Coder 1.1 对文本进行人工标注。经检验，两位研究者对 L2C 和 L1C 语步识别的 Kappa 系数分别为 0.91、0.94。

表 11-1　学位论文摘要的语步和语阶构成(吕长竑等 2022)

语步	功能	语阶
语步 1(M1):研究背景	描述研究选题的背景信息、存在的问题，或指出该研究的必要性	语阶 1(S1):选题背景 语阶 2(S2):当前研究不足 语阶 3(S3):研究必要性
语步 2(M2):研究课题	阐述研究对象、目的或研究内容	语阶 1(S1):研究对象 语阶 2(S2):研究目的 语阶 3(S3):研究内容
语步 3(M3):研究方法	描述研究所依据的理论框架，或受试对象、工具、步骤或研究手段	语阶 1(S1):理论框架 语阶 2(S2):受试对象 语阶 3(S3):研究工具 语阶 4(S4):研究步骤 语阶 5(S5):研究手段
语步 4(M4):研究结果	描述研究结果或发现	
语步 5(M5):研究结论	对研究结果的评价(如意义、价值、创新点)、推断、引申或解释	语阶 1(S1):评价(如意义、价值、创新点) 语阶 2(S2):推断 语阶 3(S3):引申 语阶 4(S4):解释
语步 6(M6):论文结构	描述论文结构	

---

① 该文收录在本书第 4 章。

11.2.2.2　自我指称检索

利用分词软件 CorpusWordParser 对语料进行了分词处理，并导入 AntConc3.5.9 对自我指称进行了检索和筛选。本研究检索的自我指称按参与度由高到低分为：第一人称代词、第三人称名词、抽象主体（见表 11-2）。第一人称代词"我""我们"直指作者本人，是表现作者身份的最直接、最有力的方式。第三人称名词是以一种较为中立的手段来指代自我，并通过"作者""笔者"等方式自居，使得作者身份表露不过于突兀。抽象主体指的是无生命的评价主体，是作者表现自我最为隐性的手段，在汉语学术写作中是较为常见的代指自我的形式。这三类自我指称交错使用，共同构筑了不同参与程度的作者身份。

表 11-2　自我指称分类及举例

参与度	自我指称	例子
高 ↕ 低	第一人称代词	第一人称单数:我、我的 第一人称复数:我们、我们的(排他性)
	第三人称名词	作者、笔者、本人
	抽象主体	本文、本论文、本研究、本课题

需要指明的是，在筛选自我指称的过程中应对排他性的"我们"（exclusive we）和包容性的"我们"（inclusive we）加以区分。前者把读者排除在外，专门指代作者，属于自我指称，如例（1）。后者将读者包括在内，属于读者介入标记，在本研究中不予考虑，如例（2）。

（1）我们分析了韩国留学生运用介词"在"的难点以及特点、偏误原因，预测他们的习得顺序，最终归纳总结出他们的运用特点。（L2C-NO.25）

（2）因为研究词语有助于更深刻地了解我们生活中该词语形容的各种现象。（L2C-NO.1）

11.2.2.3　作者身份识别

考虑到 Tang 和 John（1999）对作者身份的分类只涵盖了第一人称代词，而吴格奇(2013)对作者身份的分类更为全面,包括研究者(researcher)、话语构建者(discourse constructor)、观点持有者(arguer)和评价者(evaluator)(见表11-3),故拟采用后者作为本研究的作者身份分类标准。其中研究者是作者的专业身份,充当作者的权威角色,通常见于描述研究过程、汇报结果等;话语构建者是作者的写作者形象,作者需要针对读者群体选择恰当的话语构建方式,常用于建构语篇、引导读者等;观点持有者是作者表达观点、"推销"成果的表现形象,以强调作者论点的可信度;评价者是作者表达个人情感态度的形象,通常反映其价值观、主观态度、倾向等等(吴格奇 2013)。

表 11-3　学术论文中的作者身份类型及语篇功能

作者身份	语篇功能	例子
研究者	表达专业身份:描述研究过程、方法、结果等	笔者通过对比分析法来深入分析…… 本研究探索了义征分析的认知规律……
话语构建者	表达写作者身份:建构语篇,引导读者等	由此,我们从对"新闻语言""指称序列"的重新定义出发,讨论了新闻语言学的基本性质和基本类别……
观点持有者	表达观点	本研究最后认为,不应简单扬弃地将"二简"视为汉字简化的彻底失败……
评价者	表达个人情感、态度	我们希望能在汉语介词教学这一方面提高对韩国留学生的教学效果……

为确保识别信度,作者身份识别同样由两位研究者进行,并进行了一致性检验。结果显示,两研究者对身份识别的 Kappa 系数为 0.83。最后,计算自我指称及作者身份出现的原始频次。本研究采用标准频率(次/万词)进行语料对比,运用对数似然比(Log-likelihood Ratio)汇报两语料库差异,显著值设定为 0.05。

11.3　研究结果

11.3.1　自我指称的使用情况

表 11-4 显示了自我指称在两个语料库中出现的频次,以及对数似然比的结

果。根据表 11-4，L2C 和 L1C 在第一人称单数、第三人称名词、抽象主体以及自我指称总数上存在显著差异（$p = 0.006 < 0.05$，$p = 0.000 < 0.05$，$p = 0.000 < 0.05$，$p = 0.000 < 0.05$）。

由此可见，L2C 的参与度明显高于 L1C，尤其是第三人称名词和抽象主体的差异最为显著，说明 L2C 常采用参与度较低的自我指称介入文本。另外，L1C 中第一人称单数形式出现频次为 0，而这一形式在 L2C 中出现的频次为 3，与 L1C 差异显著。

表 11-4　自我指称在 L2 和 L1 语料库中的出现频次

自我指称		L2C		L1C		LL 值	Sig.(p)
		频次	标准频率(/万词)	频次	标准频率(/万词)		
第一人称代词	单数	3	0.93	0	0	7.69	0.006** +
	复数	42	13.08	83	9.92	2.06	0.151 +
	总计	45	14.01	83	9.92	3.35	0.067 +
第三人称名词		14	4.36	5	0.60	17.25	0.000*** +
抽象主体		173	53.86	239	26.56	38.44	0.000*** +
总计		232	72.22	327	39.08	48.76	0.000*** +

11.3.2　自我指称在语步中的分布

检验发现，L2C 在 M2、M3、M5、M6 语步显著多用自我指称（$p = 0.000 < 0.05$，$p = 0.01 < 0.05$，$p = 0.003 < 0.05$，$p = 0.022 < 0.05$）。L2C 中自我指称在语步中的分布由高到低为：M2>M6>M3>M5>M4>M1，在 L1C 中为：M2>M6>M3>M4>M5>M1（参见表 11-5）。由表 11-5 可见，L2C 和 L1C 的自我指称在语步上的分布存在一定共性，即都主要集中于 M2 和 M6 语步，在 M1 语步中分布最少。这说明 L2C 虽然过度使用自我指称，但其自我指称在各语步的分布次序与 L1C 基本趋于一致。

表 11-5　L2 和 L1 语料中自我指称在各语步的分布

语步	L2C		L1C		LL 值	Sig.(p)
	频次	占比	频次	占比		
M1:研究背景	8	2.8%	15	3.5%	0.54	0.461　+
M2:研究课题	129	44.5%	143	32.9%	47.40	0.000***　+
M3:研究方法	45	15.5%	71	16.4%	6.61	0.010*　+
M4:研究结果	16	5.5%	58	13.4%	1.45	0.228　-
M5:研究结论	33	11.4%	42	9.7%	9.03	0.003**　+
M6:论文结构	59	20.3%	105	24.2%	5.26	0.022*　+

11.3.3　不同语步中自我指称的作者身份构建

进一步考察发现，L2C 和 L1C 在不同语步中的作者身份构建存在着显著差异（见表 11-6）。

表 11-6　L2 和 L1 语料中各语步的作者身份

语步	研究者				话语构建者				观点持有者				评价者			
	L2C		L1C		L2C		L1C		L2C		L1C		L2C		L1C	
	频次	标准频率	频次	标准频率	频次	标准频率	频次	标准频率	频次	标准频率	频次	标准频率	频次	标准频率	频次	标准频率
M1	2	0.62	7	0.84	3	0.93	3	0.36	0	0	2	0.24	3	0.93	3	0.36
M2	94	29.26	107	12.79	33	10.27	29	3.47	0	0	5	0.60	2	0.62	2	0.24
M3	38	11.83	62	7.41	7	2.18	7	0.84	0	0	0	0	0	0	2	0.24
M4	11	3.42	30	3.59	0	0	10	1.20	5	1.56	16	1.91	0	0	2	0.24
M5	5	1.56	16	1.91	1	0.31	3	0.36	4	1.25	0	0	23	7.16	23	2.75
M6	37	11.52	73	8.72	20	6.23	22	2.63	1	0.31	9	1.08	1	0.31	1	0.12

11.3.3.1　研究者身份对比

根据表 11-6，研究者身份几乎在各个语步都占据主导地位。此外，L2C 在 M2 和 M3 语步的研究者身份显著多于 L1C($p=0.000<0.05$，$p=0.026<0.05$），存在过度显露研究者身份的倾向。我们还发现：虽然 L2C 和 L1C 在这两个语步构

建研究者身份时多使用抽象主体（L2C 中抽象主体在 M2、M3 语步占比为 78.7%、76.3%，L1C 中为 88.8%、72.6%），但是除去抽象主体，L1C 在 M2、M3 语步的自我指称多为第一人称代词，与第三人称名词之比为 11∶1、15∶2，在 L2C 中则不然：二者的使用之比为 3∶1、5∶4，即 L2C 在描述研究课题和方法时可能会以较为客观、中立的方式来指代自我，如：

（3）<M2-S3>凡是"羞"现象，各个国家的文化都有，<u>笔者</u>在论文中也做了一些汉语"羞"俗语和欧洲文化里同样的概念的比较。（L2C-NO.1）

（4）<M3-S5><u>笔者</u>对黑龙江省高校韩国留学生发放调查问卷 100 份，并用 Excel 软件对调查问卷结果进行统计与分析。（L2C-NO.43）

11.3.3.2　话语构建者身份对比

在话语构建者身份方面，L2C 在 M1、M2、M3、M6 等语步均高于 L1C，频次差将近 3 倍。但在 M4 语步，L2C 却不显露该身份。对数似然比结果表明，L2C 在 M2 和 M6 语步话语构建者身份出现的频次显著高于 L1C（$p=0.000<0.05$，$p=0.006<0.05$），在 M4 语步却明显弱于 L1C（$p=0.011<0.05$）。

话语构建者身份能够起到表达自我意愿，让读者参与其中，逐渐引导读者接受作者观点的作用（吴格奇 2013：8）。可见，L2C 在 M2 和 M6 语步过于积极地突出自己的写作者形象，从而引导读者参与到研究过程之中，却忽视了在 M4 语步这一身份的重要性。在 M4 语步，L2C 注重的是研究者和观点持有者身份，这样一方面体现自己的权威身份，另一方面针对研究发现抒发意见和看法，主客观结合，加深了对研究结果的阐释。而 L1C 在该语步除了这两种身份还建立了话语构建者身份，且第一人称复数占比达 40%，体现出作者的高度参与。如：

（5）<M4>最后，<u>我们</u>探讨了有关小句补语句的歧义问题。<u>我们</u>主要从概念整合的角度对小句补语句歧义形成的原因进行了分析，认为主要是由于整合方式以及整合的两个小句不同而导致的。（L1C-NO.22）

（6）<M4>由此，<u>我们</u>从对"新闻语言""指称序列"的重新定义出发，讨论了新闻语言学的基本性质和基本类别，指出"新闻语言中的指称序列"就是"新闻媒体语言中由若干成员按一定维度在线性过程中排列的集合而构成的一种

图式……"（L1C-NO. 27）

语言手段"我们探讨了……""我们从……出发，讨论了……"的使用体现出 L1C 作为话语构建者的形象。实际上，通过这一形象的介入，引领读者回忆研究主题，紧接着指明研究发现："认为主要是……导致的""指出……就是……"，体现出读者友好型（reader-friendly）的写作方式，我们认为，这在情感上可能会使得作者观点更容易为读者接受。而 L2C 在 M4 语步则只关注研究者和观点持有者身份的构建。如：

（7）<M4>通过研究，我们发现俄汉成语中"上下""前后""左右""里外"空间词的隐喻范围基本相同……（L2C-NO. 40）

（8）<M4>本文初步认定汉语和马达加斯加语动词重叠式的功能具有相同之处……我们认为汉语 AA 和 AAB 式和马语中的"VV"和"VV+N"可以相对应。（L2C-NO. 11）

11.3.3.3　观点持有者和评价者身份对比

表 11-6 显示，观点持有者和评价者在各语步出现的频次都不高，尤其是观点持有者，出现频次最低。柳淑芬（2011：85）曾指出，观点持有者这一项最能体现作者身份，同时也最具挑战性。说明 L2C 和 L1C 在表达观点和情感态度上较为拘谨，不够大胆。通过比较二者在各语步的差异，我们发现：L2C 观点持有者身份集中于 M4、M5 语步，L1C 则主要在 M4、M6 语步；L2C 和 L1C 在 M5 语步都倾向于构建评价者身份。值得注意的是，在 M5 语步，L2C 的观点持有者和评价者形象相比 L1C 更为突出（L1C 在 M5 语步无观点持有者身份），且差异具有统计学意义（$p = 0.001 < 0.05$，$p = 0.001 < 0.05$）。进一步分析发现：L1C 在 M5 语步的评价者身份几乎均使用抽象主体（只出现 1 次"我们"），将责任转移到无生命主体，从而获得一种可靠性（Hyland 2002b），以"减弱话语对读者面子的威胁，达到既尊敬读者，又能让自己的观点被认可的目的"（柳淑芬 2011：87）。而 L2C 在这方面的意识仍需加强，因为 L2C 在 M5 语步构建观点持有者和评价者身份时，采用的第一人称代词以及第三人称名词约占 1/3，如：

（9）<M5-S3>我们认为应分为初中高三个阶段进行差异化教学，并结合使用

实物教学法、对比法、图示法以及专门的方位词"上"框式结构教学。（L2C-NO. 30）

（10）<M5-S1>我们希望，通过分析这两种语言色彩词隐喻的差异，研究潜在的文化内涵，能够准确地把握这些色彩词传达给我们的文化意义……（L2C-NO. 6）

11.4　讨论

11.4.1　自我指称的使用特征分析

本研究的结果表明，L2C 使用的自我指称总体上多于 L1C，即 L2C 在文中更频繁投入自我参与。此外，二者在第一人称单数的使用上存在显著差异（$p = 0.006 < 0.05$）：L2C 共使用 3 次第一人称单数形式，L1C 则不使用该形式的自我指称。这与柳淑芬（2011）、吴格奇（2013）的研究结果一致，他们分别对比了英汉期刊论文摘要和全文中的自我指称，发现汉语期刊论文中没有出现第一人称单数形式。本研究结果可从汉语语言结构和文化进行解释。汉语具有空间性特质，主要表现为块状性和离散性（王文斌 2019）。因此，汉语的空间性特质在自我指称上可表现为上下文之间零形回指的使用。比如：

（11）<M6 M3-S2>同时也为了行文和描述的方便，本研究对对比语言学元语言概念的界定采取宽泛的做法，即不仅把对比语言学的"核心概念"作为对比语言学的元语言，同时还把"一般性概念"和"辅助性概念或表述"一并纳入对比语言学的元语言系统，但在具体做法上，重点论述"核心元语言子系统"的演变。（L1C-NO. 4）

从例（11）可以看出，作者只是在开头用抽象主体"本研究"指代自我，但在后面小句中出现的一系列的动作"作为""纳入""重点论述"均采用了零形回指，暗示读者这些动作均是由前文出现的同一主体——"本研究"实现的，呈现出明显的空间性结构。而部分汉语二语学习者无论是在小句中、小句间或者句与句之间不断重复使用自我指称。如：

（12）<M2>因此，<u>本文</u>将俄罗斯留学生汉语复合趋向补语引申义用法习得的偏误作为<u>本论文</u>研究的重点内容。（L2C-NO.5）

（13）<M6 M2-S3>第六章为结语部分，该章总结了<u>本文</u>前五章的研究成果，以及<u>本文</u>在讨论中存在的一些不足之处。（L2C-NO.49）

（14）<M2>其次<u>我们</u>对黑、白、红、黄、绿、蓝、灰这几个基本色彩词的隐喻进行对比。最后<u>我们</u>将根据汉俄两种语言带色彩词隐喻的特点，分析两者之间所存在的认知和文化等因素，并且分析相同之处与相异之处的原因所在。（L2C-NO.6）

因此，若汉语二语学习者对汉语结构的空间性特质掌握得不够清楚，可能造成自我指称的反复，导致作者在 L2C 的凸显度增强，进一步影响摘要的质量。实际上，如果将后面重复的自我指称去掉，对文章内容的理解并不会造成什么影响。《易经》有云："书不尽言，言不尽意"，儒家也有不言自明之说。换言之，作者在汉语写作中经常不把话说明，而让读者"意会"。"言不尽意"是言语生成和理解的基本，在交际中，中国人以听话者为主导，听话者需利用自己的知识、想象等来推断说话人表达的意思（吴格奇 2013：9；唐建萍 2016：81）。

我国深受集体主义文化的影响（柳淑芬 2011；吴格奇 2013；蒋婷，杨霞 2018），一般来讲，汉语母语者在写作中不希望突出个体，而是通常以集体主义的声音来表达自我，因此第一人称复数形式成为大多数作者的首选，这与本研究在 L1C 中发现的第一人称单复数形式出现的频次差异相符。甚至在英文学术语篇，中国英语学习者都少用"I"（Hyland 2002b；李民，肖雁 2018），更是从侧面印证了中国的集体主义文化观。还有学者认为"无我文化"（贾玉新 1997；严明等 2015）是中国文化的一部分，因此作者往往将自己的研究成果归因于集体，即使是在单人作者的学位论文中依然如此。对上述观点，笔者表示赞同。

但是 L2C 中第一人称单数形式出现了 3 次，反映出 L2 在文中的高度参与。如：

（15）<M2>为此，<u>我</u>比较了捷克汉语教学历史发展中具代表性的五本教科书。其中，Savarny 先生及其他作者集体出版的《汉语》为研究之核心重点。（L2C-NO.15）

（16）<M1-S1>经过三年的研究生课程学习，我对汉语语法体系有了较为全面的了解，尤其是对汉语补语系统有了较为清晰的认识。（L2C-NO.43）

第一人称单数是问责风险很高的代词（吴格奇 2013：7），汉语母语者一般不会显露个体自我，若有必要，也是采用参与度适中的第三人称名词，如"笔者""作者"等。因此，本研究建议上述 L2C 中的"我"可换成"笔者""作者"等自称，以降低责任风险，贴合汉语学术写作实际。

11.4.2　自我指称在语步中的分布特征分析

我们的研究结果发现，L2C 和 L1C 自我指称在语步的分布既存在差异也存在共性。前者在多数语步中显著多用自我指称，但与后者的自我指称在各语步的分布次序总体一致：在研究课题和论文结构语步最为集中，在研究背景语步分布最少。在研究课题语步，L2C 与 L1C 均投入了最多的自我参与，其缘由是：研究课题语步是作者向读者介绍其研究内容的语步，该语步除了需要清晰地展现研究对象是什么、为什么研究、具体研究内容外，还需要突出研究的科学性和可行性，这样研究才有继续进行的必要。因此，作者的参与程度越高，越有助于将研究主题清楚、充分地呈现给读者，有助于加强作者和读者的交互，引领读者接受其研究内容。另外，自我指称的使用还有助于彰显作者的贡献、参与以及对研究负责任的态度，能提高研究的可靠性。论文结构是学位论文摘要特有的一个语步，往往与研究课题语步紧密相连，因此自我指称在该语步也较为集中。

此外，由于研究背景语步主要是为了呈现研究的由来，指明发展历程、存在的问题、研究的必要性等，以方便读者了解当前研究现状，其作用相当于作者研究的"引子"，与作者的关联程度相比其他语步更弱一些，因此二者在该语步的自我指称占比最小，以尽量避免作者的主观介入。进一步统计分析表明，在研究背景语步中，L1C 使用的第一人称代词和抽象主体都占有较大比重，而 L2C 在该语步主要使用第一人称代词形式的自我指称，表现出汉语二语学习者在研究背景语步单一的高度参与性。

11.4.3　不同语步中自我指称的作者身份构建特征分析

研究发现，L2C 和 L1C 在各语步中都较注重研究者身份的构建，这与 Fløttum 等（2006）的研究结果相同。他们的研究发现在经济学、语言学、医学三个学科的期刊论文中，研究者身份出现频次都最高。这说明，不只期刊论文，学位论文摘要中研究者身份也居于核心位置。这一结果可从摘要的写作目的来解释。摘要写作就是为了向读者展示主题、汇报方法和结果等，即以研究为中心，用最精练的语言向读者呈现整篇文章的主要内容。因此，研究者身份在各语步中占据主导地位便不足为奇了。

但是 L2C 和 L1C 在各语步构建的作者身份侧重不同，且构建同一身份，二者使用的自我指称也存在差异。我们知道，语步在摘要中承担不同的语篇功能，影响着作者身份的构建。其中研究课题和研究方法语步是研究的关键，具有陈述当前研究对象、目的、内容，展示具体方法、实验步骤等重要作用，作者需要以明确的方式向读者呈现研究的主题和过程，以帮助其建立权威、可信的研究者身份。通过程序性"列清单"式的表述（Swales 1990；王晶晶，姜峰 2019）以迎合学术研究描述规范，同时展示研究的可复现性需求。L1C 在这两个语步主要使用抽象主体，高频使用第一人称复数形式来构建身份，一方面展示了研究的严谨性及可靠性，另一方面通过明确的身份表露作者的自信、大胆以及对研究的绝对权威，使得研究更具信服力。研究结果语步除了客观、准确地汇报研究得出的数据结果（Pho 2008a），还具有推介研究成果的功能。L2C 在研究结果语步呈现出"重研究者、观点持有者，轻话语构建者"的趋势，而 L1C 在该语步的话语构建者身份近一半采用了第一人称复数形式，加强了与读者的互动，更易促成读者对其研究成果的认同。研究结论语步是对得出的结论提出进一步的认识，比如进行评价、引申等，这一语步主要执行"解释原因、和前人研究结果做比较、评价研究结果"等功能（Basturkmen 2009：248），一般带有主观色彩。而"汉语作者在学术写作中行'中庸之道'，尽力追求折中与和谐"（蒋婷，杨霞 2018：12），因此，针对该语步的"主观性"，L1C 采用具有"客观性"的抽象主体来构建身份，从而达到一种"中和"，将自己隐匿于"本研究""本课题"后，避免了与读者的直接冲突，维护了读者的面子。

总体而言，L2C 在不同语步的自我指称使用和作者身份构建尚存在一些问题。本研究建议汉语二语学习者应根据语步的语篇功能，匹配适切的自我指称与作者身份。如：在与描述研究内容紧密相关的语步中，在保持客观中立的基础上，可用第一人称复数形式来彰显研究的话语权和权威性；在推介研究成果时，不能忽视话语构建者身份，适当引导读者回忆研究内容能在一定程度上达到提升推介效果；在呈现主观评价等语步上，避免过于表露自我，可通过抽象主体来构建作者身份，以客观形式表达主观看法，在规避威胁读者面子的同时增强论断的客观性。

11.5　结语

本研究从语步视角就汉语二语写作中的自我指称和作者身份进行了研究，具体考察了 L2 硕士学位论文摘要自我指称出现的频次、在语步的分布以及作者身份构建的特点。结果发现：（1）L2 硕士学位论文摘要在第一人称单数、第三人称名词、抽象主体以及自我指称总数上显著多于 L1 博士学位论文摘要，表现出的作者参与度明显偏高；（2）L2 硕士学位论文摘要在多数语步过度使用自我指称，但与 L1 博士学位论文摘要的自我指称分布次序相似，均主要集中在研究课题、论文结构等语步，在研究背景语步分布最少；（3）L2 硕士学位论文摘要在研究课题、研究方法语步表现出较强的研究者身份；在研究课题、论文结构语步注重树立话语构建者身份，而在研究结果语步话语构建者出现的频次为 0，与 L1 博士学位论文摘要存在显著差异；在研究结论语步观点持有者和评价者身份突出。

本研究结果对汉语二语学术写作具有一定启示：（1）汉语二语学习者应注意避免在文中频繁凸显自我，应适当采取"隐身"策略。在使用第一人称单数形式时，应考虑汉语文化的规约化影响，构建适合二语环境的"自我"。（2）应将作者身份构建纳入汉语二语学术写作教学，并根据语步特点平衡 L2 硕士学位论文摘要在各语步中对自我指称的使用，加强汉语二语学习者的身份意识，有的放矢地构建作者身份，提高汉语二语学术写作水平。

第 12 章　结论

12.1　研究总结

本书融合了体裁分析对语篇宏观结构的分析优势和短语学研究对文本微观特征的分析优势,采用"综合对比分析模式"(ICM),在英语/汉语—语者学术语篇对比分析(CA)的基础上,重点对汉语—语和二语学位论文摘要的宏观结构和微观特征予以了分析(CIA),得出以下研究结论。

1. 在宏观结构层面上对汉语二语学位论文摘要语步结构的分析(第 4 章)。第 4 章以汉语母语者博士学位论文摘要为体裁原型,对比分析了汉语二语学习者硕士学位论文摘要的语步结构。研究发现,相当数量的汉语二语学习者论文摘要不具备学位论文摘要的典型修辞结构,存在体裁必有语步缺失和语阶内容安排失衡等问题。一些按语步组织内容的摘要存在语步结构不甚合理,语步逻辑混乱等问题。相对而言,按论文章节组织的摘要逻辑层次更为清晰,但这类摘要的语步结构非典型性问题更为突出,体裁必有语步的缺失问题更为严重。

2. 在微观研究层面,本研究着重从 4 个方面展开了对比分析。

(1)对学术话语立场的专题研究,涵盖第 5-7 章。第 5 章的文献调研揭示,认识立场与学术语篇关系密切。学术写作并非单纯地报道有关自然或人类世界的研究,而是帮助建立有关这些世界的认识,因此学术语篇构建与认识论之间存在不可分割的关系。认识立场是作者传递或构拟认识信念,以实施认识控制和达成主体间联盟的基本手段。在学术写作中,作者可通过恰当地使用认识立场来劝说读者接受其声言的真实性、其信息的有效性,以实现使其断言合法化的目的,故对认识立场的研究具有重要意义。

针对上述文献研究结果,本书对学位论文摘要认识立场表达予以了综合对比分析(ICM)。第6章以英汉博士学位论文摘要中的认识立场标记语为研究对象,采用基于语料库的方法,对比英语本族语作者和汉语母语作者认识立场表达的异同(CA),重点考察了不同语步中的认识立场人际功能表达特征。结果显示:总体上,汉语母语作者所使用的认识立场标记语频率低于英语本族语作者;在摘要各语步中认识立场使用亦存在区别:在研究背景、研究课题和研究结论语步中,英语本族语者偏爱建构谨慎的陈述空间,认识立场措辞委婉;而汉语母语者倾向选取确定性认识立场断言命题;在研究方法和研究结果语步中,二者多使用客观陈述。

第7章对汉语L1与L2学位论文摘要认识立场词块使用予以了对比分析(CIA)。该章以汉语母语者博士学位论文摘要为参照,对比分析了汉语二语学习者硕士学位论文摘要特定语步相关认识立场的使用情况。研究发现,汉语二语学习者在多数语步中均显著少用各类认识立场词块但却显著多用表"观点/视角"的立场词块,表现出缺乏恰当的准确性、适度的谨慎和谦逊意识。在汉语二语学习者论文摘要中,语言形式与其认识立场意义之间的不匹配、与交际语境之间的不匹配以及和学术语篇社团期望之间的不匹配情况均有发生。

(2)对汉语L1与L2学位论文摘要介入资源使用的整合对比分析(ICM),涉及第8-9章。其中第8章的英汉对比分析(CA)是第9章汉语L1与L2学位论文摘要介入资源使用对比分析(CIA)的基础。

第8章分析了汉语母语者博士学位论文的汉语摘要和英语母语者博士学位论文的英语摘要中的介入资源使用以及用来表达介入资源的词块在不同语步中的分布情况,并对这些介入资源所表达的评价意义予以了探讨。研究发现:总体而言,英语博士学位论文摘要在各语步中使用的介入资源都多于汉语博士学位论文摘要,但两者通过某些介入资源表达的评价意义有所不同。研究表明汉语博士学位论文摘要和英语博士学位论文摘要在不同语步中对词块种类的使用偏好也有所不同，且英语博士学位论文摘要使用的一些特有的词块种类在汉语博士学位论文摘要中未有发现。

为了帮助来华留学生在学位论文中表达恰当的评价意义，使其论文更容易被学界接受，本书第 9 章基于介入系统理论，以汉语母语者博士学位论文摘要为参照，对比分析了汉语二语学习者（来华留学生）硕士学位论文摘要中的介入资源和介入词块在不同语步中的分布情况，并对这些介入资源和介入词块表达的评价意义予以了探讨。研究发现，来华硕士留学生学位论文摘要不仅不能在某些语步中选择合适的介入资源表达恰当的评价意义，而且在表达某些评价意义时选择的介入词块也不够准确。

本书第 7 章和第 9 章的 ICM 分析实践表明，尽管 CA 分析所预测的负迁移并未全部在 CIA 分析中观察到，但英语对留学生的汉语使用确实存在一定程度的负迁移影响，尤其当这些影响出现在来自 18 个不同国家的留学生学位论文摘要中时，我们更有理由推论，这些共性问题在更大的程度上是受到了其共同的二语——英语的影响，二语（英语）确对三语（汉语）的使用产生一定程度的影响，但是从总体上来讲，这种影响的程度有限，CA 分析的预测力不强。

（3）对汉语 L1 与 L2 学位论文摘要正式体和典雅体特征的对比分析（CIA），涉及第 10 章。该章基于冯胜利（2006a，2010）对书面正式语体特征的相关研究，以汉语母语者博士学位论文摘要为参照，从正式性和典雅性两个角度对汉语二语学习者硕士学位论文摘要的语体特征予以了综合描述。研究发现：汉语二语学习者摘要的语体正式度和典雅度均低于汉语母语者摘要，尤以正式度的差距最大。综合从频数和离散度两角度的分析结果，以下四种语体语法手段对汉语二语学习者摘要的语体正式度和典雅度影响较大：正式体语法手段中的"不带/带'的'宾动格式"以及典雅体语法手段—嵌偶单音词和书面语句型；其中对宾动格式（尤其是"不带'的'宾动格式"）的显著少用导致汉语二语学习者摘要对自我指称的使用偏高，正式度下降，对典雅体语法手段的使用不足及不当严重地影响了汉语二语学习者摘要的语体适切性。

（4）对汉语 L1 与 L2 学位论文摘要自我指称与作者身份构建的对比分析

（CIA），涉及第 11 章的内容。该章以汉语母语者博士学位论文摘要为基准，对比分析了汉语二语学习者硕士学位论文摘要在不同语步中的自我指称与作者身份构建特点。研究发现：①汉语二语学习者摘要总体上过于突出自我，显著多用第一人称单数、第三人称名词与抽象主体；②汉语二语学习者和汉语母语者摘要的自我指称分布次序相似：以研究课题和论文结构语步居多，研究背景语步最少；③同汉语母语者摘要相比，汉语二语学习者摘要在大多数语步中均以研究者身份为核心，但其研究课题和研究方法语步对研究者身份的使用过多，研究课题和论文结构语步过度重视话语构建者身份，研究结果语步呈现出"重研究者和观点持有者、轻话语构建者"的倾向，研究结论语步观点持有者和评价者身份突出。

12.2　研究启示

基于本书 12.1 所述研究发现，我们认为汉语二语学术写作教学应注意以下几个方面。

1. 加强对 L2 硕士学位论文摘要宏观结构的指导。应在针对汉语二语学习者的学术写作教学中，强调保持学位论文摘要体裁原型中各必有语步的完备性以及各语阶内容安排合理性的重要性。建议对于基础较差的留学生，可指导其采用第二类摘要（即逐章叙述式摘要）的组织形式，这样可以在一定程度上减少其摘要的逻辑混乱、层次不清等问题。

2. 将立场表达、评价资源、作者身份构建等与学术写作密切相关的内容纳入教学。认识立场用于表达说话人对命题信息状态的评价或用于表明知识的来源或提供信息的角度，主要用于使断言合法化的目的，在学术研究写作中具有重要的作用。为了提升汉语二语学习者学位论文摘要的立场表达能力，应在教学中强调语言形式与其认识立场意义、与交际语境和学术语篇社团期望之间达成匹配的重要性，以及认识立场对学术语篇构建的影响。应强调在学位论文摘要不同语步中准确使用介入资源以表达恰当的评价意义的重要性，提高留学生对介入资源、介入词块以及评价意义的敏感度，帮助他们提高学位论文摘要的写作质量。应将作者身份构建纳入汉语二语学术写作教学，并根据语步特点平衡 L2 硕士学位论文摘要在各语步中对自我指称的使用，加强汉语二语学习者的身份意识，有的放矢地构建作者身份，提高汉语二语学术写作水平。

3. 应进一步加强对 L2 硕士研究生学术语体意识的培养。建议在学术写作教学中强调学术写作的高正式性特征，强调恰当使用典雅体语法手段的重要性；进一步加强对不同语体语法手段的使用训练，特别是那些汉语二语学习者倾向于回避使用的语法手段应重点操练，提高他们准确使用不同语体语法手段的能力，提高汉语二语学习者学术写作的正式度和典雅度。

4. 增强 L2 硕士研究生对所在学科学术传统的认识。L2 硕士学位论文摘要中的很多问题，不仅仅是源于其汉语语言素养，更多的是源于他们对汉语学术传统的陌生，故在汉语二语学术写作教学中，应将学科学术传统教育纳入其中，使之熟悉所在学科的学术传统，熟悉汉语学术社团流行的行文惯例，如汉语二语学习者应注意避免在文中频繁凸显自我，应适当采取"隐身"策略。在使用第一人称单数形式时，应考虑汉语文化的规约化影响，构建适合二语环境的"自我"。

12.3 研究局限性

由于时间限制以及疫情等客观因素影响，本研究尚存在一些不足。

1. 由于疫情的影响，无法完整跟踪来华留学生的学习过程，未收集到留学生在不同学习阶段产出的历时语料；其次，由于是随机抽样，抽样文本中来自不同国家的留学生的样本数不均衡，不具备区分不同国别的研究条件，故本研究所分析的语料均为共时语料，无法从习得过程和不同国别学习者差异的角度展开研究。但上述两条——疫情和随机抽样——均属不可抗力因素。我们认为，为了确保定量研究的科学性、研究结论的可靠性，随机抽样是必须的，这是定量研究的前提条件。为确保此前提条件的成立，就只能放弃从不同国别学习者差异角度的研究。我们相信，随着来华留学生人数的进一步增加，未来即使在随机抽样的情况下区分国别的研究亦将成为可能。这一方面拟留待将来进一步研究。

2. 在微观层面上我们着重探讨了汉语学位论文摘要的认识立场、介入资源使用、正式性、典雅性、作者身份构建等问题，未来还可进一步扩宽微观分析的范围，以更为全面地描述汉语二语者学位论文摘要的微观特征。

3. 本研究仅针对学位论文摘要展开了探讨，未来还可进一步拓宽分析文本的体裁范围，纳入不同体裁的文本予以分析。

参考文献

碧莲娜，2008. 汉语和塞语动物俗语的对比研究——以有关"狗"的俗语为例 ［D］. 北京：北京语言大学.

蔡明宏，2016. 基于国别视角之来华留学生学位论文实证分析 ［J］. 云南师范大学学报(对外汉语教学与研究版)(3)：70-78.

操林英，2012. 国际科技期刊材料类英文论文摘要的写作范式研究 ［J］. 中国科技期刊研究(6)：1109-1112.

陈菁，于学玲，史志祥，2019. 中外生物类英文 SCI 收录期刊论文引言部分的体裁分析与对比 ［J］. 中国科技期刊研究(2)：143-148.

陈菁，于学玲，史志祥，2019. 中外学者医学 SCI 论文作者身份构建研究——第一人称代词视角下的共时对比和历时演变 ［J］. 中国科技期刊研究(12)：1352-1359.

崔林，成晓光，2014. 学术论文中动词性据素使用情况的英汉对比研究 ［J］. 大连理工大学学报(社会科学版)(2)：115-119.

董连棋，李梅，2020. 基于语料库的中国英语学习者写作评价资源特征研究 ［J］. 外语电化教学(5)：86-93，13.

杜海，2015. 汉语言据性的评价分析 ［J］. 外语学刊(5)：57-61.

方梅，乐耀，2017. 规约化与立场表达 ［M］. 北京：北京大学出版社.

房红梅，2014. 论评价理论对系统功能语言学的发展 ［J］. 现代外语(3)：303-311，437.

冯恩玉，吴蕾，2016. 国内外光学类科技期刊论文英文摘要体裁对比分析 ［J］.

中国科技期刊研究（2）：230-236.

冯胜利，2006. 汉语书面用语初编［M］. 北京：北京语言大学出版社.

冯胜利，2010. 论语体的机制及其语法属性［J］. 中国语文（5）：400-412.

冯胜利，王洁，黄梅，2008. 汉语书面语体庄雅度的自动测量［J］. 语言科学（2）：113-126.

郭亚东，2022. 国外言据性研究的进展与动态［J］. 北京第二外国语学院学报（5）：119-129，144.

郝玲，2020. 互动视角下现代汉语立场表达研究［M］. 北京：中国社会科学出版社.

何宇茵，曹臻珍，2010. 航空航天论文英文摘要的体裁分析［J］. 北京航空航天大学学报（社会科学版）（2）：97-100.

贺阳，2008. 现代汉语欧化语法现象研究［M］. 北京：商务印书馆.

胡新，2015. 中外科技论文英文摘要的语步词块特征对比研究［J］. 现代外语（6）：813-822，874.

胡新，黄燕，2017. 中英工学期刊英文摘要共用高频词块的语步差异研究［J］. 外语教学理论与实践（4）：31-36.

胡新，黄燕，2021. 中外科技论文英文摘要中外壳名词人际功能的语步差异研究［J］. 外语教学理论与实践（3）：56-63.

皇甫卫华，张奕，高晓莹，2012. 中国学者撰写的土木工程学术论文英文摘要的体裁分析［J］. 西南民族大学学报（人文社会科学版）（S1）：205-209.

汲传波，2016. 韩国学生汉语学术论文中文言结构使用初探［J］. 汉语学习（6）：77-85.

汲传波，刘芳芳，2015. 留学生汉语书面语中的口语化倾向研究［J］. 语言教学与研究（1）：31-37.

贾玉新，1997. 跨文化交际学［M］. 上海：上海外语教育出版社.

姜峰，2022. 近四十年国内外学术英语研究：主题与进展［J］. 外语教学与研究（3）：413-424.

姜峰，王晶晶，2021. 中国学生学术语篇自称语的"词汇语法剖面"研究［J］. 中国外语(5)：90-97.

姜亚军，赵明炜，2008. 我国硕/博士学位论文英语致谢语的语类结构研究［J］. 外语教学(6)：28-32，37.

蒋婷，杨霞，2018. 汉法律类学术论文中作者身份构建的对比研究——以介入系统为视角［J］. 西安外国语大学学报(4)：8-13.

蒋跃，陶梅，2007. 英汉医学论文讨论部分中模糊限制语的对比研究［J］. 外语学刊(6)：115-122.

鞠玉梅，2016. 跨文化修辞学视阈下的二语写作研究：理论模式与研究路径［J］. 外语界(5)：2-10.

康勤，孙萍，2012. 基于语料库的科研论文英文摘要的体裁分析［J］. 外语教学(5)：28-31.

赖良涛，苏树苗，2022. 从介入系统看文学史话语的对话性［J］. 上海交通大学学报(哲学社会科学版)(2)：127-136.

李娟，田慧，崔珣丽，2017. 中外体育科学论文英文摘要语篇建构对比分析［J］. 北京体育大学学报(11)：39-43，92.

李民，肖雁，2018. 英语学术语篇互动性研究——以第一人称代词及其构建的作者身份为例［J］. 西安外国语大学学报(2)：18-23.

李梦骁，刘永兵，2016. 基于语料库的中外学者学术语篇词块使用对比研究［J］. 现代外语(4)：507-515，584.

李梦骁，刘永兵，2017a. 中国学习者英语学术论文结论语步的词块特征研究［J］. 外语教学(1)：34-38.

李梦骁，刘永兵，2017b. 评价理论视域下中外学者期刊论文评论结果语步词块比较研究［J］. 外语与外语教学(5)：73-80，121，149.

李梦骁，张会平，2023. 研究生介入评价使用的发展特征研究［J］. 现代外语(1)：56-68.

李润洲，2013. 学位论文摘要撰写偏差的案例分析——一种教育学视角［J］. 研究生教育研究(1)：45-48.

李晓红，2017. 语言学博士学位论文摘要的语篇策略对比分析［J］. 解放军外国语学院学报(3)：19-27.

李晓红，邹申，2019. 中外博士学位论文结论中的短语型式及语篇策略对比研究［J］. 外语电化教学(1)：57-64.

廖福妹，2010. 英语学术书籍短评的体裁分析［J］. 山西财经大学学报(S1)：278-279.

廖巧云，翁馨，2022. 言据性视域下的英语学术论文作者身份构建对比研究［J］. 西安外国语大学学报(1)：24-29.

叶云屏，柳君丽，2013. 博士学位论文摘要的跨学科语类分析对 EAP 教学的启示［J］. 外语界(4)：81-89.

刘海萍，徐玉臣，2015. 人文社科类论文英文摘要文体特征分析——以 SSCI 及 A&HCI 检索学术论文摘要为例［J］. 西安外国语大学学报(4)：46-50.

刘世铸，张征，2021. 主体间资源的介入研究［J］. 山东外语教学(2)：19-33.

柳淑芬，2011. 中英文论文摘要中作者的自称语与身份构建［J］. 当代修辞学(4)：85-88.

娄宝翠，2013. 中英大学生学术论文中转述动词及立场表达对比分析［J］. 山东外语教学(2)：50-55.

娄宝翠，王莉，2020. 学习者学术英语写作中自我指称语与作者身份构建［J］. 解放军外国语学院学报(1)：93-99.

卢勇军，2020. 互动视角下附加问句的信息类型、认识立场与交互功能——以标记为"是不是/是吧"的附加问句为例［J］. 语言教学与研究(6)：60-70.

鲁晓琨，2004. 现代汉语基本助动词语义研究［M］. 北京：中国社会科学出版社.

卢芸蓉，朱军，2014. 论汉语书面正式语体内部"开放-保守"的差异性特征［J］. 湖南科技大学学报(社会科学版)(3)：133-140.

吕长竑，黎斌，胡霞，2010. 中西学者生命和材料科学英文学术语篇间接表达方

式的对比研究 [J]. 外语与外语教学(5)：38-43.

吕长竑，周军，2013. 中西学者语篇立场表达对比研究——以经管类英文学术论文为例 [J]. 西南交通大学学报：社会科学版(1)：28-36.

吕长竑，钟珍，胡思颖，等，2022. 汉语二语学术写作语步结构分析——以来华留学生硕士学位论文摘要为例 [G] //蔡金亭. 第二语言学习研究(第十五辑). 北京：外语教学与研究出版社，92-109.

龙满英，许家金，2010. 大学生英汉同题议论文中立场标记的对比研究 [J]. 外语与外语教学(3)：21-24.

马明艳，2017. 汉语学习者书面语作文"口语化"倾向的语体表征 [J]. 汉语学习(1)：81-90.

莫丹，2016. 欧美留学生书面正式语体能力发展研究 [J]. 语言教学与研究(5)：20-29.

潘璠，2016. 语料库驱动的英语本族语和中国作者期刊论文词块结构和功能对比研究 [J]. 外语与外语教学(4)：115-123，150-151.

普慧，2010. 论中国学术话语的当代建构——基于历史进程的视角 [J]. 安徽大学学报(哲学社会科学版)(6)：1-8.

亓海峰，廖建玲，2019. 基于记叙文和议论文的汉语二语写作发展研究 [J]. 世界汉语教学(4)：563-576.

钱尔凡，王先寅，2010. 科技论文中英文摘要的人称与语态问题 [J]. 编辑学报(4)：319-321.

钱家骏，穆从军，2017. 中外学者学术论文写作立场表达强度和方式比较——基于自建语料库的汉语学术语篇引言英译研究 [J]. 解放军外国语学院学报(5)：29-37.

秦晓晴，毕劲，2015. 外语教学定量研究方法及数据分析 [M]. 北京：外语教学与研究出版社.

冉诗洋，2010. tertium comparationis 译名商榷 [J]. 中国技术术语(1)：38-41，57.

师文，陈静，2019. 汉语二语写作语言特征的体裁差异研究［J］. 汉语学习（6）：76-85.

孙德金，2012. 现代书面汉语中的文言语法成分研究［M］. 北京：商务印书馆.

唐建萍，2016. 英汉研究论文中自我转述对作者身份构建的对比研究［J］. 中国 ESP 研究（1）：76-83.

王晶晶，吕中舌，2017. 理工科博士生学术英语写作中的作者自我指称语研究［J］. 外语界（2）：89-96.

王晶晶，姜峰，2019. 中国理工科博士生学术论文写作立场建构研究［J］. 外语界（3）：23-31.

王丽，王楠，2017. 二语学习者学位论文中的口语化倾向［J］. 现代外语（2）：275-286.

王瑞杰，刘建喜，2018. 英汉新闻语篇中认识立场策略的跨语言研究［J］. 山东外语教学（4）：19-29.

王培光，2013. 香港雇员补偿判决书的语篇分析［J］. 中国社会语言学（1）：57-65.

王文斌，2019. 论英汉的时空性差异［M］. 北京：外语教学与研究出版社.

王永娜，2016. 汉语书面正式语体语法的泛时空化特征研究［M］. 北京：中国社会科学出版社.

王振华，路洋，2010. "介入系统"嬗变［J］. 外语学刊（3）：51-56.

汪汇源，董定超，高静，等，2020. 语料库视角下中外农业科技期刊英文摘要中立场标记语使用情况对比分析——以《热带作物学报》为例［J］. 中国科技期刊研究（11）：1311-1316.

卫乃兴，陆军，2014. 对比短语学探索：来自语料库的证据［M］. 北京：外语教学与研究出版社.

文秋芳，2009. 学习者英语语体特征变化的研究［J］. 外国语（4）：2-10.

吴格奇，2013. 学术论文作者自称与身份构建——一项基于语料库的英汉对比研究［J］. 解放军外国语学院学报（3）：6-11.

吴格奇，潘春雷，2010. 汉语学术论文中作者立场标记语研究［J］. 语言教学与研究(3)：91-96.

吴继峰，2017. 英语母语者汉语书面语动态发展个案研究［J］. 现代外语(2)：254-264.

吴继峰，周蔚，卢达威，2019. 韩语母语者汉语二语写作质量评估研究——以语言特征和内容质量为测量维度［J］. 世界汉语教学(1)：130-144.

吴佩，邢红兵，2020. 内容，词汇，篇章特征对汉语学习者二语作文质量的影响研究［J］. 语言教学与研究(2)：24-32.

吴宪忠，朱锋颖，2010. 情报类学术论文英文摘要的体裁文析［J］. 情报科学(6)：941-944.

肖忠华，曹雁，2014. 中外作者科技论文英文摘要多维度语步对比研究［J］. 外语教学与研究(2)：260-272，321.

徐昉，2011. 中国学生英语学术写作中身份语块的语料库研究［J］. 外语研究(3)：57-63.

徐昉，2012. 中国学习者英语学术词块的使用及发展特征研究［J］. 中国外语(4)：51-56.

徐昉，2013. 二语学术写作介入标记语的使用与发展特征：语料库视角［J］. 外语与外语教学(2)：5-10.

徐昉，2015a. 研究生英语学位论文实证部分语步结构分析［J］. 东北师大学报(哲学社会科学版)(4)：127-131.

徐昉，2015b. 二语学术语篇中的作者立场标记研究［J］. 外语与外语教学(5)：1-7.

徐宏亮，2011. 中国高级英语学习者学术语篇中的作者立场标记语的使用特点——一项基于语料库的对比研究［J］. 外语教学(6)：44-48.

徐宏亮，2012. 英语学术论文中作者立场标记语的类型与功能［J］. 阜阳师范学院学报(社会科学版)(3)：59-63.

徐晶凝，2012. 认识立场标记"我觉得"初探［J］. 世界汉语教学(2)：209

−219.

徐珺，夏蓉，2013. 评价理论视域中的英汉商务语篇对比研究［J］. 外语教学
　　（3）：16−21.

徐玉臣，2013. 中国评价理论研究的回顾与展望［J］. 外语教学（3）：11−15.

徐玉臣，苏蕊，剡璇，等，2020. 基于语料库的英汉科技语篇中介入资源对比研
　　究［J］. 外语教学（6）：19−24.

许余龙，2007. 再论语言对比基础的类型［J］. 外国语（6）：21−27.

严明，刘丹，张知博，2015. 大学英语跨文化交际教程［M］. 北京：清华大学出
　　版社.

杨阳，2019. 英汉科技论文中介入资源运用的对比研究［J］. 北京科技大学学报
　　（社会科学版）（6）：34−41.

杨元媛，2013. 基于语料库的科技英语论文四词词簇特点研究［J］. 外语教学理
　　论与实践（4）：45−52，95.

姚俊，2010. 英语论文摘要的语篇模式与作者介入——英语本科毕业论文摘要的
　　实证研究［J］. 外语教学（4）：29−33.

应学凤，2016. 现代汉语黏合结构的正式语体特征［J］. 汉语学习（5）：57−64.

余莉，梁永刚，2006. 英语科技论文摘要的写作范式研究［J］. 外语教学（1）：
　　34−37.

云红，2009. 论文摘要中作者身份的显与隐——一项基于 2008 医学与语言学国
　　际学术期刊的修辞性研究［J］. 外语教学（5）：29−32.

张伯江，2020. 什么时候用把字句——基于文本的一项考察［J］. 世界汉语教学
　　（2）：158−171.

张大群，2014. 学术论文语类的评价和声音：介入视角［J］. 江西财经大学学报
　　（2）：97−103.

张金圈，唐雪凝，2013. 汉语中的认识立场标记"要我说"及相关格式［J］. 世
　　界汉语教学（2）：202−213.

张銎，2013. 评价的说服机制探析——以商务英语信函为例［J］. 外语教学（4）：

20-26.

张谊生，2014. 现代汉语副词研究（修订本）［M］. 北京：商务印书馆.

邹洪民，1996. 从语体中审视特殊"把"字结构的修辞作用［J］. 当代修辞学
（6）：44-46.

周岐军，2014. 学术论文摘要中的元话语对比研究［J］. 外语学刊（3）：114
-117.

周士宏，2020. 东北方言的"嚎"与"嚎字句"——结构层次与认识立场［J］.
外国语（5）：74-86.

Ädel, A. 2014. Selecting quantitative data for qualitative analysis：A case study
connecting a lexicogrammatical pattern to rhetorical moves［J］. Journal of English
for Academic Purposes 16：68-80.

Ädel, A. & B. Erman. 2012. Recurrent word combinations in academic writing by
native and non-native speakers of English：A lexical bundles approach［J］.
English for Specific Purposes 31(2)：81-92.

Ahmadi, H. S., B. Ghonsooly & A. Z. Fatemi. 2013. An analysis of lexical bundles
in research article abstracts by Iranian and native English-speaking authors of
applied linguistics articles［J］. The Asian ESP Journal 9(1)：5-25.

Al-Ali, M. N. & Y. B. Sahawneh. 2011. Rhetorical and textual organization of
English and Arabic PhD dissertation abstracts in linguistics［J］. SKY Journal of
Linguistics 24：7-39.

Alamri, B. M. 2017. Connecting Genre-Based and Corpus-Driven Approaches in
Research Articles：A Comparative Study of Moves and Lexical Bundles in Saudi and
International Journals［D］. Albuquerque：University of New Mexico.

Altenberg, B. 1993. Recurrent word combinations in spoken English［C］. In J. D.
Arcy（ed.）. Proceedings of the Fifth Nordic Association for English Studies
Conference. Reykjavik：University of Iceland, 17-27.

Altenberg, B. 1998. On the phraseology of spoken English：The evidence of recurrent word-combinations [M]. In A. H. Cowie (ed.). Phraseology: Theory, analysis, and applications. Oxford: Oxford University Press, 101–122.

Amnuai, W. & A. Wannaruk. 2013. Investigating move structure of English applied linguistics research article discussions published in international and Thai journals [J]. English Language Teaching 6(2): 1–13.

Anderson, L. B. 1986. Evidentials, paths of change, and mental maps: Typologically regular asymmetries [M]. In W. Chafe & J. Nichols (eds.). Evidentiality: The Linguistic Coding of Epistemology. Norwood, NJ: Ablex: 273–312.

Aston, G. 2011. Applied corpus linguistics and the learning experience [M]. In V. Viana, S. Zingier & G. Barnbrook (eds.). Perspectives on Corpus Linguistics. Amsterdam and Philadelphia: Benjamins: 1–16.

Aull, L. L., D. Bandarage & M. R. Miller. 2017. Generality in student and expert epistemic stance: A corpus analysis of first-year, upper-level, and published academic writing [J]. Journal of English for Academic Purposes 26: 29–41.

Baklouti, A. S. 2011. The impact of genre and disciplinary differences on structure choice: Taxis in research article abstracts [J]. Text & Talk 31(5): 503–523.

Basturkmen, H. 2009. Commenting on results in published research articles and masters dissertations in Language Teaching [J]. Journal of English for Academic Purposes 8(4): 241–251.

Basturkmen, H. 2012. A genre-based investigation of discussion sections of research articles in Dentistry and disciplinary variation [J]. Journal of English for Academic Purposes 11(2): 134–144.

Baumgarten, N. & J. House. 2010. *I think* and *I don't know* in English as lingua franca and native English discourse [J]. Journal of Pragmatics 42(5): 1184–1200.

Bazerman, C. 1988. Shaping Written Knowledge: The Genre and Activity of the Experimental Article in Science [M]. Madison: University of Wisconsin Press.

Becher, T. 1987. Disciplinary discourse [J]. Studies in Higher Education 12(3): 261-274.

Becka, J. V. 1978. Application of quantitative methods in contrastive stylistics [J]. Prague Studies in Mathematical Linguistics 6: 83-92.

Bennett, K. 2009. English academic style manuals: A survey [J]. Journal of English for Academic Purposes 8(1): 43-54.

Berkenkotter, C. & T. N. Huckin. 1995. Genre Knowledge in Disciplinary Communication: Cognition, Culture, Power [M]. Hillsdale, NJ: Lawrence Erlbaum.

Berman, R. A. 2005. Introduction: Developing discourse stance in different text types and languages [J]. Journal of Pragmatics 37(2): 105-124.

Besnier, N. 1990. Language and affect [J]. Annual Review of Anthropology 19(1): 419-51.

Bhatia, V. K. 1993. Analyzing Genre: Language Use in Professional Settings [M]. London: Routledge.

Biber, D. 2004. Historical patterns for the grammatical marking of stance: a cross-register comparison [J]. Journal of Historical Pragmatics 5(1): 107-136.

Biber, D. 2006a. University Language: A Corpus-Based Study of Spoken and Written Registers [M]. Amsterdam: Benjamins.

Biber, D. 2006b. Stance in spoken and written university registers [J]. Journal of English for Academic Purposes 5(2): 97-116.

Biber, D. 2009. A corpus-driven approach to formulaic language in English: Multiword patterns in speech and writing [J]. International Journal of Corpus Linguistics 14(3): 275-311.

Biber, D. 2010. Corpus-based and corpus-driven analyses of language variation and use [M]. In B. Heine & H. Narrog (eds.). The Oxford Handbook of Linguistic Analysis. Oxford: Oxford University Press: 159-191.

Biber, D. 2015. Corpus-based and corpus-driven analysis of language variation and use [M]. In B. Heine, & H. Narrog (eds.). The Oxford Handbook of Linguistic Analysis. Oxford: Oxford University Press: 193-224.

Biber, D. & E. Finegan. 1988. Adverbial stance types in English [J]. Discourse Processes 11(1): 1-34.

Biber, D. & E. Finegan. 1989. Styles of stance in English: lexical and grammatical marking of evidentiality and affect [J]. Text 9(1): 93-124.

Biber, D., S. Johansson, G. Leech, S. Conrad & E. Finegan. 1999/2000. Longman Grammar of Spoken and Written English [M]. Harlow, Essex: Pearson Education Ltd. /Beijing: Foreign Language Teaching and Research Press.

Biber, D., S. Conrad & V. Cortes. 2003. Lexical bundles in speech and writing: An initial taxonomy [M]. In A. Wilson, P. Rayson & T. McEnery (eds.). Corpus Linguistics by the Lune: A Festschrift for Geoffrey Leech. Frankfurt: Peter Lang: 71-93.

Biber, D., S. Conrad & V. Cortes. 2004. *If you look at...*: Lexical bundles in university teaching and textbooks [J] Applied Linguistics 25(3): 371-405.

Biber, D. & F. Barbieri. 2007. Lexical bundles in university spoken and written registers [J]. English for specific purposes 26(3): 263-286.

Biber, D., U. Connor & T. A. Upton. 2007a. Discourse on the Move: Using Corpus Analysis to Describe Discourse Structure [M]. Amsterdam/Philadelphia: Benjamins.

Biber, D., E. Csomay, J. K. Jones & C. Keck. 2007b. Introduction to the identification and analysis of vocabulary-based discourse units [M]. In D. Biber, U. Connor & T. A. Upton (eds.). Discourse on the Move: Using Corpus Analysis to Describe Discourse Structure. Amsterdam: Benjamins: 155-173.

Biber, D. & S. Conrad. 2009. Register, Genre, and Style [M]. Cambridge: Cambridge University Press.

Bley-Vroman, R. 1983. The comparative fallacy in interlanguage studies: the case of systematicity [J]. Language Learning 33(1): 1−17.

Boye, K. 2012. Epistemic Meaning: A Crosslinguistic and Functional-Cognitive Study [M]. Berlin: Mouton de Gruyter.

Brett, P. 1994. A genre analysis of the results section of sociology articles [J]. English for Specific Purposes 13(1): 47−59.

Buteau. M. F. 1970. Students' errors and the learning of French as a second language: A pilot study [J]. International Review of Applied Linguistics 8: 133−145.

Cai, L. J. 2016. An exploratory study on an integrated genre-based approach for the instruction of academic lexical phrases [J]. Journal of English for Academic Purpose (24): 58−74.

Can, T. & H. Cangır. 2019. A corpus-assisted comparative analysis of self-mention markers in doctoral dissertations of literary studies written in Turkey and the UK [J]. Journal of English for Academic Purposes 42: 1−14.

Carretero, M., J. I. Marín-Arrese & A. Ruskan. 2022. Epistemicity and stance in English and other European languages: Discourse-pragmatic perspectives [J]. Journal of Pragmatics 190: 18−23.

Chafe, W. 1986. Evidentiality in English conversation and academic writing [M]. In W. Chafe & J. Nichols (eds). Evidentiality: The Linguistic Coding of Epistemology. Norwood, NJ: Ablex: 261−272.

Chafe, W. & J. Nichols. 1986. Evidentiality: The Linguistic Coding of Epistemology [M]. Norwood, NJ: Ablex.

Chang, Y. Y. & J. M. Swales. 1999. Informal elements in English academic writing: Threats or opportunities for advanced non-native speakers? [M]. In C. N. Candlin & K. Hyland (eds.). Writing: Texts, Processes and Practices. London & New York: Longman: 145−167.

Chang, C. F. & C. H. Kuo. 2011. A corpus-based approach to online materials development for writing research articles [J]. English for Specific Purposes 30 (3): 222-234.

Chang, P. 2012. Using a stance corpus to learn about effective authorial stance-taking: A textlinguistic approach [J]. ReCALL 24(2): 209-236.

Chen, H. 2010. Contrastive learner corpus analysis of epistemic modality and interlanguage pragmatic competence in L2 writing [J]. Arizona working papers in SLA and teaching 17: 27-51.

Chen, Z. 2012. Expression of epistemic stance in EFL Chinese university students' writing [J]. English Language Teaching 5(10): 173-179.

Chen, Y. H. & P. Baker. 2010. Lexical bundles in L1 and L2 academic writing [J]. Language Learning and Technology 14(2): 30-49.

Chen, Y. H. & P. Baker. 2016. Investigating critical discourse features across second language development: Lexical bundles in rated learner essays, CEFR B1, B2 and C1 [J]. Applied Linguistics 37(6): 849-880.

Cheng, A. 2008. Analyzing genre exemplars in preparation for writing: the case of an L2 graduate student in the ESP genre-based instructional framework of academic literacy [J]. Applied Linguistics 29(1): 50-71.

Cheng, W., C. Greaves, J. M. Sinclair & M. Warren. 2008. Uncovering the extent of the phraseological tendency: Towards a systematic analysis of concgrams [J]. Applied Linguistics 30(2): 236-252.

Cheng, F. W. & L. Unsworth. 2016. Stance-taking as negotiating academic conflict in applied linguistics research article discussion sections [J]. Journal of English for Academic Purposes 24: 43-57.

Chesterman, A. 1998. Contrastive Functional Analysis [M]. Amsterdam: Benjamins.

Chesterman, A. 2005. On Definiteness: A Study with Special Reference to English and Finnish [M]. Cambridge: Cambridge University Press.

Chindamo, M., J. Allwood & E. Ahlsén. 2012. Some suggestions for the study of stance in communication ［C］. In Proceedings of ASE/IEEE International Conference on Social Computing. Göteborg: University of Gothenburg: 617−622.

Cobb, T. 2003. Analyzing late interlanguage with learner corpora: Quebec replications of three European studies ［J］. Canadian Modern Language Review 59 (3): 393−424.

Cogo, A. & M. Dewey. 2012. Analysing English as a Lingua Franca ［M］. London and New York: Continuum.

Conklin, K. & N. Schmitt. 2008. Formulaic sequences: Are they processed more quickly than nonformulaic language by native and non-native speakers?   ［J］. Applied Linguistics 29(1): 72−89.

Conklin, K. & N. Schmitt. 2012. The processing of formulaic language ［J］. Annual Review of Applied Linguistics 32: 45−61.

Connor, U. & A. Mauranen. 1999. Linguistic analysis of grant proposals: European Union research grants ［J］. English for Specific Purposes 18(1): 47−62.

Connor, U. M. & A. I. Moreno. 2005. Tertium comparationis: A vital component in contrastive rhetoric research ［G］. In P. Bruthiaux, D. Atkinson, W. Eggington, W. Grabe & V. Ramanathan (eds.). Directions in Applied Linguistics: Essays in Honor of Robert B. Kaplan. Bristol & Blue Ridge Summit: Multilingual Matters: 153−164.

Conrad, S. & D. Biber. 2000. Adverbial marking of stance in speech and writing ［M］. In S. Hunston & G. Thompson (eds.). Evaluation in Text: Authorial stance and the Construction of Discourse. Oxford: Oxford University Press: 56−73.

Cortes, V. 2002a. Lexical bundles in freshman composition ［M］. In R. Reppen, S. Fitzmaurice & D. Biber (eds.). Using Corpora to Explore Linguistic Variation. Philadelphia: John Benjamins: 131−145.

Cortes, V. 2002b. Lexical Bundles in Academic Writing in History and Biology ［D］. Flagstaff: Northern Arizona University.

Cortes, V. 2004. Lexical bundles in published and student disciplinary writing: Examples from history and biology [J]. English for Specific Purposes 23(4): 397-423.

Cortes, V. 2013. The purpose of this study is to: Connecting lexical bundles and moves in research article introductions [J]. Journal of English for Academic Purposes 12(1): 33-43.

Cortes, V. 2015. Situating lexical bundles in the formulaic language spectrum [M]. In V. Cortes & E. Csomay (eds.). Corpus-based Research in Applied Linguistics: Studies in Honor of Doug Biber (vol. 66). Amsterdam Benjamins: 197-216.

Cotos, E., S. Huffman & S. Link. 2015. Furthering and applying move/step constructs: Technology-driven marshalling of Swalesian genre theory for EAP pedagogy [J]. Journal of English for Academic Purposes 19: 52-72.

Cotos, E., S. Huffman & S. Link. 2017. A move/step model for methods sections: Demonstrating rigour and credibility [J]. English for Specific Purposes 46: 90-106.

Couture, B. 1986. Functional Approaches to Writing: Research Perspectives [C]. Norwood, NJ: Ablex.

Coxhead, A. & P. Byrd. 2007. Preparing writing teachers to teach the vocabulary and grammar of academic prose [J]. Journal of Second Language Writing 16(3): 129-147.

Crookes, G. 1986. Towards a validated analysis of scientific text structure [J]. Applied Linguistics 7(1): 58-70.

Crosthwaite, P., L. Cheung & F. (Kevin) Jiang. 2017. Writing with attitude: Stance expression in learner and professional dentistry research reports [J]. English for Specific Purposes 46: 107-123.

Diewald, G. & E. Smirnova. 2010. Linguistic Realization of Evidentiality in European Languages [M]. Berlin: Mouton de Gruyter.

Dong, H. L. & H. Xue. 2010. Generic structure of research article abstracts structure [J]. Cross-Cultural Communication 6(3): 36−44.

Doró, K. 2013. The rhetoric structure of research article abstracts in English studies journals [J]. Prague Journal of English Studies 2(1): 119−139.

Du Bois, J. W. 2007. The stance triangle [M]. In R. Englebretson (ed.). Stancetaking in Discourse: Subjectivity, Evaluation, Interaction. Amsterdam/Philadelphia: Benjamins: 139−182.

Dudley-Evans, T. 1994. Genre analysis: An approach to text analysis for ESP [M]. In M. Coulthard (ed.). Advances in written text analysis. New York: Routledge: 219−228.

Dudley-Evans, T. 1995. Genre: how far can we, should we go? [J]. World Englishes 16(3): 353−358.

Ebeling, S. O. & J. Ebeling. 2020. Contrastive analysis, tertium comparationis and corpora [J]. Nordic Journal of English Studies 19(1): 97−117.

El-Dakhs, D. A. S. 2018. Why are abstracts in PhD theses and research articles different? A genre-specific perspective [J]. Journal of English for Academic Purposes 36: 48−60.

ElMalik, A. T. & L. Nesi. 2008. Publishing research in a second language: The case of Sudanese contributors to international medical journals [J]. Journal of English for Academic Purposes 7(2): 87−96.

Ellis, R. & Barkhuizen, G. 2005. Analysing Learner Language [M]. Oxford: Oxford University Press.

Endo, T. 2013. Epistemic stance in Mandarin conversation: The positions and functions of wo juede "I feel/think" [M]. In Y. L. Pan & D. Kádár (eds.). Chinese Discourse and Interaction: Theory and Practice. London: Equinox: 12−34.

Fang, A. C. Y. & J. Cao. 2009. Adjective density as a text formality characteristic for automatic text classification: A study based on the British National Corpus [J]. Proceedings of the PACLIC (1): 130−139.

Farvadin, T. M., A. Afghari & M. Koosha. 2012. Analysis of four-word lexical bundles in physics research articles [J]. Advances in Digital Multimedia 1(3): 134−139.

Fetzer, A. 2014. Foregrounding evidentiality in (English) academic discourse: Patterned co-occurrences of the sensory perception verbs seem and appear [J]. Intercultural Pragmatics 11(3): 333−355.

Field, M. 1997. The role of factive predicates in the indexicalization of stance: A discourse perspective [J]. Journal of Pragmatics 27(6): 799−814.

Firth, J. R. 1957. Papers in Linguistics 1934 − 1951 [M]. London: Oxford University Press.

Firth, J. R. 1968. In F. R. Palmer (ed.). Selected Papers of J. R. Firth 1952− 1959 [G]. London: Longman.

Fløttum, K., T. Kinn & T. Dahl. 2006. "We now report on…" versus "Let us now see how…": Author roles and interaction with readers in research articles [M]. In K. Hyland & M. Bondi (eds.). Academic Discourse across Disciplines. Bern: Peter Lang: 203−224.

Flowerdew, L. 2000. Using a genre-based framework to teach organizational structure in academic writing [J]. ELT Journal 54(4): 369−378.

Flowerdew, J. 2002. Genre in the classroom: A linguistic approach [M]. In A. M. Johns (ed.). Genre in the Classroom: Multiple Perspectives. Mahwah, NJ: Lawrence Erlbaum, 91−104.

Flowerdew, L. 2008. Corpus-based Analyses of the Problem-Solution Pattern: A Phraseological Approach (vol. 29) [M]. Amsterdam: Benjamins.

Flowerdew, J. 2015. John Swales's approach to pedagogy in Genre Analysis: A perspective from 25 years on [J]. Journal of English for Academic Purposes 19:

102–112.

Fries, C. C. 1945. Teaching and Learning English as a Foreign Language ［M］. Ann Arbor：University of Michigan Press.

Gablasova, D., V. Brezina & T. McEnery. 2017. Collocations in corpus-based language learning research：Identifying, comparing, and interpreting the evidence ［J］. Language Learning 67(S1)：155–179.

Gilquin, G. 2020. Learner corpora ［M］. In M. Paquot & T. G. Stefan (eds.). A Practical Handbook of Corpus Linguistics. New York：Springer：283–304.

Goffman, E. 1981. Forms of talk ［M］. Oxford：Oxford University Press.

Goodwin, C. 1986. Between and within：Alternative treatments of continuers and assessments ［J］. Human Studies 9(2)：205–217.

Graesser, A. C., D. S. Mcnamara, Z. Q. Cai, M. Conley, H. Y. Li & J. Pennebaker. 2014. Coh-Metrix measures text characteristics at multiple levels of language and discourse ［J］. The Elementary School Journal 115(2)：211–229.

Granger, S. 1996. From CA to CIA and back：An integrated contrastive approach to computerized bilingual and learner corpora ［M］. In K. Aijmer, B. Altenberg & M. Johansson (eds.). Languages in Contrast. Text-based cross-linguistic studies. Lund：Lund University Press：37–51.

Granger, S. 1998. The computer learner corpus：A versatile new source of data for SLA research ［M］. In S. Granger (ed.). Learner English on Computer. London and New York：Longman：3–18.

Granger, S. 2012. How to use foreign and second language learner corpora ［M］. In A. Mackey & S. G. Gass (eds). A Guide to Research Methods in Second Language Acquisition. Malden：Basil Blackwell：7–29.

Granger, S. 2015. Contrastive interlanguage analysis：A reappraisal ［J］. International Journal of Learner Corpus Research 1(1)：7–24.

Granger, S. 2017. Academic phraseology：A key ingredient in successful L2 academic literacy［M］. In R. V. Fjeld, K. Hagen, B. Henriksen, S. Johansson, S. Olsen & J. Prentice（eds.）. Academic Language in a Nordic Setting：Linguistic and Educational Perspectives（vol. 9）. Oslo：University of Oslo：9−27.

Granger, S. 2018. Tracking the third code：A cross-linguistic corpus-driven approach to metadiscursive markers［M］. In A. Cermáková & M. Mahlberg（eds.）. The Corpus Linguistics Discourse：In Honour of Wolfgang Teubert. Amsterdam：Benjamins：185−204.

Granger, S. & M. Paquot. 2008. Disentangling the phraseological web［M］. In S. Granger & F. Meunier（eds.）. Phraseology：An Interdisciplinary Perspective. Amsterdam：Benjamins：27−49.

Grant, L. & A. Ginther. 2000. Using computer-tagged linguistic features to describe L2 writing differences［J］. Journal of Second Language Writing 9(2)：123−145.

Gray, B. & D. Biber. 2012. Current conceptions of stance［M］. In K. Hyland & C. S. Guinda（eds.）. Stance and Voice in Written Academic Genres. New York：Palgrave Macmillan：15−33.

Gray, B. & D. Biber. 2015. Phraseology［M］. In D. Biber & R. Reppen（eds.）. The Cambridge Handbook of English Corpus Linguistics. Cambridge：The Cambridge University Press：125−145.

Graetz, N. 1985. Teaching EFL students to extract structural information from abstracts［M］. ln J. M. Ulijn & A. K. Pugh（eds.）. Reading for Professional Purposes. Leuven：ACCO, 123−135.

Gries, S. 2008a. Phraseology and linguistics theory：A brief survey［M］. In S. Granger & F. Mernier（eds.）. Phraseology：An Interdisciplinary Perspective. Amsterdam：Benjamins：3−25.

Gries, S. 2008b. Dispersions and adjusted frequencies in corpora［J］. International Journal of Corpus Linguistics 13(4)：403−437.

Gries, S. 2020. Analyzing dispersion［M］. In M. Paquot & S. Gries（eds.）. A

Practical Handbook of Corpus Linguistics. Cham: Springer Nature Switzerland AG: 99−118.

Halliday, M. A. K. 1985/1994. An Introduction to Functional Grammar [M]. London: Edward Arnold.

Halliday, M. A. K. & J. R. Martin. 1993. Writing Science: Literacy and Discursive Power [M]. New York, NY: Routledge.

Hasan, R. 1985. The structure of a text [M]. In M. A. K. Halliday & R. Hasan (eds.). Language, Context and Text. Geelong: Deakin University Press: 52−69.

Henry, A. & R. L. Roseberry. 1998. An evaluation of a genre-based approach to the teaching of EAP/ESP writing [J]. TESOL Quarterly 32(1): 147−156.

Henry, A. & R. L. Roseberry. 2001. A narrow-angled corpus analysis of moves and strategies of the genre: "Letter of Application" [J]. English for Specific Purposes 20: 153−167.

Heritage, J. 2012. Epistemics in action: Action formation and territories of knowledge [J]. Research on Language & Social Interaction 45(1): 1−29.

Heritage, J. & G. Raymond. 2005. The terms of agreement: Indexing epistemic authority and subordination in talk-in-interaction [J]. Social Psychology Quarterly 68(1): 15−38.

Hsieh C. Y. C. 2018. From turn-taking to stance-taking: Wenti-shi "(the) thing is" as a projector construction and an epistemic marker in Mandarin conversation [J]. Journal of Pragmatics 127: 107−124.

Hu, G. & F. Cao. 2011. Hedging and boosting in abstracts of applied linguistics articles: A comparative study of English and Chinese-medium journals [J]. Journal of Pragmatics 43(11): 2795−2809.

Hu, G. & Y. Liu. 2018. Three minute thesis presentations as an academic genre: A cross-disciplinary study of genre moves [J]. Journal of English for Academic Purposes 35: 16−30.

Huckin, T. N. 2001. Abstracting from abstracts [M]. In M. Hewing (ed.). Academic Writing in Context: Implications and Applications. Birmingham: University of Birmingham Press: 93-104.

Hunston, S. 1994. Evaluation and organization in a sample of written academic discourse [M]. In M. Coulthard (ed.). Advances in Written Text Analysis. London: Routledge: 191-218.

Hunston, S. 2002. Corpora in Applied Linguistics [M]. Cambridge: Cambridge University Press.

Hunston, S. 2011. Corpus Approaches to Evaluation: Phraseology and Evaluative Language [M]. New York: Routledge.

Hunston, S. & G. Francis. 2000. Pattern Grammar: A Corpus-driven Approach to the Lexical Grammar of English (Vol. 4) [M]. Amsterdam: John Benjamins.

Hunston, S. & J. Sinclair. 2000. A local grammar of evaluation [M]. In S. Hunston & G. Thompson (eds.). Evaluation in Text: Authorial Stance and the Construction of Discourse. Oxford: Oxford University Press: 74-100.

Hunston, S. & G. Thompson. 2000. Evaluation in Text: Authorial Stance and the Construction of Discourse [M]. Oxford: Oxford University Press.

Hüttner, J. 2005. Formulaic language and genre analysis: The case of student academic papers [J]. Views: Vienna English Working Papers 14(1): 3-20.

Hyland, K. 1994. Hedging in academic writing and EAF textbooks [J]. English for Specific Purposes 13(3): 239-256.

Hyland, K. 1996a. Writing without conviction? Hedging in science research articles [J]. Applied Linguistics 17(4): 433-454.

Hyland, K. 1996b. Talking to the academy: Forms of hedging in science research articles [J]. Written Communication 13(2): 251-281.

Hyland, K. 1998a. Hedging in Science Research Articles [M]. Amsterdam/ Philadelphia: Benjamins.

Hyland, K. 1998b. Boosting, hedging and the negotiation of academic knowledge [J]. Text 18: 349–83.

Hyland, K. 1999. Disciplinary discourses: Writer stance in research articles [M]. In C. Candlin & K. Hyland (eds). Writing: Texts, Processes and Practices. London: Longman: 99–121.

Hyland, K. 2000. Hedges, boosters and lexical invisibility: Noticing modifiers in academic texts [J]. Language Awareness 9(4): 179–197.

Hyland, K. 2001. Humble servants of the discipline? Self-mention in research articles [J]. English for Specific Purposes 20(3): 207–226.

Hyland, K. 2002a. Directives: Argument and engagement in academic writing [J]. Applied Linguistics 23(2): 215–219.

Hyland, K. 2002b. Authority and invisibility: Authorial identity in academic writing [J]. Journal of Pragmatics 34: 1091–1112.

Hyland K. 2002c. Options of identity in academic writing [J]. English Language Teaching Journal 56: 351–358.

Hyland, K. 2003. Self-citation and self-reference: Credibility and promotion in academic publication [J]. Journal of the American Society for Information Science and Technology 54(3): 251–259.

Hyland, K. 2004a. Disciplinary Discourses: Social Interactions in Academic Writing (Michigan classics edition) [M]. Ann Arbor: The University of Michigan Press.

Hyland, K. 2004b. Genre and Second Language Writing [M]. Ann Arbor: University of Michigan Press.

Hyland, K. 2005a. Stance and engagement: A model of interaction in academic discourse [J]. Discourse Studies 7(2): 173–191.

Hyland, K. 2005b. Metadiscourse: Exploring Interaction in Writing [M]. London: Continuum.

Hyland, K. 2008a. Academic clusters: Text patterning in published and postgraduate writing [J]. International Journal of Applied Linguistics 18(1): 41-62.

Hyland, K. 2008b. As can be seen: Lexical bundles and disciplinary variation [J]. English for Specific Purposes 27(1): 4-21.

Hyland, K. 2008c. Genre and academic writing in the disciplines [J]. Lang. Teach. 41(4): 543-562.

Hyland, K. 2012a. Bundles in academic discourse [J]. Annual Review of Applied Linguistics 32: 150-169.

Hyland, K. 2012b. Disciplinary Identities [M]. Cambridge: Cambridge University Press.

Hyland, K. 2015. Academic Written English [M]. Shanghai: Shanghai Foreign Language Education Press.

Hyland, K. & J. Milton. 1997. Qualification and certainty in L1 and L2 students' writing [J]. Journal of Second Language Writing 6(2): 205-283.

Hyland, K. & P. Tse. 2004. Metadiscourse in academic writing: A reappraisal [J]. Applied Linguistics 25(2): 156-177.

Hyland, K. & P. Tse. 2005a. Hooking the reader: A corpus study of evaluative that in abstracts [J]. English for Specific Purposes 24(2): 123-139.

Hyland, K. & P. Tse. 2005b. Evaluative that constructions: Signalling stance in research abstracts [J]. Functions of Language 12(1): 39-63.

Hyland, K. & F. Jiang. 2016. Change of attitude? A diachronic study of stance [J]. Written Communication 33(3): 251-274.

Hyland, K. & F. Jiang. 2017. Is academic writing becoming more informal? [J]. English for Specific Purposes (45): 40-51.

Hyland, K. & F. Jiang. 2018. "In this paper we suggest": Changing patterns of disciplinary metadiscourse [J]. English for Specific Purposes 51: 18-31.

Hyland, K. & H. J. Zou. 2021. "I believe the findings are fascinating": Stance in three-minute theses [J]. Journal of English for Academic Purposes 50: 100973.

Hymes, D. 1974. Foundations in Sociolinguistics: An Ethnographic Approach [M]. Philadelphia: University of Pennsylvania Press.

Hyon, S. 1996. Genre in three traditions: Implications for ESL [J]. TESOL Quarterly 30(4): 693-722.

Işik-Taş, E. E. 2018. Authorial identity in Turkish language and English language research articles in Sociology: The role of publication context in academic writers' discourse choices [J]. English for Specific Purposes 49: 26-38.

Ivanič, R. 1998. Writing and Identity: The Discoursal Construction of Identity in Academic Writing [M]. Amsterdam: Benjamins.

Ivanič, R. & D. Camps. 2001. I am how I sound: Voice as self-representation in L2 writing [J]. Journal of Second Language Writing 10: 3-33.

Izadi, D. 2020. The Spatial and Temporal Dimensions of Interactions: A Case Study of an Ethnic Grocery Shop [M]. Cambridge: Palgrave Macmillan.

Jaffe, A. 2009. Introduction: The sociolinguistics of stance [M]. In A. Jaffe (ed.). Stance: Sociolinguistic Perspectives. Oxford: Oxford University Press: 3-28.

James, C. 1980. Contrastive Analysis [M]. London: Longman.

Kanoksilapatham, B. 2003. A Corpus-based Investigation of Scientific Research Articles: Linking Move Analysis with Multidimensional Analysis [D]. Washington, DC: Georgetown University.

Kärkkäinen, E. 2003. Epistemic Stance in English Conversation: A Description of Its Interactional Functions, with a Focus on "I think" [M]. Amsterdam: Benjamins.

Keshavarz, M. H. 2012. Contrastive Analysis and Error Analysis [M]. Rahnama: Rahnama Press.

Koutsantoni, D. 2006. Rhetorical strategies in engineering research articles and research theses: Advanced academic literacy and relations of power [J]. Journal of English for Academic Purposes 5(1): 19-36.

Kremmel, B., T. Brunfaut & J. C. Alderson. 2017. Exploring the role of phraseological knowledge in foreign language reading［J］. Applied Linguistics 38 (6)：848–870.

Krzeszowski, T. P. 1981. Tertium comparationis［M］. In J. Fisiak (ed.). Contrastive Linguistics：Prospects and Problems. Berlin：Mouton de Gruyter.

Kurteš, S. 2009. New horizons for contrastive analysis：Grammatical prototypes as tertium comparationis［G］. In A. Tsangalidis (ed.). Selected Papers from the 18th International Symposium of Theoretical and Applied Linguistics (18 ISTAL). Department of English Studies：Aristotle University of Thessaloniki. Thessaloniki：Monochromia：233–241.

Kwan, B. S. C. 2006. The schematic structure of literature reviews in doctoral theses of applied linguistics［J］. English for Specific Purposes 25(1)：30–55.

Labov, W. 1984. Intensity［M］In D. Schiffrin. (ed.). Meaning, Form and Use in Context：Linguistic Applications. Washington, DC：Georgetown University Press：43–70.

Lado, R. 1957. Linguistics Across Cultures［M］. Ann Arbor：University of Michigan Press.

Lancaster, Z. 2014. Exploring valued patterns of stance in upper-level student writing in the disciplines［J］. Written Communication 31(1)：27–57.

Lancaster, Z. 2016. Expressing stance in undergraduate writing：Discipline-specific and general qualities［J］. Journal of English for Academic Purposes 23：16–30.

Langacker, R. W. 2013. Modals：striving for control［M］. In J. I. Marín-Arrese, M. Carretero, J. Arús, & J. van der Auwera (eds.). English Modality：Core, Periphery and Evidentiality. Berlin：Mouton de Gruyter：3–55.

Larsen-Freeman, D. 2014. Another step to be taken-Rethinking the end point of the interlanguage continuum［M］. In Z. Han & E. Tarone (eds.). Interlanguage. Forty Years Later. Amsterdam and Philadelphia：Benjamins：203–220.

Larsson, T. & H. Kaatari. 2020. Syntactic complexity across registers：Investigating (in) formality in second-language writing [J]. Journal of English for Academic Purposes (45): 1-16.

Le, T. N. P. & M. Harrington. 2015. Phraseology used to comment on results in the Discussion section of applied linguistics quantitative research articles [J]. English for Specific Purposes 39: 45-61.

Lee, J. J., T. Bychkovska & J. D. Maxwell. 2019. Breaking the rules? A corpus-based comparison of informal features in L1 and L2 undergraduate student writing [J]. System (80): 143-154.

Lewis, M. 1997. Implementing the Lexical Approach [M]. Hove: Language Teaching Publications.

Li, T. & S. Wharton. 2012. Metadiscourse repertoire of L1 Mandarin undergraduates writing in English: A cross-contextual, cross-disciplinary study [J]. Journal of English for Academic Purposes 11(4): 345-356.

Li, L., M. Franken & S. Wu. 2017. Bundle-driven metadiscourse analysis: Sentence initial bundles in Chinese and New Zealand postgraduates' thesis writing [M]. In C. Hatipoglu, E. Akbas & Y. Bayyurt (eds.). Metadiscourse in Written Genres: Uncovering Textual and Interactional Aspects of Texts. Frankfurt: Peter Lang: 251-283.

Li, L., M. Franken & S. Wu. 2020. Bundle-driven move analysis: Sentence initial lexical bundles in PhD abstracts [J]. English for Specific Purposes 60: 85-97.

Liardét, C. L., S. Black & V. S. Bardetta. 2019. Defining formality: Adapting to the abstract demands of academic discourse [J]. Journal of English for Academic Purposes (38): 146-158.

Lin, L. & E. Stephen. 2012. Structural patterns in empirical research articles: A cross-disciplinary study [J]. English for Specific Purposes 31(3): 150-160.

Liu, E. T. K. & P. M. Shaw. 2001. Investigating learner vocabulary: A possible approach to looking at EFL/ESL learners' qualitative knowledge of the word [J].

International Review of Applied Linguistics in Language Teaching 39（3）：171-194.

Loi，C. K. 2010. Research article introductions in Chinese and English：A comparative genre-based study ［J］. Journal of English for Academic Purposes 9（4）：267-279.

Lores，R. 2004. On RA abstracts：From rhetorical structure to thematic organization ［J］. English for Specific Purposes 23：280-302.

Marín-Arrese，J. 2011. Effective vs. epistemic stance and subjectivity in political discourse：Legitimising strategies and mystification of responsibility ［M］. In C. Hart（cd.）. Critical Discourse Studies in Context and Cognition. Amsterdam/ Philadelphia：Benjamins：257-190.

Marín-Arrese，J. I. 2015. Epistemicity and stance：A cross-linguistic study of epistemic stance strategies in journalistic discourse in English and Spanish ［J］. Discourse Studies 17(2)：210-225.

Marks，A. R. 2012. Participation framework and footing shifts in an interpreted academic meeting ［J］. Journal of Interpretation 22(1)：1-28.

Marti，L.，S. Yilmaz & Y. Bayyurt. 2019. Reporting research in applied linguistics：The role of nativeness and expertise ［J］. Journal of English for Academic Purposes 40：98-114.

Martin，J. R. 1984. Language，register and genre ［M］. In F. Christie（ed.）. Children Writing：Reader. Geelong：Deakin University Press：21-30.

Martin，J. R. 1985a. Factual Writing：Exploring and Challenging Social Reality ［M］. Geelong：Deakin University Press.

Martin，J. R. 1985b. Process and text：Two aspects of human semiosis ［G］. In J. D. Benson & W. S. Greaves（eds.）. Systemic Perspective on Discourse，vol. 1：Selected Theoretical Papers from the 9th International Systemic Workshop. Norwood，NJ：Ablex：248-74.

Martin, J. R. 1992. English Text: System and Structure [M]. Amsterdam/ Philadelphia: Benjamins.

Martin, J. R. 2000. Beyond exchange: Appraisal systems in English [M]. In S. Hunston & G. Thompson (eds.). Evaluation in Text. Oxford: Oxford University Press: 142–175.

Martin, J. R. 2003. Introduction [J]. Text 23: 171–81.

Martin, J. & P. White. 2005. The Language of Evaluation: Appraisal in English [M]. Basingstoke, UK: Palgrave Macmillan.

Martinez, R. & N. Schmitt. 2012. A phrasal expressions list [J]. Applied Linguistics 33(3): 299–320.

McGrath, L. 2016. Self-mentions in anthropology and history research articles: Variation between and within disciplines [J]. Journal of English for Academic Purposes 21: 86–98.

Miller, C. R. 1984. Genre as social action [J]. Quarterly Journal of Speech 70(2): 151–167.

Moon, R. 1998. Fixed Expressions and Idioms in English: A Corpus-Based Approach [M]. Oxford: Clarendon Press.

Moon, R. 2008. Sinclair, phraseology, and lexicography [J]. International Journal of Lexicography 21(3): 243–254.

Moreno, A. I. 1998. The explicit signalling of premise-conclusion sequences in research articles: A contrastive framework [J]. Text 18(4): 545–585.

Moreno, A. I. & L. Suárez. 2008. A study of critical attitude across English and Spanish academic book reviews [J]. Journal of English for Academic Purposes 7 (1): 15–26.

Moreno, A. I. & J. M. Swales. 2018. Strengthening move analysis methodology towards bridging the function-form gap [J]. English for Specific Purposes 50: 40–63.

Mushin, I. 2001. Evidentiality and Epistemological Stance Narrative Retelling〔M〕. Amsterdam /Philadelphia: Benjamins.

Ngadiman, A. 2013. The lexical phrases employed in the thesis abstracts of English department students〔J〕. Magister Scientiae 33: 93-106.

Nemser, W. 1971. Approximate systems of foreign languages learners〔J〕. IRAL 9 (2): 115-123.

Nickel, G. 1971. Papers in Contrastive Linguistics〔M〕. London: Cambridge University Press.

Niu, G. 2014. Structurally and functionally comparative analysis of lexical bundles in English abstracts of Chinese and international journals〔M〕. In X. Su & T. He (eds.). Chinese Lexical Semantics. New York: Springer: 349-357.

Nwogu, K. N. 1997. The medical research paper: Structure and functions〔J〕. English for Specific Purposes 16(2): 119-138.

Ochs, E. 1996. Linguistic resources for socializing humanity〔M〕. In J. Gumperz & S. Levinson (eds.). Rethinking Linguistic Relativity. Cambridge: Cambridge University Press: 407-437.

Ochs, E. & B. Schieffelin. 1989. Language has a heart〔J〕 Text 9: 7-25.

Odlin, T. 1989. Language Transfer/Cross-Linguistic Influence in Language Learning〔M〕. Cambridge: Cambridge University Press.

Paltridge, B. 2014. Genre and second language academic writing〔J〕. Language Teaching 47(3): 303-318.

Park, E. S. 2004. The comparative fallacy in UG studies〔R〕. Studies in Applied Linguistics and TESOL: Working Paper.

Parkinson, J. 2017. The student laboratory report genre: A genre analysis〔J〕. English for Specific Purposes 45: 1-13.

Parodi, G. 2013. Genre organization in specialized discourse: Disciplinary variation across university textbooks〔J〕. Discourse Studies 16(1): 65-87.

Pawley, A. & F. H. Syder. 1983. Two puzzles for linguistic theory: Native like selection and native like fluency [M]. In J. Richards & R. Schmidt (eds.). Language and Communication. London: Longman: 191-227.

Peng, K. & R. E. Nisbett. 1999. Culture, dialectics, and reasoning about contradiction [J]. American Psychologist 54(9): 741.

Pérez-Llantada, C. 2015. Genres in the forefront, languages in the background: the scope of genre analysis in language-related scenarios [J]. Journal of English for Academic Purposes 19: 10-21.

Pho, P. D. 2008a. Research article abstracts in applied linguistics and educational technology: A study of linguistic realizations of rhetorical structure and authorial stance [J]. Discourse Studies 10(2): 231-250.

Pho, P. D. 2008b. How can learning about the structure of research articles help international students? [C]. In T. McGrath (ed.). Conference Proceedings of the the 19th ISANA International Education Conference. Auckland: SANA International Education Association: 1-11.

Pho, P. D. 2013. Authorial Stance in Research Articles: Examples from Applied Linguistics and Educational Technology [M]. Hampshire: Palgrave Macmillan.

Poole, R., A. Gnann & G. Hahn-Powell. 2019. Epistemic stance and the construction of knowledge in science writing: A diachronic corpus study [J]. Journal of English for Academic Purposes 42: 100784.

Qin, J. & E. Karabacak. 2010. The analysis of Toulmin elements in Chinese EFL university argumentative writing [J]. System 38(3): 444-456.

Ren, H. & Y. Li. 2011. A comparison study on the rhetorical moves of abstracts in published research articles and Master's foreign-language thesis [J]. English Language Teaching 4(1): 162-166.

Renouf, A. 1992. What do you think of that: A pilot study of the phraseology of the core words of English [M]. In G. Leitner (ed.). New Directions in English

Language Corpora: Methodology, Results, Software Developments. Berlin: Mouton de Gruyter: 301-317.

Renouf, A. & J. Sinclair. 1991. Collocational frameworks in English [M]. In K. Aijmer & B. Altenberg (eds.). English Corpus Linguistics: Studies in Honour of Jan Svartvik. London: Longman: 128-142.

Riccioni, I., R. Bongelli, G. Philip & A. Zuczkowski. 2018. Dubitative questions and epistemic stance [J]. Lingua 207: 71-95.

Ruiying, Y. & D. Allison. 2003. Research articles in applied linguistics: Moving from results to conclusions [J]. English for Specific Purposes 22(4): 365-385.

Saville-Troike, M. 1982. The Ethnography of Communication [M]. Oxford: Basil Blackwell.

Scott, M. 1996. Wordsmith Tools 4 [M]. Oxford: Oxford University Press.

Seidlhofer, B. 2001. Closing a conceptual gap: The case for a description of English as a lingua franca [J]. International Journal of Applied Linguistics 11 (2): 133-158.

Selinker, L. 1989. CA/EA/IL: The earliest experimental record [J]. IRAL 27(4): 267-291.

Selinker, L. 2014. Interlanguage 40 years on. Three themes from here [M]. In Z. Han & E. Tarone (eds.). Interlanguage: Forty Years Later. Amsterdam/ Philadelphia: Benjamins: 221-246.

Shi, H. 2014. Moves and Lexical Bundles: A Contrastive Study of English Agricultural Science Research Articles between Chinese Journals and Internationally Published Journals [D]. Nakhon Ratchasima City: Suranaree University of Technology.

Simpson, P. 1993. Language, Ideology and Point of View [M]. London/New York: Routledge.

Simpson-Vlach, R. & N. C. Ellis. 2010. An academic formulas list: New methods in phraseology research [J]. Applied Linguistics 31(4): 487-512.

Sinclair, J. 1966. Indescribable English [R]. Inaugural lecture: Monograph Report.

Sinclair, J. 1987. Collocation: A progress report [G]. In R. Steele & T. Threadgold (eds.). Language Topics: Essays in Honour of Michael Halliday. Amsterdam: Benjamins: 319-331.

Sinclair, J. 1991. Corpus, Concordance, Collocation [M]. Oxford: Oxford University Press.

Sinclair, J. 1996. The search for units of meaning [J]. Textus 9(1): 75-106.

Sinclair, J. 1998. The lexical item [M]. In E. Weigand (ed.). Contrastive Lexical Semantics. Amsterdam: Benjamins: 1-24.

Sinclair, J. 2004a. New evidence, new priorities, new attitudes [A]. In J. Sinclair (ed.). How to Use Corpora in Language Teaching [C]. Amsterdam: Benjamins, 271-99.

Sinclair, J. 2004b. Trust the Text [M]. London: Routledge.

Sinclair, J. 2008. The phrase, the whole phrase, and nothing but the phrase [M]. In S. Granger & F. Meunier (eds.). Phraseology: An Interdisciplinary Perspective. Amsterdam/Philadelphia: Benjamins: 407-410.

Sinclair, J., S. Jones & R. Daley. 2004. English Collocation Studies: The OSTI Report [M]. London: Continuum.

Sperber, D., F. Clement, C. Heintz, O. Mascaro, H. Mercier, G. Origgi & D. Wilson. 2010. Epistemic vigilance [J]. Mind Lang 25(4): 359-393.

Spolsky, B. 1979. Contrastive analysis, error analysis, interlanguage, and other useful fads [J]. The Modern Language Journal 63(5/6): 250-257.

Steyer, K. 2015. Patterns. Phraseology in a state of flux [J]. International Journal of Lexicography 28(3): 279-298.

Stoller, F. L. & M. S. Robinson. 2013. Chemistry journal articles: An interdisciplinary approach to move analysis with pedagogical aims [J]. English for Specific Purposes 32(1): 45-57.

Stubbs, M. 2009. The search for units of meaning: Sinclair on empirical semantics [J]. Applied Linguistics 30(1): 115–137.

Suntara, W. & S. Usaha. 2013. Research article abstracts in two related disciplines: Rhetorical variation between linguistics and applied linguistics [J]. English Language Teaching 6(2): 84–99.

Swales, J. M. 1981/2011. Aspects of Article Introductions [M]. Ann Arbor: University of Michigan Press.

Swales, J. M. 1986. English for Specifiable Purposes [M]. Singapore: SEAMEO Regional Language Centre.

Swales, J. M. 1990. Genre Analysis: English in Academic and Research Settings [M]. Cambridge: Cambridge University Press.

Swales, J. M. 2004. Research Genres: Exploration and Applications [M]. Cambridge: Cambridge University Press.

Swales, J. M. & H. Najjar. 1987. The writing of research article introductions [J]. Written Communication 4: 175–192.

Swales, J. M. & C. B. Feak. 1994. Academic Writing for Graduate Students [M]. Ann Arbor: University of Michigan Press.

Swales, J., U. Ahmad, Y. Chang, D. Chavez, D. Dresse & R. Seymour. 1998. Consider this: the role of imperatives in scholarly writing [J]. Applied Linguistics 19(1): 97–121.

Swales, J. M. & C. B. Feak. 2004. Academic Writing for Graduate Students: Essential Tasks and Skills [M]. 2nd ed. Ann Arbor: University of Michigan Press.

Swales, J. M. & C. B. Feak. 2009. Abstracts and the Writing of Abstracts [M]. Ann Arbor: University of Michigan Press.

Tan, M. 2005. Authentic language or language errors? Lessons from a learner corpus [J]. ELT Journal 59(2): 126–134.

Tang, R. & S. John. 1999. The "I" in identity: Exploring writer identity in student academic writing through the first person pronoun [J]. English for Specific Purposes 18: 23-39.

Tankó, G. 2017. Literary research article abstracts: An analysis of rhetorical moves and their linguistic realizations [J]. Journal of English for Academic Purposes 27: 42-55.

Tardy, C. & J. M. Swales. 2014. Genre analysis [M]. In K. Schneider & A. Barron (eds.). Pragmatics of Discourse. Berlin, München, Boston: De Gruyter: 165-188.

Tessuto, G. 2015. Generic structure and rhetorical moves in English-language empirical law research articles: Sites of interdisciplinary and interdiscursive cross-over [J]. English for Specific Purposes 37: 13-26.

Thompson, G. & Y. Y. Ye. 1991. Evaluation in reporting verbs used in academic papers [J]. Applied Linguistics 12: 365-382.

Thompson, G. & S. Hunston. 2000. Evaluation: an introduction [M]. In S. Hunston & G. Thompson (eds.). Evaluation in Text: Authorial Stance and the Construction of Discourses. Oxford: Oxford University Press: 1-27.

Thompson, S. & A. Mulac. 1991. A quantitative perspective on the grammaticization of epistemic parentheticals in English [M]. In E. C. Traugott & B. Heine (eds.). Approaches to Grammaticalization (vol. 2). Amsterdam: Benjamins: 313-329.

Tognini-Bonelli, E. 2001. Corpus Linguistics at Work [M]. Amsterdam: Benjamins.

Tseng, F. 2011. Analyses of move structure and verb tense of research article abstracts in applied linguistics journals [J]. International Journal of English Linguistics 1 (2): 27-39.

Uba, S. Y. & M. Baynham. 2018. Theoretical framework of stance: An introduction of a new analytical category, neutral epistemic stance [J]. Journal of English

Language Teaching and Linguistics 3(3)：217-228.

Uccelli, P., C. L. Dobbs & J. Scott. 2013. Mastering academic language organization and stance in the persuasive writing of high school students [J]. Written Communication 30(1)：36-62.

Van Bonn, S. & J. M. Swales. 2007. English and French journal abstracts in the language sciences：Three exploratory studies [J]. English for Academic Purposes 6：93-108.

Van Langenhove, L. & R. Harré. 1999. Introducing positioning theory [M] In L. Van Langenhove & R. Harré (eds.). Positioning Theory. Oxford：Blackwell：13-41.

Walková, M. 2019. A three-dimensional model of personal self-mention in research papers [J]. English for Specific Purposes 53：60-73.

Wang, Y. 2019. A functional analysis of text-oriented formulaic expressions in written academic discourse：Multi-word sequences vs. single words [J]. Journal of English for Specific Purposes 54：50-61.

Wang, Y. F., D. Goodman, S. Y. Chen & Y. H. Hsiao. 2011. Making claims and counterclaims through factuality：The uses of Mandarin Chinese qishi ("actually") and shishishang ("in fact") in institutional settings [J]. Discourse Studies 13 (2)：235-262.

Wei, Y. & L. Lei. 2011. Lexical bundles in the academic writing of advanced Chinese EFL learners [J]. RELC Journal 42(2)：155-166.

Weinert, R. 1995. The role of formulaic language in second language acquisition：A review [J]. Applied Linguistics 16(2)：180-205.

Weston, J. 2014. The Linguistic Construction of Epistemological Difference [D]. London：University of London.

Wharton, S. 2012. Epistemological and interpersonal stance in a data description task：Findings from a discipline-specific learner corpus [J]. English for Specific

Purposes 31：261-270.

Whitman, R. L. & K. L. Jackson. 1972. The unpredictability of contrastive analysis [J]. Language Learning 22(1)：29-42.

Widdowson, H. G. 1979. Explorations in Applied Linguistics [M]. Oxford：Oxford University Press.

Wingate, U. 2012. "Argument!" helping students understand what essay writing is about [J]. Journal of English for Academic Purposes 11(2)：145-154.

Wongwiwat, T. 2016. Move Analysis and Lexical Bundle Analysis of Conference Abstracts：A Case Study of Thailand Tesol International Conferences [D]. Bangkok：Thammasat University.

Wray, A. 2000. Formulaic sequences in second language teaching：Principle and practice [J]. Applied Linguistics 21(4)：463-489.

Xiao, Y. & K. F. Wong. 2017. Epistemic stance in Chinese heritage language writing—A developmental view [J]. CASLAR 6(1)：73-102.

Yakhontova, T. 2002. "Selling" or "telling"? The issue of cultural variation in research genres [M]. In J. Flowerdew (ed.). Academic Discourse. London：Longman：216-232.

Yang, R. & D. Allison. 2003. Research articles in applied linguistics：Moving from results to conclusions [J]. Journal of English for Specific Purposes 22：365-385.

Yoon, J. & J. E. Casal. 2020. P-frames and rhetorical moves in applied linguistics conference abstracts [M]. In U. Römer, V. Cortes & E. Friginal (eds.). Advances in Corpus-Based Research on Academic Writing：Effects of Discipline, Register, and Writer Expertise. Amsterdam：Benjamins：281-305.

Zareva, A. 2013. Self-mention and the projection of multiple identity roles in TESOL graduate student presentations：The influence of the written academic genres [J]. English for Specific Purposes 32：72-83.

Zou, H. (Joanna) & K. Hyland. 2022. How the medium shapes the message：Stance in two forms of book reviews ［J］. Journal of Pragmatics 193：269−280.

Zuczkowski, A., R. Bongelli, I. Riccioni & G. Philip. 2021. Questions and Epistemic Stance in Contemporary Spoken British English ［M］. Newcastle upon Tyne：Cambridge Scholars Publishing.